**부동산은
어떻게 _____
여성의 일이
되었나**

일러두기

1. 이 책은 저자의 박사학위논문 「한국 중산층 여성의 주택실천과 '투기화된 삶'」 (2020)을 수정 보완한 것이다.

2. 이 책에서 인용한 구술자료의 활용에 대해서는 구술자들의 사전 동의를 받았다.

3. 구술자들의 연령은 2021년 현재를 기준으로 정리했으며 독자의 이해를 돕기 위해 인용자(이 책의 저자)가 덧붙인 내용에는 모두 대괄호(〔 〕)를 사용했다.

최시현 지음

부동산은 어떻게
여성의 일이
되었나

창비

1

'집사람'을 생각해본다. 보통 기혼 남성이 다른 사람에게 자신
의 여성 배우자를 낮춰 부르는 이 말은 여성이 집과 맺어온 기이
한 관계를 보여준다. 집사람들은 집에서 일어나는 많은 일의 관
리자다. 여성들은 노동시장에서 임금을 받고 있든 그렇지 않든
집사람이어야 한다. 집에서 일어나는 대소사를 주관해야 하고 이
일에 누구보다도 큰 책임을 져야 한다. 집과 관련한 일은 청소, 요
리, 빨래 같은 가사노동 3종 세트나 야무지게 아이를 기르는 일에
만 그치지 않는다. 부동산투자도 오랫동안 집사람 여성이 담당해
온 수많은 일 중 하나다. 다른 점이 있다면 이것은 자본이익을 만
들어내는 경제활동이라는 것이다. 자가소유는 젠더 불평등한 자
본주의 시장사회에서 여성들이 자기 삶의 주도권을 갖기 위한 몇

안 되는 수단이기도 하다. 내가 만난 여성들은 이 일이 자식에 대한 극진한 사랑에서 비롯된 일이자 내 가족을 보호하는 안전장치를 마련하는 일로서 자신의 사회적 능력을 증명하는 직업과 같다고 소명했다. 이 책은 여성들의 부동산투자가 여성 자신과 그의 가족뿐 아니라 한국 현대 도시 중산층의 뼈대를 만들어낸 것임을 이야기한다.

처음 연구를 시작할 때 나의 질문은, 부모와 자녀로 이루어진 도시 핵가족이라는 정상성이 역사적으로 구성되는 과정에서 한국의 주택정책이 어떠한 제도적 영향력을 끼쳐왔는지에 대한 것이었다. 그러나 구술자들을 만나 인터뷰를 시작한 후 이 여성들이 그 전제를 뒤집었다. 이들의 주거생애사를 청취하면서 여성들이 집에 갖는 성별화된 감정과 자가소유자임에도 도달하기 어려운 안정적 계급지위, 여성의 불안한 노동이 강화하는 중산층 가족주의, 젠더규범이 만들어낸 투기적 성격의 자산계급을 다루는 것이 젠더연구로서 가치가 크다고 판단했기 때문이다. 자가소유는 발전주의 국가에서 가족과 계급 그리고 젠더를 구성하는 물질적 기반이며 상징이다. 도시 중산층 여성들은 원가족에서 독립한 직후 생애 첫 내 집을 마련하고 이후 여러 집을 거쳐 지금에 당도하기까지의 과정에서 '좋은 엄마' '버젓한 중산층' '모범가족'이라는 중산층 가족주의 도덕을 수용하고 때로는 횡단하면서 자가소유라는 한국 도시 중산층 가족의 상징을 만들어왔다.

나는 이 책에서 '주택실천'housing practice라는 용어를 사용한다. 대중들이 '부동산투자' 또는 '투기'라고 안이하게 간주하는 일들을 '주택실천'이라고 부르는 이유는 여성들이 집을 사고파는 맥락에는 우리가 투기와 투자 어느 쪽으로도 명확히 선을 긋고 구별할 수 없는 지점이 존재하기 때문이다. 가족의 복지와 안전, 그리고 자산 확장을 동시에 이루길 기대하며 그들이 감행한 주택 매매의 의도가 투자인지 투기인지 딱 잘라 구별하는 것은 불가능하다. '주택실천'이라는 명명에는 부동산 매매가 가족의 삶 전반에 영향을 미치는 연속적 행위임을 강조하겠다는 취지도 담겨 있다. 결과적으로 과도한 이윤을 남긴 투자는 투기로, 그렇지 않은 투자는 불운으로 의미화되는 상황에서 나는 독자들이 주택실천을 한 여성들에게 주어진 모순적 삶의 사회경제적 맥락에 주목하긴 바란다. 실생활에서 주택실천은 경제적·정치적 이해관계를 넘어선 정서의 영역이기도 하며 사회적 인식보다 더 광범위한 규범의 준수와 도덕적 책임을 동반해야 하는 일이다. 여기서 여성은 희생양도 아니고 투기꾼도 아니다. 다만 나는 사람들로 하여금 투기적 주택실천은 주로 여성이 윤리적 부담을 져야 하는 일로 여기도록 한 구조적 현실을 밝히고 싶었다. 이를 통해 여성들이 '내 집 마련'을 이루면 자기 열망을 충족할 수 있다는, 오랫동안 당연했던 전제에 도전하고자 했다. 자신의 손으로 구한 집을 소유하고 있어도, 젠더불평등으로 인해 여성들이 계급적 우위를 점하기는 불가능에 가깝기 때문이다.

번듯한 내 집을 갖고 싶고, 나아가 부동산으로 자산을 형성하고 싶다는 주택열망이 대중적 열망으로 자리잡는 과정에서 광범위한 주택투기의 일반화가 이 시장의 참여자들에게 고유한 게임

감각을 구성하는 과정도 이 책은 강조한다. 이 책에서는 프랑스 사회학자 삐에르 부르디외Pierre Bourdieu의 개념을 빌려 이를 '투기 아비투스'speculative habitus로 명명했다. 투기화된 도시에서 투기 아비투스는 주거이력housing career과 함께 학습, 축적된다. 내가 거주하는 집 벽에 못 하나도 맘대로 박지 못하고 집주인의 변심에 눈치를 봐야 하는 세입자는 내 집 마련을 통해 자유와 안정을 성취하고자 한다. 하루가 다르게 오르는 집값과 사는 구역에 따라 정확하게 구획되는 도시민의 지위는 기왕이면 '좋은' 동네에 가치 있는 집을 사서 거주해야 한다는 강박을 만들어낸다. 무엇보다 노동시장의 양극화는 임금소득을 얻기보다 건물주가 되는 것이 '장땡'이라는 세속적 욕망을 부추긴다.

이 연구를 시작하고 구술자들을 만나기 시작한 것은 약 4년 전이다. 몇년 사이 도시 아파트 가격의 급격한 상승과 공직자들의 투기 논란으로 인해 '여성과 부동산투자'라는 주제는 그야말로 '핫'한 것이 되어버렸다. 페미니스트 가족연구자로서 내가 이 연구를 하게 된 경위는 명확하다. 한국의 고질적인 가족주의에 문제제기를 하고 여성의 다양한 역량에 힘을 실어주기 위해서다. 주택문제에서 드러나는 한국사회의 단면은 중산층의 시민윤리가 근본적으로 성별분업에 기반을 두고 있다는 점이다. 남성은 이 문제를 침묵하고 외면함으로써 공적 사회에서 시민성을 보장받아왔고, 여성은 그 이면에서 자기 손을 더럽히는 것을 감수하며 도시 중산층 가족의 물적 토대를 쌓아올렸다. 공식 석상에서 주택투기 문제가 제기되면 얼버무리기, 모른 척하기, 겸연쩍어하기,

그리고 그 뒤에 '집사람이……'로 이어지는 문제의 사소화 전략들은 한국 도시 중산층의 허위의식이 젠더문제와 결부되어 있음을 보여주는 대목이다. 이것은 한국의 도시 중산층 가족의 구성원리이자 한국 계급정치가 애써 눈감아온 현실이다. 이제 주택문제는 사회적 이슈가 될 때마다 근본적으로 풀어헤칠 수도, 어정쩡하게 봉합할 수도 없는 상태로 악화되었다. 문제가 복잡해질수록 주택문제는 중산층 시민윤리와 무관한 이슈로 변했다. 이제 질문은 도시 중산층의 시민적 역량과 새로운 젠더정치는 무엇인가로 향해야 한다.

이론에 끌려다니느라 현실과 멀어져 있다 느낄 때 생생한 이야기로 나를 착지하게 해준 소설가 박완서가 한 말을 인용하며 서두를 끝맺고 싶다.

중산층이야말로 인간다운 삶을 영위할 수 있는 최저계층이라고 봐요. 다만 이런 말을 하는 데 한 가지 조건이 있다면 그것은 중산층의 허위의식, 안이한 태도, 속물근성, 기회주의적 속성 등을 극복해야 한다는 것이에요. 저는 노동자들이 노동쟁의를 하는 것도 어찌 보면 중산층으로 올라서려는 몸부림이고 우리 어머니들이 밀어 올리려고 목표한 것도 중산층이 되는 것이 아닌가 생각해요. 그런 의미에서 본다면 중산층적 삶이 어떻게 확립되어야 하는가가 아주 중요하다고 봐요.[1]

2

이 책이 나오기까지 가장 큰 기여를 한 이들은 연구에 참여해준 여성들이다. 나와 오랜 지인인 이들도 소수 있지만 대부분은 생면부지의 인연들로 알음알음 연결이 되어 바쁜 일상 중에도 애써 시간을 내어 자기 삶의 이야기를 진술하게 들려주었다. 삶에 굴곡이 없는 사람은 없다. 모든 이들이 자기 삶에 가장 좋은 선택을 하고자 했고 각자 최선의 노력을 다해 현재에 와 있다는 것을 나는 여러 여성들의 생애사를 들으면서 알 수 있었다. 논문이라는 목적을 위해 녹음기를 앞에 두고 장시간의 대화를 이어갔지만 이들은 믿을 수 없을 만큼 성실히 자기 이야기를 들려주었다. 나는 인터뷰를 마칠 때마다 이들이 들려준 이야기를 의미있는 작업으로 만들겠다는 다짐을 수차례 했다. 많은 구술자들은 이 연구가 여성이 해온 주택실천에 대한 '복부인론'과 같은 부정적 담론을 해체하고 집이 곧 부동산으로 동일시되는 투기적 실천에 비판적으로 개입하는 중요한 계기가 될 수 있기를 바란다며 용기와 격려를 불어넣어주었다. 학위논문이라는 긴 여정에서 이들의 조건 없는 참여와 지원은 가장 따뜻한 동력이 되었다. 깊은 감사의 마음을 전한다.

이 책은 2020년 가을 연세대학교 문화학협동과정에서 취득한 박사학위논문 「한국 중산층 여성의 주택실천과 '투기화된 삶'」을 기초로 쓰였다. 단행본으로 만드는 과정에서 일부 본문을 삭제하거나 축약하였음을 밝혀둔다. 이 책의 일부는 『한국여성학』 『가족과 문화』『문화과학』 등의 학술지에 논문으로 발표된 바 있다. 논문을 심사해주신 심사위원 선생님들의 노고는 이 연구를 완성하는 데 크나큰 역할을 했다. 권수현 선생님은 여성들이 놓인 딜레마를 해석하는 데 필요한 개념 도구를 조언해주셨고, 박혜경 선생님은 한국 가족연구의 계보 안에서 이 연구가 어떤 위치여야 하는지 짚어주셨다. 서보경 선생님은 이 연구가 계급연구 차원에서 투기적 주택실천에 대한 비판적 입장을 견지해야 한다는 점을 일깨워주셨고, 이상길 선생님은 연구문제를 구체화하고 논문의 틀을 잡는 데 매우 근본적이면서도 가장 실용적인 조언을 주셨다. 선생님들의 기대와 격려를 모두 만족시키지는 못했지만 후속 연구에서 조금 더 나아간 성과를 만들겠다는 다짐과 감사 인사를 전한다.

학과 교수님들의 가르침과 동료들과의 우애는 나를 구성하는 매우 특별한 것으로 남아 있다. 대학원 생활 이전의 나와 지금의 내가 다른 것은 모두 이들과의 뜨겁고 애틋한 관계 때문이다. 문화연구와 젠더연구는 지성의 연마와 실천을 동시에 수행해야만 가치가 있다는 것을, 지적인 논쟁은 매우 감정적이면서도 여전히 냉철할 수 있다는 것을 학과에서 배웠다. 선생님, 동료들과의 대화와 교류는 늘 내가 가장 원하고 영감 받는 그것이다.

박사논문을 쓰는 동안 세교연구소에서 일하며 공부와 생계를 겸할 수 있었다. 배려해주신 백영서 이사장님과 이남주 소장님, 강경석 기획실장님께도 감사드린다. 설익은 박사학위논문을 단행본으로 엮어보자 먼저 제안해주신 창비의 염종선 상무님, 이

책의 첫 독자이자 섬세하고 유능한 공동작업자인 김새롬 편집자님, 이지영 부장님께 감사드린다. 필요한 때 적절한 조언을 주신 강영규 위원님께도 감사한다.

가장 좋은 대화 상대이자 죽이 잘 맞는 친구인 윤형주, 그리고 엄마, 아빠, 동생들에게도 사랑과 감사를 전한다. 가족연구자로서 가족 경험은 내 연구의 주춧돌이다.

지도교수인 연세대학교 문화인류학과 김현미 교수님께 감사드린다. 선생님은 실천적 지식인으로서의 성실함과 정의로운 시민으로서의 품위를 몸소 보여주신다. 내 기준보다 늘 더 많은 기대를 갖고 나를 믿고 지켜봐주신 것에 감사드린다. 선생님이 아니었다면 공부를 지속할 수도, 이 책이 나올 수도 없었을 것이다. 제자가 출간한 이 책이 선생님께 작은 보람이 되면 좋겠다.

담보대출 | 투기 주체의 부상: "집을 가져야만 한다" | 주부CEO론: 가정은 기업이다

3장
중산층 모범가족 되기
내 집 마련에 뛰어든 엄마들 _____

구술자의 이름은 가명이며, 개인이 특정될 수 있는 정보는 명시하지 않았다.

강수희(1970년대생) 광주 출생. 부유한 가정에서 자랐고 해외 유학도 다녀왔다. 전문직 남편과 결혼한 직후 부친이 서울 마포에 아파트를 마련해주어 일찌감치 자가소유에 성공했으나, 자녀 교육을 위해 이사를 많이 다녔다. 정착할 곳을 찾으려 했으나 그사이 집값이 많이 올라 현재는 자가 대신 전세로 강남에 살고 있다. 자신이 재테크를 못해서 아직도 전세에 산다는 남편의 타박을 수년간 들어왔지만 강남이라는 '좋은 주소'에 살고 있다는 자부심이 있다.

고영실(1950년대생) 서울 출생. 한국전쟁 때 아버지가 돌아가셨고 미군부대에서 재봉일을 하던 어머니 밑에서 가난하게 자랐다. 교사자격증 취득 후 인천의 교사 사택에서 살다 사업하는 남편을 만나 대방동을 시작으로 여의도, 목동, 역삼동으로 이사를 다녔다. 계모임으로 목돈을 모아 아파트, 토지 매매를 하는 등 부동산투자를 잘 해왔다. 결혼한 딸에게 살던 집을 전세로 주었고, 아들 몫의 아파트를 성남시에 사서 그 집에 살고 있다.

김지연(1970년대생) 경기 오산 출생. 대학 진학 시 아버지가 땅을 사서 건물을 지었다. 덕분에 경제적으로 여유가 있었다. 결혼 후 직주근접성職住近接性을 고려해 아현동 다세대주택에 전세를 얻어 살다가 아이가 생기자 육아 도움을 받을 겸 시가가 있는 인천으로 이사했다. 그때 전세로 살던 인천의 주공아파트를 매수하지 않았는데, 지금까지 이 결정을 후회하고 있다. 이후 일산, 고양으로 이사를 다녔다.

나선엽(1950년대생) 서울 출생. 대학 졸업 후 다니던 직장에서 남편을 만났다. 친정 근처에 전세로 신혼집을 얻어 아이를 낳고 살았다. 그러다 친정과 너무 가깝게 지낸다는 불만이 컸던 시부모가 강남에 아파트를 마련해 줬다. 이후 이혼을 하고 보증 사기를 겪는 등 가정생활이 어려워졌다. 대치동외 반지하 월세에 살다가 현재는 딸, 손주들과 함께 주택담보대출을 갚아가며 동대문구의 집에 거주하고 있다.

나현선(1970년대생) 울산 출생. 소개팅으로 만난 대기업 연구직 사원인 남편과 결혼해 울산에서 동탄신도시로 이사했다. 미술을 전공했고 동탄 이주 후 작가로 살고 있다. 출산 후 산후우울증을 앓았고 타지 생활과 독박 육아로 인한 스트레스가 극심했다. 인터넷 카페를 보면서 부동산투자를 했고, 두차례 아파트 매매를 하며 시세차익을 남겼다. 현재 동탄에 살지만 자녀 교육 때문에 성남 판교로 이주할 계획이 있다.

남이정(1960년대생) 서울 출생. 대학 졸업 후 미국 유학을 갔다가 귀국해 결혼했다. 전세로 얻은 대치동 대단지 아파트에서 자녀를 기르다 어머니가 목동에 자리를 잡자 육아 및 가사 도움을 받기 위해 뒤따라 목동으로 이사했다. 목동에서 전세로 몇차례 이사를 다니다 갭투자로 옥수동의 집을 산 적이 있고, 목동의 40평대 신축 아파트를 매수해 지금까지 그 집에서 살고 있다. 자녀들이 독립하면 더 작은 집으로 이사하겠다는 막연한 계획이 있다.

모경주(1950년대생) 충남 공주 출생. 고등학교 때 서울로 유학을 왔다. 명문대 졸업 후 독일 유학을 다녀왔고 사귀던 남자친구와 결혼했다. 시아버지가 마련해준 독산동 아파트에 신혼살림을 차렸다. 50대까지 여유있는 중산층의 삶을 누렸으나 IMF 외환위기 이후 남편의 사업이 어려워지면서 자가에서 전세로, 전세에서 월세로 이사를 했다. 현재 아들이 분양받은 공공임대아파트에 남편, 아들과 함께 살고 있다. 주택청약 당첨을 기대하고 있다.

문현주(1970년대생) 서울 출생. 건설회사를 다니던 아버지가 분양받은 인천의 아파트로 이사해 1년을 살고 서초로 다시 집을 옮겼다. 서초에서 학창 시절을 보냈고, 결혼 후 부모님이 거주하는 동네에 전세를 얻어 살았다. 경기도로 이사해 잠깐 살다 다시 서초로 돌아와 부모님의 아파트에 전세로 살았다. 회사만 열심히 다닌 아버지보다 재테크에 적극적이던 어머니가 '윗길'이었다고 평가한다.

박기정(1960년대생) 서울 출생. 디자이너로 일하다 결혼하면서 남편 본가에 살았다. 시집살이가 답답해 1년도 안 되어 중계동에 아파트를 전세로 얻어 분가했다. 자녀를 출산한 뒤 안정적으로 육아를 하고 아이들을 교육시킬 집과 동네가 절실히 필요했다. 1980년대 후반 1기 신도시 개발 때 아파트청약을 여러번 시도했으나 번번이 추첨에서 떨어졌다. 반면 가족들은 당첨이 되어 자신만 운이 나빴다고 생각한다.

박현명(1970년대생) 강원 속초 출생. 시골에서 자라다 시내로 이사해 학창 시절을 보냈다. 대학을 졸업하고 경기도로 취업해 이주했다. 자녀가 셋이며, 결혼 후 지금까지 총 네번의 이사를 했다. 수원 영통의 아파트를 살 좋은 기회를 놓친 것을 아쉬워한다. 모두가 아파트를 사려는 상황과 부동산 자산의 확보가 노후 안정으로 이어질 것이라는 일반적인 기대에 대해 냉소적인 태도를 보인다.

심민아(1980년대생) 서울 출생. 광명에서 성장하고 대학을 졸업했다. 결혼하면서 남편의 본가 근처인 용인에 아파트 전세를 얻었다. 시가와 가까이 살면 육아 도움을 받을 수 있다는 점을 고려한 결정이었다. 이제는 신도시에 30평대 아파트를 분양받아 입주를 앞두고 있다. 공무원이라는 지위 덕분에 아파트 분양을 위한 수억원대의 주택담보대출을 받을 수 있었다. 빚 없이 30평대 아파트를 소유해야 진정한 중산층이라고 말한다.

양나은(1980년대생) 서울 출생. 목동에서 중산층 아파트 키드로 자랐다. 부친의 사업을 물려받고자 했으나 부도가 났다. 가족이 살던 집을 팔고 수원의 다세대주택으로 이사하는 등 어려운 시절을 보냈지만, 주식투자로 자금을 모은 어머니가 주택청약에 당첨되어 가세가 회복됐다. 현재 갭투자로 부동산을 여럿 갖게 된 어머니 소유의 분당 아파트에 세 들어 산다. 수년 안에 자신도 분당에 30평대 아파트를 갖고 싶다고 생각한다.

유해리(1980년대생) 울산 출생. 아버지는 대기업 직원이었고 어머니가 사업을 해 부족함 없이 자랐다. 서울의 대학에 진학하면서 자취 생활을 시작했고 결혼 후 신혼부부 혜택으로 공무원아파트에 입주했다. 이후 자신과 남편의 발령, 자녀 교육 등 여러 요인을 고려해 세종시, 동탄, 판교의 아파트를 분양받아 다주택자가 되었다. 2주택을 유지해 미래에 딸에게 주택 하나를 증여할 계획이 있다.

유희수(1960년대생) 전남 함평 출생. 명문대에서 법학을 전공하고 직장 생활을 하다 소개로 만난 남편과 결혼했다. 자녀가 목돈이 필요할 때를 대비해 한차례 집을 팔았는데, 이후 강남 집값이 크게 올라 현재 전세로 살고 있다. 빠르게 집값이 오르고 있으므로 집이 없는 사람은 상대적으로 가난해질 수밖에 없다고 생각한다.

이미희(1980년대생) 서울 출생. 아버지는 대기업 직원이었고 강남의 중산층 집안에서 성장했다. 가족과 함께 자영업을 하는 등 가계 운영에 기여해오다 뒤늦게 공무원으로 직업 전환을 했다. 프리랜서 남편과 딩크족 Double Income, No Kids 부부의 삶을 살고 있다. 신도시나 수도권의 신축 아파트에 관심이 많다. 어머니의 조언 덕분에 위례신도시에 살고 있고 신도시 주민의 삶에 만족한다.

이청희(1960년대생) 인천 출생. 서울에서 대학을 다니다 만난 남자친구와 결혼했다. 처음으로 산 집은 직장주택조합을 통해 분양받은 용산구 아파트였다. 자녀 교육을 위해 목동의 아파트 한채를 더 사서 살다가 둘째의 고등학교 진학 문제로 용산의 아파트를 팔고 여의도의 아파트를 샀다. 자녀들이 성인이 된 지금, 여전히 주택자금대출을 갚고 있다.

임정화(1970년대생) 전북 정읍 출생. 서울로 이주해 전문직이 되었고 자가소유에도 성공해 어엿한 중산층이 되었다는 생각을 갖고 있다. 중구 계동에 전세로 반지하 빌라를 얻으며 신혼생활을 시작했는데, 부채 문제가 있던 집주인이 집을 처분하려 하자 살던 집을 아예 매수했다. 집에서 일어난 절도사건을 계기로 금호동에 20평대 아파트를 사서 이사해 지금까지 살고 있다. 현재 생활에 만족하지만 자녀 교육을 위해 이사를 고민하고 있다.

정문경(1960년대생) 경북 상주 출생. 태어나자마자 충북으로 이주해 그곳에서 자랐다. 서울의 대학을 다니다 온 가족이 미국 이민을 가게 되어 그곳에서 대학과 대학원을 다녔다. 미국에서 남편과 결혼하여 살다가 귀국해, 교육컨설팅 학원을 운영했고, 현재는 프리랜서로 일한다. 월세, 전세로 형태를 달리하며 서울의 여러 지역으로 이사를 다닌 결과 '로케이션'의 중요성을 절감했다. 현재 소유한 집을 잘 유지하다가 아들에게 물려줄 계획이다.

정수연(1960년대생) 서울 출생. 대학 졸업 후 출판사에서 일했다. 결혼할 때 아버지가 전세금을 주었고, 이 돈을 꼭 종잣돈으로 지키겠다는 다짐을 했다. 처음 갭투자로 아파트를 구입한 것을 계기로 50평대의 고급 빌라에 살아보기도 하고 친구들과 돈을 모아 수도권에서 먼 지역에 있는 집을 사보기도 하는 등 경험을 많이 쌓았다. 페미니스트로서 자본주의가 권하는 경쟁적 삶의 방식에 거부감을 느끼지만 소수자일수록 자기 집을 가져야 하는 이유가 더 절실하다고 생각한다.

정애숙(1950년대생) 충남 공주 출생. 대전에서 직장을 다녔고 남편과 결혼하면서 서울로 이주, 반포 대단지 아파트에 전세를 얻어 신혼생활을 했다. 이후 과감한 아파트 갈아타기를 시도해 자산을 증식했다. 투자할 때는 가까운 공인중개사가 주는 정보를 신뢰하는 편이다. 두 아들이 신혼집을 얻을 때 자산을 일부 증여해주었지만 온전하게 아파트 한채씩을 마련해주지 못한 것이 아쉽고 최근에 운영하던 가게를 정리하게 되어 노후 걱정이 많다.

정영신(1960년대생) 충북 청주 출생. 싱글 여성으로 30여년간 꾸준히 일해온 커리어우먼이다. 직장 생활을 한 지 10년쯤 되었을 때 분당신도시에 20평대 아파트를 분양받았다. 직업 특성상 발령이 잦고 싱글인 만큼 육아 등의 변수가 많지 않아 직장 경로를 따라 이동하면서 분당 아파트는 전세를 주고 안암동, 둔촌동 등지로 집을 옮겨 다녔다. 분당 아파트는 전세를 주고 서대문 근처 아파트를 사서 지금까지 살고 있다.

진윤주(1960년대생) 전남 순천 출생. 광주에서 대학을 졸업하고 순천에서 직장을 다녔다. 서울로 이직한 후 만난 남편과 노량진 단칸방에서 결혼생활을 시작했다. 상도동 단독주택에 10년간 전세로 살며 아이를 키우고 사회활동가로 일했으나 보증금 부담이 커 반지하 빌라를 사서 이사했다. 남편의 사업이 어려워져 그 빌라를 전세 주고 이사 다니다 최근에 다시 돌아왔다. 직접 인테리어를 할 정도로 집을 아끼지만 기회가 되면 아파트로 이사하고 싶다.

차유리(1970년대생) 서울 출생. 아버지의 사업 덕분에 물질적으로 부족하지 않은 성장기를 보냈다. 결혼 초 몇년을 아파트에서 살면서 답답함을 느껴 빌라로 이사한 뒤 마음이 편안해졌다. 집을 사서 세를 준 적도 있지만 집주인 역할이 불편해 몇년 안되어 팔았다. 현 거주지인 20평 빌라가 규모와 위치 조건이 자신에게 가장 잘 맞는다고 생각한다.

차미경(1960년대생) 서울 출생. 명문대를 졸업하고 학원 강사, 과외 교사로 일했다. 일산의 아파트를 분양받은 것을 시작으로 IMF 경제위기 당시 집값이 많이 떨어졌을 때 전세를 끼고 50평대의 아파트를 과감히 매수해 2주택자가 되었다. 남편 직장인 건설회사에서 나오는 재고 물량을 떠안아 한때 5주택자가 되기도 했으나, 현재는 살고 있는 집만 남기고 다 처분했다. 이제는 남편 대신 가족을 부양할 수 있는 사람이 되고 싶다.

허수지(1980년대생) 서울 출생. 강남에서 성장했다. 어릴 때부터 어머니가 부동산에 관심이 많아 부동산 매매를 자주 했고, 나중에는 자신 명의로 대치동에 아파트를 마련해주었다. 아버지가 돌아가셨지만 어머니가 부동산으로 자산관리를 해온 터라 집안 사정은 큰 타격을 받지 않았다. 현재 대치동 아파트는 전세를 주고 자신은 월세로 오피스텔에 살고 있다.

현진영(1960년대생) 서울 출생. 발령이 잦은 공무원 아버지를 따라 천안의 일본식 적산가옥, 웅암동 양옥집, 대치동 주공아파트 등에 거주한 경험이 있다. 결혼 전까지 논현동 주택에 살았는데 아버지가 돌아가신 뒤 이 집을 상속받았다. 평소 서울 사대문 근처에 살아보고 싶었고 현재 광화문 근처 아파트에 3년째 살고 있는데, 인생에서 가장 행복한 시간을 보내고 있다.

1장

투기는 어떻게
여성의 일이 되었나

1

투기는 어떻게 정당화되는가

지난달 가까운 집안 어른께서 경사가 났다며 갑자기 전화를 걸어왔다. 긴히 알릴 경사라니 기대가 됐다. 들어보니 그 어른이 방방곡곡 알리고 싶은 온 집안의 경사란 다름 아닌 아파트청약 당첨이었다. 흥분으로 고조된 그의 음성은 이 일이 얼마나 짜릿하고 자랑스러운지를 짐작게 했다. 청약당첨권에 들어갈 점수를 만드느라 식구들이 갖은 정보를 모으고 얼마나 눈치 싸움을 했는지, 비슷한 시기의 여러 아파트청약 중 어떤 점에서 이번 선택이 더 탁월했는지, 이 성공에 특별히 기여한 가족 내 '기획자'의 안목과 지력, 부지런함이 얼마나 대단한 것인지 미주알고주알 들을 수 있었다. 그 어른은 청약에 당첨된 지는 며칠 지났지만 뒤늦게 소식을 알린 이유는 혹시 모를 부적격 판정의 가능성 때문이었다는 말도 덧붙였다. 당첨 후 흥분을 가라앉히고 아파트 계약에 필요한 여러 서류들을 꼼꼼히 챙겨 가 계약서를 눈앞에 두고 담당자를 마주했을 때의 이야기도 들려주었다. 제출한 서류에 혹시라도 오류가 있어 당첨이 취소되면 어쩌나 하는 걱정 때문에 심장이 몹시 두근거렸다는 이야기는 이 일이 그에게 얼마나 간절했는지를 느끼게 해주었다. 높은 경쟁률을 뚫은 아파트청약 당첨은 이제 자신의 가족도 다리 쭉 뻗고 편하게 잘 수 있다는 안도감, 남부럽지 않은 지위를 누릴 수 있다는 자부심, 심지어 자신들이 이렇게 대박 운이 터지는 걸 보니 일가붙이인 우리도 앞길이 훤히 트일 거라는 근거 없는 낙관까지 불러온 대단한 일이었다.

아파트청약 당첨이 축하받아 마땅한 일, 남들의 부러움과 질투까지 살 법한 일이라는 것은 그렇게 놀랍지 않다. 최근 들어 부동산이 그 어느 때보다도 뜨거운 이슈로 떠오르긴 했지만 '좋은 부동산은 사두기만 하면 언젠가 큰 자본이익을 만들어낸다'는 믿음은 우리 사회에서 상식으로 통용된 지 오래다. 최근 몇년의 기록들은 우리가 얼마나 이 일에 몰입하고 있는지를 수치로 보여준다. 2021년 현재 1분기에 분양된 전국 아파트의 주택형 90%가 1순위에서 청약이 마감되었고 이는 2015년 2월 이후 가장 높은 수치다. 이 행운을 위한 경쟁이 점점 더 치열해지고 있다는 의미다. 특히 수도권 아파트 분양은 1순위에서 100% 청약이 마감되었는데, 수도권에서 가장 높은 경쟁률은 무려 617.6 대 1이라는 놀라운 수치였다.[1] 한 기사에 따르면 2020년 5월까지 서울과 경기의 아파트청약 평균 경쟁률은 각각 98.1 대 1, 36.2 대 1에 달했다. 이렇게 높은 경쟁률을 생각해보면 수도권 아파트청약 당첨은 곧 '로또 당첨'이라는 말이 괜히 나오는 것이 아니다. 청약 광풍은 청약 대기자의 증가폭이 연중 최대치를 기록하고 청약을 위해 꼭 필요한 주택청약종합저축 가입 인구가 계속 최대의 증가폭을 보이는 것으로도 증명된다.[2] 2020년 3월을 기준으로 청약통장 가입자 수는 2600만명이 넘었다. 청약통장은 아파트청약의 기본 조건이니 아파트청약을 위한 준비운동 정도는 너도나도 하고 있는 셈이다. 그러니 모두가 열망하는 아파트청약 당첨의 뜨거운 열기 속에서 수십 대 일의 경쟁을 뚫고 무작위 당첨자로 실제 선정된다는 것은 그야말로 어마어마한 '운발'이 아닌 다른 말로는 설명하기 어렵다.[3]

'내 집 마련'과 부동산투기가 잘 살기 위한 지름길이자, 최소한의 기준이라는 명제는 어떻게 만들어진 것일까. 먼저 '소유자 사회'owner's society에서 부동산이라는 자산이 차지하는 위치와 너도나도 집을 통해 투자자가 되고자 하는 욕망이 어떻게 정당화되는지 살펴보고자 한다.

집이 시민과 국가, 그리고 시장을 연결하는 매개물이라는 점에서 시작해보자. 모든 시민은 가구家口 단위로 국가와 공적 관계를 맺는다. 각 가구에 집은 물리적 생존뿐 아니라 사회적 생존을 위해 필요하다. 우리는 주소를 기준으로 가구를 구성하고 정부에서 실시하는 각종 정책을 안내받을 뿐 아니라 지도자를 뽑는 선거에도 참여한다. 시장사회에서 집은 중요한 자산이기에 정부가 각 가구에 세금을 매기는 기준이자 정책 수혜의 정도를 결정짓는 기준이 되기도 한다. 다시 말해 시민이 국가와 관계를 맺는 사회적·경제적 단위인 각 가구는 주택을 통해 존재한다. 한편 시장사회에서 집은 돈을 주고 사는 상품이다. 주택은 일반 상품과 달리 토지와 그에 따른 인프라가 반드시 필요하기 때문에 토지 분배를 관리하는 정부와 시장은 이를 규제할 계약관계를 맺어야만 한다. 즉 개별 가구와 주택상품을 생산하는 자본시장, 그리고 정책 방향을 정하고 주택 공급에 필요한 토지의 분배를 관리하는 정부는 각각의 필요에 따라 주택을 중심으로 삼자계약을 맺는다. 이 계약은 일종의 사회계약으로 거시경제와 정치적 상황에 따라 그 세부 내용이 달라진다. 예컨대 일반 가구는 이 계약을 건물주와 세입자, 임대인과 임차인 자격으로 체결한 일대일의 시장거래로 여기지만, 이 거래에 스며 있는 외부 요인은 매우 다양하며 특정한 재구조화를 거쳐 구체적인 계약의 조건을 만들어낸다는 점에서 좀더 분석적으로 살펴볼 필요가 있다.

프랑스의 사회학자 부르디외가 이론화한 장場, field과 아비투스 habitus 개념은 이 계약의 구조와 계약을 통해 드러나는 투기라는 성향을 설명할 때 매우 유용하다. 부르디외는 다양한 위치를 점유하는 여러 행위자가 제각기 자본을 전유專有하고 독점하기 위해 경합하는 공간으로 장을 정의한다. 편리한 이해를 위해 장을 게임이 이루어지는 공간이라고 상상해보자. 이 공간은 물리적 장소가 아니라 특정한 위치들이 구조화된 공간이다.[4] 여기서 국가의 역할은 핵심적이다. 부르디외는 1980년대 프랑스 주택시장을 연구하면서 국가가 주택실천의 장에서 행사하는 영향력과 그에 따른 행위자들의 성향이 어떻게 구조화되는가를 분석한 바 있다.[5] 여기서 국가는 단순히 정부의 정책으로만 드러나는 것이 아니라 은행이나 기업 등 사적 부문과의 안정적인 연대나 협력, 상호부조 등 네트워크의 형태로 나타나거나 때로는 사적 부문 및 시민사회와의 갈등이나 공모 등으로 드러난다. 예를 들어 투기가 사회문제로 등장하면 이를 억제할 목적으로 LTV^{Loan To Value Ratio, 주택담보대출비율}를 규제하며 시장을 조정하고, 글로벌 경제위기로 국가경제가 침체기에 접어들면 이 규제를 다시금 완화하며 경기부양이라는 이름으로 주택시장의 활성화를 꾀하기도 한다. 이를 정치적으로 정당화하려면 정책에 이름 붙이는 일이 매우 중요한데, 국가는 이를 주택시장 '정상화'로 호명하며 주택금융과의 적극적인 상호작용을 구하기도 하고, 시장이 지나치게 활성화되어 있다고 판단할 때는 이를 주택시장 '안정화'로 호명하며 시장억제 정책을 펴기도 한다.

1970~80년대 프랑스 연구[6]에서 부르디외는 주택장^{housing field}을 둘러싼 주요 행위자, 즉 지주회사인 은행이나 건설회사 등의 사적 부문과 정부 부처와 고위 공무원 엘리트 집단 등의 공적 부문이 서로의 이익, 즉 사기업으로서는 자본이익, 정부로서는 공공안정 등의 목적을 내걸고 긴장감 있는 갈등을 펼치는 듯하지만, 실제로는 매우 적극적으로 공모한다고 주장했다. 이 공모는 소위 '소유자 사회'라는 사회적 선호 체계를 만들어낸다. 소유자 사회의 선호 체계에서는 주택소유가 성향에 따라 선택 가능한 취향의 문제가 아니다. 주택소유를 지향하지 않고서는 사회적 재생산이 가능한 주거 안정을 이뤄내기가 전적으로 어렵다. 이는 주택소유를 선호하고 추구하는 것이 개별 가구의 복지에 절대적 영향을

미친다는 의미이기도 하다.

원래 소유자 사회라는 개념은 시민의 주택 구입과 자가주택 보유를 장려하기 위해 미국의 조지 W. 부시$^{George\ W.\ Bush}$ 행정부가 저금리의 주택 대출을 가능하게 한 정책의 명칭이다. 소유자 사회의 정책은 국민들이 자기 집을 소유하면서 금융권과 적극적 관계를 맺고 이 계약을 유지, 갱신하는 과정에서 자신의 소유권을 바탕으로 국가에 덜 의존하는 시민적 자질을 갖추는 것을 목적으로 한다. 이 정책은 국가에 복지를 요구하는 사람이 이 사회에 걸맞은 시민성, 즉 독립적인 시민적 자질을 보유하지 못했다는 비판을 받는 결과를 낳았다. 반대로 자산을 소유한 개인은 자신의 삶을 자유롭게 설계하고 이를 통해 사회의 번영을 가장 효율적으로 실현해나간다는 인식을 심어주었다. 이는 소유자의 권리가 가장 우선적이며 소유하지 않은 자의 정치적 권리는 제한할 수 있다는 데까지 이른다. 자본주의체제는 생존의 기본 조건인 주택을 부동산이라는 자산의 관점으로 전환하고 주택소유자를 안정적인 사회재생산 가능성과 시민 권리가 함께 결합된 가장 모범적인 인간형으로 제시하는 전략을 생산해냈다.

이 소유자 사회의 규범은 주택장을 거쳐 계약의 형태로 만들어진다. 자가소유라는 일종의 선호장치가 주택장에서 게임의 가장 중요한 규범으로 작동할 때 공급과 수요의 원칙, 그리고 시장에서 주택상품이 지니는 상품적 가치로 인해 갈등의 형식을 빚어낸다. 다시 말해 이 장에 참여하고 있는 모든 행위자는 소유자 사회를 지지하도록 위치지어져 있지만 각자가 가진 자본의 양과 질이 다르기 때문에 게임에 참여할 기회도 저마다 다르게 주어진다.

부르디외는 구조로서의 장을 게임으로 이해할 때 이 안에서 작동하는 규칙이 있다는 점을 강조한다.[7] 첫번째는 각 행위자가 장에 속해 있다는 사실 자체가 이미 특정한 효과를 생산한다는 것이다. 예컨대 집을 갖겠다는 소망을 실현하고자 한다면 이미 특정한 방식의 태도와 욕망을 갖게 된다. 이는 그 자체로 이 게임의 장을 구성하는 효과를 가져온다.

두번째로 이 장에서 작동하는 특정한 태도를 체화하는 것이 중요한데, 이를 위해서는 그 과정에서 상당한 노력과 시간이 필요하다는 것이다. 예컨대 주거 안정이라는 근본적 욕구가 집을 갖고자 하는 욕망으로 변화하는 과정은 즉각적이라기보다 어느정도의 시간을 요구한다. 또 원하는 집을 구할 때 시세가 어떠한지, 주택 종류는 무엇인지, 자신이 가진 자본과 원하는 주거지를 어떻게 절충해 자가소유를 현실화할지 판단하고 결정하는 일, 그리고 정부정책상 받을 수 있는 세제나 대출의 혜택은 어떤 것인지 알아보는 정보 수집, 공인중개사를 통해 계약하는 일을 수행하는 과정에서 행위자는 시나브로 이 장이 가진 특정한 매뉴얼대로 행동하게 된다. 그리고 이 과정에서 행위자는 주택장이 요구하는 특정 가치를 공유하고 그에 필요한 태도를 습득한다.

세번째로 이 장에서 지배자와 신참자는 일종의 투쟁의 구도 속에 놓여 있다. 부르디외는 이를 전통 대 반전통의 대결구도라고 부르기도 하는데, 지배자는 정통적 형식을 방어하고 보전하는 전략을 지향하는 반면 자본을 확보하지 못한 젊은이들이나 기층의 사회 구성원들은 이전부터 유지되어오던 관습을 폐기하고자 전복과 이단의 전략을 추구하며 대결구도를 만들어간다고 보는 것이다. 최근의 사회문화적 현상을 예로 들자면 셰어하우스의 등장이나 협소주택 등 미니멀리즘의 가치지향성 등이 정통적 형식에 반하는 전복 전략의 사례일 수 있다. 그러나 앞서 밝힌 바대로 이 대결구도는 이미 공모적 형식 속에 놓여 있다. 신참자의 전복과 이단의 전략 역시 자가소유를 지향하며, 이를 수호하는 방식으로 움직이고 있거나 자가소유라는 지배 전략의 하위에 위치하고 있기 때문이다. 따라서 신참자의 전략 또한 궁극적으로는 이 장의 지배적 영향력하에 있다. 자가소유라는 지배 규범은 전복적 전략마저 흡수할 만큼 강력하기 때문이다.

여기서 아비투스habitus 개념을 짚고 넘어갈 필요가 있다. 아비투스는 어형이 'habit,' 즉 습관이라는 단어와 연관되어 있다는 점에서 추론할 수 있듯이 부지불식간에 발생하는 성향과 태도, 그리고 규범을 의미한다. 부르디외는 아비투스를 개념화하며 '지속적이며 전이 가능한 성향체계'[8]로 정의하는데, 습관과 다른 점이 바로 여기서 드러난다. 습관은 지속적이지만 전이되지는 않는다. 문화연구자 이상길은 아비투스에 대해 이렇게 설명한다.[9] 특정한 게임에 참여하는 이들이라면 이미 그 게임에 어울리는 관심과 적성을 갖고 그 장에 진입한 것이다. 가령 학문이라는 게임장에 참여하는 이들은 다른 그룹에 비해 공부를 좋아하고 열심히 하는 성향 체계를 지니고 있을 확률이 높으며, 이런 성향 체계가 학계의 구조적 조건 속에서 계속 강화되는 경향이 있다는 것이다. 동시에 아비투스라는 이 특정한 태도는 이 장을 의미와 가치가 있는 세계로 구성하는 데 이바지한다.

다시 말해 아비투스는 습관처럼 후천적으로 획득된 것이자 항구적 성향으로 개별 육체 안에서 지속적으로 구현되는 어떤 것[10]이다. 본질주의적 사고에 대립된 개념인 아비투스는 후천적 사회 구성물인 성향과 태도, 그리고 규범을 포괄한다. 이를 주택장에 한정해 설명하자면, 집을 갖겠다는 열망을 품고 이 게임의 장에 진입했을 때 이미 그에 어울리는 태도를 취하겠다는 것, 즉 가치 있는 부동산을 최대한 낮은 가격에 사서 자본이익을 얻는 실천을 하겠다는 것이 이 장의 아비투스라고 할 수 있다. 주택열망을 주택실천으로 옮길 수 있는 성향과 이를 실천하는 데 필요한 덕목, 예컨대 집을 살 때 필요한 지식과 정보, 추진력까지도 아우르는 셈이다. 이 태도를 좀더 적극적으로 드러낼 때 이 장의 의미는 더욱 충만해진다. 자가소유를 목표로 움직이는 것이 주택장에서 가장 중요한 아비투스라면, 자가소유의 의미는 단순히 주거 안정뿐만 아니라 주택을 소유하기까지 필요한 노력과 시간, 그리고 주택을 소유한 이후에 기대되는 일련의 사회경제적 효과들에 대한 가치 평가와 함께 구성된다. 따라서 이 장의 행위자들은 자가소유가 그만큼 큰 가치가 있다고 믿으며, 이를 위해 헌신하는 자신의 행위에 대해 아무런 의심을 갖지 않는다.

예컨대 한국사회의 주택장에서 '왜 집을 소유하고자 하는가'라는 질문은 질문으로서 적절한 의미를 갖지 못한다. 이 장에서 자가중심성은 너무 당연하다. 자가소유가 주거 안정을 위한 가장 좋은 방법이라는 사실에는 의심의 여지가 없다. 내 소유의 집에 거주한다는 것은 감정적·정서적 안정을 가져다준다. 그러나 잘 생각해보면 주거 안정의 유일한 방법이 자가소유인 까닭은 국가의 정책이 그것을 지향하며 공공주택 영역을 방치하고 임차제도는 단지 자가소유의 전 단계로 상정하고 있기 때문이다. 또한 소유자 사회 담론의 영향력하에서 좋은 시민이 되기 위해서는 자산을 소유하고 그에 부과된 세금을 국가에 성실히 납부해야 한다. 그 집을 유지하는 데 필요한 노동을 수행한다는 것이 좋은 시민성을 구성하기도 한다. 이처럼 아비투스는 인지적·감정적·도덕적 차원에서 동시에 작동하면서 재생산된다.

자가중심성과 투기 아비투스는 한국 현대 주택장에서 상호의존적 관계에 있다. 사람들의 주택열망은 생존주의에 근거하지만 한국사회에서 자가가 계급 상승과 중산층 진입의 상징적 통로로 기능했다는 점을 상기하면 이는 중산층 중심성을 동반하기도 한다. 그리고 자신의 열망을 실현하기 위한 이들의 주택실천은 특정한 주택경제를 형성하고 지속적인 집값 상승이 일상화된 사회의 주택장에서 투기 성향이 가장 강력한 아비투스로 작동케 하는 효과를 낳았다. 물론 공급 주체와 소비 주체의 거시적 갈등, 다시 말해 국가정책과 시장, 시민 행위자의 갈등과, 매도자와 매수자 사이에서 발생하는 미시적 갈등은 상시 공존한다. 그럼에도 이들이 이미 주택실천의 장에 주택열망을 갖고 입장한 이상 이 갈등이 장 자체의 존립을 위태롭게 만드는 상황까지 다다르는 일은 드물다. 행위자가 주택장에 입장한다는 것은 이 장이 부과하는 특정한 갈등의 형식을 이미 수용한 것이다. 이 관계에서 발생하는 갈등, 구체적으로 '높은 값에 매도하고, 싼값에 매수'함으로써 발생하는 갈등은 투기 성향 때문인데, 이 장은 투기 성향이 추구할 만한 가치가 있다는 인정을 이미 함축하고 있다.

그러나 이 자가중심성은 일종의 환영이다. 부르디외는 이 환영을 '일루지오'illusio라고 말한다. 집단적 실천과 이해관심에서 비롯된 일종의 환영적 가치라는 것이다. 이는 외적 조건이 변화하면 당연히 달라지는 것이며 자명한 가치도 아니다. 행위자의 게임 참여로 발생하는 이 특수한 이해관심은 그가 게임에서 차지하는 위치에 따라, 그리고 행위자가 그 위치에 도달하기까지의 궤적과 함께 달라진다. 자가 선호라는 일루지오가 주택실천의 장에서 공유되지만 그 자체로 경쟁과 갈등의 근본 원리가 된다. 갈등의 중요한 원인은 행위자들이 가진 자본의 양과 구조가 저마다 다르다는 것이다.

주택장에서의 투기 아비투스는 이미 한국사회에서 상당한 문화적 정당성을 획득했다. 부르디외는 계급이 형성되는 데 문화자본이 수행하는 역할을 강조하면서 학력·면허증과 같은 제도적 문화자본과 체화된embodied 성향, 즉 아비투스를 개념화했다. 기존의 분석들은 한국 중산층의 계급재생산의 특징을 주로 학벌·학력을 통한 구별짓기로 이해해왔으며, 과도한 교육자본 투자와 이를 통한 계급재생산 시도에 대한 연구들은 한국 중산층의 성격을 규정하는 데 일조해왔다. 그러나 학력 등 교육자본이 더이상 계급재생산에서 절대적 역할을 하지 못하고 대학 졸업장이 안정적 직업과 소득을 보장해주지 않는 상황에서 '월급 모아 내 집 마련'은 이제 불가능한 프로젝트가 되었다.

따라서 편법을 쓰고 위법행위를 해서라도 자가를 소유하고 계급지위를 확고히 하는 일은 일종의 문화적 동의의 구조를 확보했다. 경제자본이 지배하는 사회에서 집을 소유하면 영향력을 행사할 수 있다는 이유에서다. 이는 주거지역에 따라 계급이 분리되는 지역인 '강남'이 보여주는 구별적 지위에서 확인되기도 한다. 그러므로 강한 주택열망을 갖고 이를 적극적으로 실천하는 태도인 투기 아비투스는 한국사회에서 계급 상승의 전략으로 매우 유효하며 계급 차이를 낳는 주요 요인이 될 수 있다.[11] 한국사회에서 주택열망, 다시 말해 좋은 집을 소유하고자 하는 욕망은 계급 경쟁을 만들고 사회적 역동성을 발생시키는 주요한 요인이며, 집을 통한 자산 확보는 특정 계층의 성격과 상징자본을 구성한다. 그리고 이는 한국사회에서 강한 영향력을 갖는다.

이렇게 부르디외의 장과 아비투스 논의는 주택을 둘러싼 한국사회의 여러 갈등과 공모를 분석하는 데 효과적이지만, 한국 특유의 가족주의를 위시한 도덕과 젠더규범이 여기에서 어떤 역할을 하고 있는지 살펴보기에는 불충분하다. 그럼에도 고위 공직자들이 투기 의혹을 해명하는 과정에서 반복적으로 포착되는 '아내가 해서 몰랐다'는 식의 변명, 그리고 '집은 여자 소관'이라는 오랜 관습적 규범은 젠더를 주택실천의 문제에 중요하게 포함시켜야 하는 요인이 된다.

우리는 교육의 가치가 절대적인 사회적 가치로 작용한 결과 여성들이 그간 실천한 양육과 교육이 '강남 8학군' '교육특구'의 창조로 이어졌음을 자연스럽게 알고 있다. 교육을 통해 계급재생산을 이룰 수 있다는 점은 강남을 소위 '좋은 주소'로 만들었다. 또한 많은 여성들이 '좋은 집'의 요소를 구성하기 위해 자가소유와 투기적 주택실천을 위한 상세한 전략과 매뉴얼을 활성화해왔다. 이제는 이 과정에서 성역할이 어떻게 작동해왔는지를 질문해야 할 때다. 분리된 공·사영역에서 남성은 임금노동, 여성은 무급 돌봄노동을 수행한다는 성별분업은 그간 매우 확고했다. 이 체제 안에서 가정경제는 사회경제의 하위에 위치했다. 여성들은 이를 '살림'이라는 이름으로 책임져왔다. 우리가 주목해야 할 부분은 흥미롭게도 살림의 많은 부분을 여성들의 주택실천이 차지하고 있었다는 점이다.

왜 많은 여성들이 '복부인'이라는 오명을 뒤집어쓰면서까지 부동산투기의 장에 뛰어들었을까. 왜 너도나도 좋은 집을 갖기 위해 고군분투했을까. 우리는 여성들의 다채로운 주거서사를 따라가보며 어쩌면 너무나도 당연한 질문을 계속해서 던질 것이다. 이 질문에 답하다보면, 지금껏 우리가 간과한 다면적이고 복합적인 여성의 모습이 드러나게 된다. 부동산투자를 통해 경제적·사회적·문화적 자본을 한데 모아 가족을 위해서, 가족의 계급을 공고화하려 했던 악착같은 여성들, 동시에 결혼과 함께 경력이 단절되고 사회경제의 하위에 속해 있으면서도 주택장에서 어떻게든 자신의 생산성과 유능함을 증명하려 했던 영민한 여성들의 모습이 바로 그것이다.

2
가정주부에서 '투기화된 삶'으로

사람들은 집에서 꿈을 키웁니다. 남편의 성공, 가족의 건강과 화목, 그리고 아이들의 미래. 그 모든 것이 잘 되기를 바라는 당신! 삶의 소중한 순간들을 당신과 함께 나누기에 아이파크는 행복으로 기억되는 그런 집이고 싶습니다. 아임해피 아이파크.

—2002년 '아이파크' 지면광고

대기업에서 만든 아파트들은 2000년대 초반 이후 고유의 이름을 갖게 되었다. 우리에게 매우 익숙한 '래미안' '자이' '힐스테이트' '롯데캐슬' '파라곤' '푸르지오' 등등 유명 브랜드 아파트가 그것이다. 아파트 건설사들은 브랜드 홍보를 위해 유명 연예인 모델을 기용해 공중파 방송과 지면을 가리지 않고 브랜드 아파트의 이미지를 차별화했다. 브랜드명에서 짐작할 수 있듯이 이 아파트들이 우선 설득하고자 하는 이미지는 차별화된 고급스러움이다. 높은 계층을 위한, 다른 공간들과 구별되는 그들만의 공간이 있다는 이미지다. 특별한 아파트 단지에 살며 남다른 위신을 세울 수 있다는 인상을 주려는 의도다. 더 중요한 것은 광고의 이미지가 반복적으로 재현하는 행복한 가정과 좋은 삶의 추구다. 아파트라는 주거형식은 그 규모와 구조에서 핵가족의 규범적 주거모델로 자리매김했다. 아파트를 소유하고 가꾼다는 것의 의미는 아파트 광고들이 강조하는 이미지에 공통적으로 내포되어 있다. 아파트 광고는 '평범한 가족'을 주인공으로 하여 '행복한 여성'과 '가족 중심의 사생활', 그리고 '중산층의 교양'을 동시에 홍보하면서, 그것이 브랜드 아파트, 즉 '좋은 집'을 갖는 것과 연속성을 맺고 있음을 강조한다. 여기서 여성은 가장 중심적인 역할을 하는데, '집안'에 머물며 '남편의 성공'을 소망하고 '아이들의 미래'에 집중한다.

내레이션 우와 상준씨 부부가 새집에 가족들을 초대했네요.

어머니 애썼다, 어미야.

며느리 제가 뭘요, 남편이 수고했죠.

어머니 네가 애썼지.

아이들(남) 엄마 자고 가면 안 돼?

아이(여) 내일 또 오면 되지.

내레이션 상준씨 집은 래미안입니다.

— 2008년 '래미안' TV광고 「집들이」편

좋은 아파트를 갖기 위해 애쓰고 그 공을 가장인 남편에게 돌리는 것도 여성의 일이다. 반면 남성은 아이와 아내가 기다리는 집으로 향하는 퇴근길을 즐거워하며 집이 주는 가치와 가정의 화목함에 마음이 풍요로워지는 역할이다.

꽉 막힌 퇴근길 도로에서 사랑하는 딸로부터 받은 기분 좋은 문자 한통. "아빠, 빨리 오세요."
나를 기다리는 아내와 딸. '우리 집이 최고야'라는 건 꼭 그래서만 일까?
— 2011년 '롯데캐슬' TV광고 「행복은 캐슬로부터」 편

이러한 이미지들은 가부장적 가족규범을 낭만화한다. 한 가족의 가장은 남성 임금노동자이며 여성은 그의 소득에 의존하면서 감정과 정서를 포함한 문화적 자원을 제공하고 가족을 안정적으로 관리하는 역할을 기꺼이 도맡는다는 것이다. 아파트 광고들은 이성애 부부와 자녀로 구성된 '정상가족'이 기본 가구 단위이자 소유자 사회의 주인공임을 낭만적으로 제안한다. 이를 통해 동시대 사회 구성원들이 가족과 좋은 삶에 대한 특정한 관념을 내면화하도록 유도하고, 낭만화된 가족 이미지를 반복적으로 재현함으로써 주택의 상품가치를 강화하고 자가소유의 의미를 행위자가 구체적으로 떠올리도록 이끌어왔다.
고급 브랜드 아파트의 가치가 훨씬 더 높아진 현재에도 아파트 광고의 주인공은 여성이다. 육아맘, 맞벌이 여성, 싱글 커리어우

먼 등 일터와 가정에서 여성 주인공들의 자리는 다르다. 하지만 그들의 사회적 역할이나 지위를 막론하고 '집은 여자 소관'이라는 점을 소비자로 하여금 부지불식간에 받아들이게 하는 광고 이미지는 예나 지금이나 그리 달라지지 않았다.

집은 '여자 소관'이라는 역할론과, 좋은 집과 행복한 가정을 연결하는 이러한 담론들은 무수한 일상의 대화 속에서 재생산된다. 이 과정에서 집을 갖고자 하는 열망, 즉 주택열망은 젠더 수행과 강하게 결합한다. 심지어 가구와 가전제품처럼 집에 포함되는 사물들, 즉 지위와 개성을 만들어내는 집과 관련한 소비들은 상징적 소비의 측면에서 구별짓기의 의미를 노골적으로 보여준다. 이 구별짓기도 젠더를 경유한다. 대표적 가전제품인 냉장고의 광고 문구 "여자라서 행복해요"[12]는 고급 가전이 채워진 여성의 공간인 부엌의 이미지와 좋은 삶, 일반적으로 모두가 부러워한다고 여겨지는 삶의 형태를 동일시한다.

내 집을 갖고자 하는 욕망은 개인의 도덕과 가치관까지 내포한다. 이 욕망은 한 사람이 삶을 대하는 태도를 보여준다고 기대되기 때문이다. 성실한 노동자로서 근검절약해 모은 자산으로 내집을 소유하고 이를 밑천 삼아 외부, 특히 국가에 나태하게 의존하지 않고 자신의 미래를 위한 복지까지 스스로 실현하는 사람이 모범시민의 모델로 간주된다. 지금처럼 주택의 금융화가 이루어진 상황에서 이런 경향은 더 강화될 수밖에 없다. 집을 소유하려면 큰 규모의 가계부채가 필요하다. 금융권과 장기적인 채권·채무관계를 맺은 후 매달 소정의 금액을 밀리지 않고 납부하는 것은 상당한 성실성과 유능함을 담보해야 한다. 따라서 이를 실현하는 사람은 이 사회의 모범시민이 되는 구조다. 주택열망, 그리고 소유자 사회라는 담론은 이렇게 사회와 어울리는 성실하고 모범적인 시민 모델을 생산해낸다.

산업화 이후 '집'home의 의미는 근대 중간계급의 주거공간이라는 특수한 목적을 가진, 노동 영역에 반대되는 정서적 공간으로 구성되기 시작했다. 이때부터 비로소 '집'은 주택housing과 가구household가 결합된, 가구원들이 거주하고 은신하는 곳이자, 소유권을 갖는 애정 어린 공간이 되었다.[13] 오늘날 주택이 함의하는 사생활, 친밀성, 가정의 안락함과 같은 감각은 근대성과 노동의 성별분업과 함께 발달해왔다. 안락함은 집이 부여하는 가장 대표적인 감각이지만, 우리가 집을 편안하고 안전한 공간이라고 느끼도록 하는 기제는 젠더화된 노동이다.

좋은 집, 행복한 가정, 성별규범은 상호의존적이다. 이 셋이 동시적이고 통합적으로 수행되어야만 가장 좋은 삶, 정상적이고 모범적인 삶을 사는 것으로 간주된다. 사람들이 좋은 집에 대한 욕망과 정상가족 구성, 그리고 이를 구동하고 유지시키는 성별노동에 대한 관념을 내면화하면 주택실천과 가족 구성, 그리고 성별규범을 하나의 틀에서 사유하게 된다. 젠더화된 사회적 세계에서 강력한 소비자 정체성을 갖는 것, 즉 자가소유와 정상가족을 이루는 것은 곧 좋은 삶을 획득하는 지름길이다.

특히 근대 가족 개념에서 '집사람' 여성은 '가장' 남성의 임노동 수입을 '쪼개 쓰고 아껴 쓰는 짠순이 주부'여야 이 가정을 가장 안정적으로 운영한다고 인정받았다. 그러나 1980년대 초반 극심한 인플레이션으로 인한 실질 이자율의 저하와 주식시장의 호황, 집값 폭등 등은 적금만 열심히 들던 사람들을 변화시켰다. 투자가 자기계발의 중요한 측면으로 부각되고 주부CEO론이 대두했다. 그러면서 가족 내 여성의 역할은 사뭇 달라졌다. 이제 사람들의 자율성은 '돈'으로부터 나오며 그들이 더 많은 자유를 얻기 위해서는 더 많은 경제자본을 획득하는 투자자 주체가 되어야 했기 때문이다. 이제 가정경제 관리자라는 주부의 위상은 여성이 남성 가장의 소득에만 의존하지 않고 그 소득을 투자해 대박을 내고 또다른 이익을 창출해야 성공적으로 유지될 수 있었다.

원래 여성은 부계혈족과 가부장적 가족주의 규범 속에서 홀로 계급성을 갖거나 자신의 계급을 자력으로 재생산할 가능성을 갖기 어려운 구조에 놓여 있었다. 중산층이라는 규범적 시민성을 지닌 여성들은 계급 안정을 위해 주어진 가족을 재생산하고자 자녀를 낳아 기르고 자녀의 계급을 공고화하는 일을 담당했다. 이는 가부장적 가족의 매개자로서 여성에게 주어진 역할을 수행하는 것이기도 했다. 그런데 여성들이 달라지기 시작했다. 주택실천을 통해 성공한 투자자가 되었고, 이로써 스스로에게 자율성과 주체성을 부여했다. 여성들의 주택실천은 부계제로 내려오는 이성애 핵가족, 그리고 이를 정상가족으로 구성하고자 유인하는 국가의 주택정책과 담론 사이에서 그들이 자신의 자율성과 주체성을 획득하고자 수행한 사적인 동시에 지극히 사회적인 실천이었다.

평범한 주부가 주거 안정을 위해 '내 집 마련'의 일환으로 시작한 주택실천이 투기에 가까운 행위로 받아들여지게 된 것은 이와 같은 구조에서 기인했다. 이제 투기가 일상화되어버린 삶, 즉 '투기화된 삶' 속에서 중산층은 집을 부동산이라는 관점으로만 이해한다. 가치 있는 주택, 즉 '똘똘한 한채'를 소유하여 이에 따른 시세차익을 얻지 못하면 뭔가 불안하고 결핍되었다는 감각을 갖는다. 반대로 자가소유를 이루고 시세차익을 얻었을지라도 또다른 이익을 얻어야 한다는 압박과 자산 확장의 욕망으로 인해 계속해서 경제적 가치가 더 높은 집으로의 이동을 추구하거나 다주택자의 길을 택한다. 이런 '투기화된 삶' 속에서 남편보다 적극적으로 주택실천을 해야 했던 중산층 여성들은 이로써 자신의 주체성을 확립하는 한편 안정과 상승이동, 계급재생산에 대한 불안 속에서 내적 모순에 시달려야 했다. 이제 여성들의 이야기 속에서 한국사회에서 가족을 만들고 안정적 일상을 구현하는 일과 '똘똘한 한채'를 구매하는 일이 어떻게 서로 연관성을 획득하고 정치적 효과를 갖는지 따라가보자.

2장

중산층 여성 주체의 등장

현모양처에서 주부CEO까지

1

계획경제의 실현과
현모양처들의 등장

남성 중심의 근대화 프로젝트

도시화·산업화는 한국의 20세기 중후반을 설명하는 키워드다. 전후 일자리를 찾아 대도시로 몰려든 인구는 도시의 과밀화, 인구밀도의 급격한 상승, 절대적 주택 부족의 원인이었다. 판자촌과 무허가주택이 도심에 즐비했고, 산비탈에 무작위로 집들이 들어선 주거밀집지역은 높은 곳에 있어 달이 잘 보인다는 이유로 달동네라는 이름이 붙었다. 주거문제가 제도정치를 위협할 정도로 심각한 사회문제로 대두하자, 이 문제를 해결하기 위해 국가가 적극 개입했다. 이 과정에서 한국 주택정책의 기반이 조성되었다. 발전주의를 주요 이데올로기로 하여 국가경제를 키워가던 당시 정부의 정책 기조는 '선성장 후분배'였고, 주택정책에서 역시 국가가 주도하는 발전주의 특유의 색채가 강조되었다.

당시 정부는 대한주택공사(1962)와 한국주택금고(1967)를 설립해 주택의 공급, 건설, 관리와 주택소비에 필요한 금융을 사실상 독점하는 기관으로 삼았고, 두 기관은 발전주의 국가 주도 주택 정책의 핵심을 담당했다. 도시에 주택을 빠르게 대량 공급하는 것 자체가 발전주의 국가체제의 상당한 성과로 기록되었고 그 결과 주택보급률은 서서히 상승했다. 서울연구데이터서비스에 의하면 급격히 늘어난 도시인구로 인해 1966년 서울의 주택보급률이 50%였다고 보고되었다. 서울에 거주하는 두 가구 중 한 가구가 법정 주택이 아닌 곳에 거주하고 있었음을 의미한다. 이후에도 주택보급률은 서서히 상승했고, 1990년대에는 상황이 크게 개선되어 2000년에 이르러 96.2%를 기록하였다.[1]

그러나 이 시기 급격한 주택보급을 포함한 국가의 양적 발전은 근대 가족의 불평등한 남녀 성별분업 체계와 여성의 '가정주부화'라는 국민 일상생활의 통제와 함께 이루어졌다. '새마을운동'으로 상징되는 한국의 근대화 프로젝트는 공·사영역 모두에서 경제개발과 산업화를 추진하고 모든 국민이 그에 복무하도록 했다. 산업화는 가족과 구별되는 일터를 중심으로 전개되었으며 생산과 가족은 분리되었다. 일터와 가정의 이러한 구분은 산업자본주의 문화의 중심이 되었다. 국가와 재벌의 긴밀한 동맹체제로 구성된 시장은 가부장적 체제를 축으로 작동하였다. 남성은 한 집안의 가장으로, 여성은 산업역군인 남성 가장의 임금으로 부양되는 피부양자로 위치지어졌다. 이를 추동한 것은 '가족임금제'다. 이는 생계부양자 1인이 임노동자로 고용될 때 그 임금은 한 가족을 부양할 수 있는 생계비를 기준으로 책정되도록 한 제도다. 이에 따라 나머지 가구 구성원은 노동자인 가구주에 의존하는 자로 간주된다. 통상적으로 사회학의 계급연구에서 부인의 귀속계층이 남편의 그것과 동일하게 간주되는 것도 이에 따른 결과다.

한 가구의 구성원들이 생계를 위해 나눠 쓸 수 있을 정도로 노동자의 임금이 주어져야 한다는 가족임금제는 당시 여성이 집안에서 어떤 일을 해야 하는지 규정했다. 또한 의식주와 소비를 통제하고 저축과 근검절약을 생활화하는 가정주부의 역할을 강조하는 등 자본주의 윤리의 정착에도 일조했다. 당시의 임금 수준이 노동자들에게 필요한 생계비에 훨씬 못 미쳤기 때문이다. 노동청이 제출한 통계자료를 근거로 1973년 전체 근로자의 월평균 임금(2만 5433원)이 도시 근로자의 월평균 생계비(3만 6600원)에 비해 1만원이나 미달되었다고 보도한 기사[2]가 실리기도 했다. 더구나 5인 가족이 한 가구의 기준이던 때였다. 이 때문에 가족임금제에 의거한 실질적 생존이 불가능한 많은 가정에서 여성의 임노동은 불가피했지만 그로 인한 소득은 가정주부의 보조적인 소득으로 인식되었다. 여성은 시장에서는 주변적이고 부차적인 역할을 수행하도록, 가정에서는 미시적 근대화 프로젝트를 수행하도록 요구받았다. 국가가 남성경제를 중심으로 산업화를 추진할 때 복지는 사적 영역으로 분리되어 국가가 아닌 가정 내에서 여성이 떠안았기 때문이다. 특히 여성은 생로병사와 결혼생활, 자녀 양육과 교육이 이루어지는 주 무대인 주거 영역을 떠맡게 되었다.

가족임금제가 지속 가능하려면 남성 임노동자가 산업 현장에 집중할 수 있도록 여성이 가정에서 자녀 양육을 비롯한 재생산을 도맡아야 한다. '집사람' 여성이 가사노동으로 '바깥양반'인 남성 가장을 부양하는 것이 새로운 자본주의 도덕으로 자리잡았다. 임노동을 하는 여성 또한 이 도덕에서 벗어날 수 없기에 이중, 삼중의 부담을 떠안았다. 실질적으로 생계를 부양하는 여성 또한 가정주부 규범에서 벗어나기 어렵다. 독일의 페미니스트 사회학자 마리아 미스Maria Mies는 이러한 자본주의의 성별규범을 '가정주부화'housewification라고 일컫는다.[3] 미스에 따르면 초기 자본주의 발전과정에서 새롭게 생겨난 부르주아계급의 남성이 한 가구의 가장이 되고 여성을 피부양자로 만들면서 가정이라는 사적 영역이 창출되었다. 노동계급 남성 또한 가족임금제를 통해 생계부양을 전담함으로써 여성을 가정에 들어앉히는 조건을 구성했다. 남성 임노동자는 가족부양과 가족주의 도덕, 즉 부인이자 어머니인 여성이 자녀와 가정을 돌볼 수 있을 만큼 자신이 임금을 받아야 한다는 논리를 주장하며 자본가에게 임금인상을 요구하기 위한 투쟁논리를 정당화하기도 했다. 미스의 가정주부화 개념을 통해 우리는 자본주의 발전과정에서 여성이, 시장과 가정 양쪽에서 어떻게 가정주부이자 남편에게 경제적으로 의존하는 대상으로서 구성되었는지 이해할 수 있다.

한국의 가족주의 규범은 발전주의 계획경제에서 가정주부화 과정을 더욱 강하게 정착시키는 원동력이 되었다. 이미 존재하던 가부장적 가족제도 내 젠더 불평등한 권력관계와 '산업역군'인 남성 가장, 그리고 그에 종속적인 여성 가정주부라는 틀이 도시 핵가족을 구성했다. 남성의 정체성은 '샐러리맨', 즉 봉급생활자로 구성된다. 반면 여성에게는 국가의 계획경제를 실현하는 주부가 되자는 캠페인을 실행해야 한다는 책무가 주어졌다. 이는 성역할의 고착화로 이어졌다. 국가경제는 남성의 봉급을 효율적으로 아껴 쓰며 생활개선에 힘쓰는 여성의 가정경제와 밀접한 관련을 맺었다. 이처럼 남녀 성별분업 체계는 근대 가족의 동력으로 작동하며 남녀의 불평등한 권력관계를 재생산했다. 또한 자본주의 사회의 확대재생산과 사회통합을 위해 남성 중심의 근대화 프로젝트를 만들어내는 문화 논리가 되었다.

국가 권위를 정당화하는 자가소유 정책

이 시기 자가소유 정책은 국가가 계획경제를 실현하는 과정에서 각 가구를 통합하는 중요한 캠페인이었다. 이를 위해 당시 정부는 1962년 7월 건설교통부 산하에 대한주택공사(약칭 주택공사·주공)를 설립하여 주택의 공급, 건설, 관리를 주도하였다. 같은 해 제1차 경제개발 5개년 계획을 통해 주택정책의 기틀이 수립되었다. 이 계획으로 자립경제를 위한 산업기반 조성과 주택공급 확대를 비롯한 각종 주택문제에 대한 해결책이 정부 주도하에 만들어졌다. 이는 절대적 주택 부족 문제와 일자리 문제의 해결, 나아가 노동집약적 산업을 통한 거시경제의 양적 발전을 가능케 한 요인이 되었다.

법 제정에도 가속도가 붙었다. 이듬해인 1963년 정부는 '공영주택법'을 제정하여 절대적으로 부족한 주택공급량을 늘리는 데 역점을 두었고 연평균 6만 5천호, 총 32만호의 주택건설을 계획했다. 현재 우리가 볼 수 있는 최초의 단지형 아파트는 마포아파트로 알려져 있다. 대한주택공사가 설립된 첫 해에 계획되어 1962년 처음 선보인 마포아파트의 준공식에 직접 참석한 박정희 당시 대통령은 지금까지 우리나라의 의식주 생활에는 비경제적이고 비합리적인 면이 많았음을 지적하며, 생활혁명이 절실히 요구되는 가운데 소위 현대식 시설[4]을 갖춘 마포아파트의 준공이 그 혁명의 계기가 되기를 바란다고 연설했다. 아파트 건설은 주택난을 해소하는 동시에 근대적 라이프스타일로의 전환, 즉 생활혁명을 소망하는 문화적 의미의 프로젝트이기도 했다. 주택공급 정책을 가시적으로 보여주고자 추진한 대규모 프로젝트였지만 아파트 자체가 생소한 주거형식이었기 때문인지 초기 아파트 입주율은 10%에 불과했다. 빈집이 많아 겨울에 수도 파이프가 동파되기도 했다. 연탄가스 걱정을 하지 않아도 된다는 것을 보여주기 위해 주택공사가 '인간 생체실험'을 했다는 이야기도 전해진다. 동물실험도 부족해 현장소장이 직접 연탄가스가 샌다고 알려진 방에서 시범적으로 잠을 잤다는 일화다.[5] 이후 아파트가 서구의 새로운 문화를 소개하는 주거형태로 알려지고 각종 대중문화 속에서 고급 주거공간으로 재현되면서 도시 중산층의 라이프스타일을 선도하는 동경의 대상이 되었다. 국가는 무허가주택들이 즐비한 도시 공간에 이러한 단지형 아파트를 지속적으로 공급

그림 2-1 마포아파트 준공식에 참석, 시찰하는 김현철 내각수반(1962)

그림 2-2 마포아파트 준공식

하며 시민들의 이상적 주거공간으로 형상화했다. 그 결과 도시의 단지형 아파트는 발전주의 국가를 정당화하는 프로파간다 효과를 낳기도 했다.

도시 중산층 가구가 이 캠페인에 적극적으로 합류하기 위해서는 아파트를 소유해야만 했다. 발전주의 정부는 도시 중산층 가구의 아파트 소유 질서를 확립하기 위해 주택공사에 이어 주택금융을 담당하는 한국주택금고(한국주택은행의 전신)를 1967년에 설립한다. 한국주택금고는 "서민주택자금의 조성·공급·관리 등 주택금융의 제반 정책을 효율적으로 수립·수행하여 국민 주택환경의 질적 개선과 양적 확충"을 이루는 것이 목표였으며, 당시 주택금융을 사실상 독점했다.[6]

개별 가구가 국가에 의존하지 않으면서도 발전주의 권위국가가 정당성을 수립하는 데 협력하기 위해서는 자가소유를 통해 자산을 지니고 국가정책에 동의할 만큼의 자족적 감각을 가질 수 있어야 했다. '생활혁명'은 그런 의미에서 추진되었다. 아파트 생활은 위생과 안전, 편리함과 쾌적함을 담보했다. 국가는 주택공급과 관리를 주도하며 각 가구가 바라는 아파트 생활과 자산 축적, 주거의 안정과 사회적 재생산을 국가의 주택정책에 순응해야만 가능한 것으로 만들어냈다.

1972년 12월 제정된 '주택건설촉진법'(약칭 주촉법)은 이러한 생활혁명을 추동해 자본을 형성하는 중요한 법안이었다. 이 법으로 주택건설사업은 국민주택자금의 지원을 받는 국민주택 건설사업과, 민영주택자금의 지원을 받아 민간이 건설하는 건설사업으로 분할되었다. '주촉법' 제정 이후 '국민주택자금'의 설치를 계기로 '국민주택자금'과 '민영주택자금'을 중심축으로 삼은 '공공주택기금'이 형성되었다. 이 기금 형성의 목적은 주택을 원하는 개별 가구의 자원을 동원하는 것이었다. 이것이 지금 우리가 잘 아는 '청약통장'의 시초가 된다.

국가는 1978년 청약저축 상품 가입을 분양의 전제조건으로 규정한 '주택공급에 관한 규칙'의 제정을 통해 입주자 저축제도를 도입하였다. 개별 가구가 여유자금을 동원해 주택공급이라는 대규모 사업의 자금을 충당할 수 있게 한 이 법안은 지금까지도 이어져오고 있다. 만들어진 집을 개별 가구가 구매하는 것이 아니라 주택이 지어지는 시점부터 입주 의사를 가진 가구가 저축통장을 접수해 청약제도를 거쳐 분양 구조에 진입할 수 있게 자격을 준 것이었다. 한국부동산원 청약홈에 따르면 2020년 말 기준으로 청약통장의 가입자 수는 2700만명이 넘었다. 가구 수가 아니라 인구 수의 절반이 청약통장에 가입해 있다는 것은 어마어마한 통계수치다. 가입자 수의 계속적 증가는 사람들의 주택열망이 국가가 주도하는 정책과 얼마나 깊게 결부되어 있는지 잘 보여준다. 모든 가구는 이 통장에 가입해야만 주택법에 따라 주택 분양의 청약에 응할 수 있다.

1970년대 말 시행되어 지금까지도 주택열망을 만드는 데 강력한 영향력을 발휘하는 '주택청약제도'[7]는 국가가 주택공급과 분배에 관여하는 직접적인 방식으로 작동하고 있다. '주택청약제도'에 참여한 개인은 청약통장을 계약하고 매달 일정 금액을 저축한다. 그리고 국가가 아파트 분양을 계획할 때 청약통장을 일종의 '티켓 삼아 베팅'한다. 국가는 주택청약제도를 기반으로 주택공급에 전면적으로 개입하며 인구 조절을 도모하고 국가가 규제하는 규범적 단위로서의 '정상가족'을 생산해왔다. 이 제도는 이미 1978년부터 40년 넘게 한국 주택정책의 핵심으로 자리하고 있다. 국가는 청약통장이라는 적금상품을 활용하여 수요자의 주택 구입 능력을 높이고 주택수요를 유효수요로 전환한다. 국가는 개별 가구가 자기 소득을 통해 주택 구입에 필요한 자금을 마련하게 하고 자가소유도 촉진하는 이중의 목적을 달성하고자 한다. 이로써 자가소유를 달성한 개별 가구는 자가를 미래의 소득으로 활용해, 공적 복지가 아닌 사적 복지를 추구할 수 있게 되므로 복지에 대한 국가 역할의 축소가 가능해진다.

청약통장에 가입해야만 국가가 공급하는 주택, 즉 신축 아파트에 접근할 수 있다는 국가 주도의 강력한 정책은 수십년간 부침 없이 유지되었다. 이는 국민이 자가소유를 달성하는 과정에서 국가정책에 절대적으로 의지할 수밖에 없는 경로의존성을 구축했다. 따라서 집을 갖고자 하는 가구는 정부정책에 민감할 수밖에 없는데, 국가는 새 정부가 들어서거나 선거가 치러질 때마다 이를 수정, 보완함으로써 이것이 제도정치의 병폐로 비화하는 고질적 문제를 양산해왔다.

주택수요자, 즉 개별 가구의 여유자금을 동원해 주택공급에 충당하게 한 이 법안은 여성의 경제실천과 흑자가계 운용, 그 결과로서의 여유자금이 주택공급의 자원으로 동원되게 한 중요 계기다. 가구 내에서 이루어지는 근검절약과 저축의 생활화는 가족 내 여성이 갖춰야 할 주요 덕목이자 가정경제를 담당하는 여성의 몫으로 이해되었기에 청약통장을 개설 및 관리, 활용하는 것 또한 전적으로 여성의 일로 자리잡았다.

성별분업 이데올로기의 확대와 여성 통제
: 가계부운동과 현모양처 담론

개별 가구가 자가소유를 이루고 이를 자산의 토대로 삼아 사적 복지의 차원에서 일상의 안전을 구축할 때 가정 내 여성의 역할은 절대적이다. 그러나 여성들의 이러한 경제실천은 평가절하되거나 비가시화되었다. 발전주의 국가의 근대화 프로젝트는 가족임금제라는 제도적 장치와 남성 가장의 절대적 권위를 통해 노동자를 근대적인 개별 노동자가 아니라 '생산성 있는 민족주의적 집합체'의 한 부속물로 설정했다. 나아가 유교적 부권주의를 적극 활용하면서 여성의 노동을 '보상을 바라지 않는 헌신'으로 담론화하였다. 여성의 가정성domesticity과 무성성asexuality을 강조하면서, 산업화라는 근대적 가치와 상반되는 전통적 가치를 담보하는 것으로 여성과 가정생활을 구성하기도 했다. 권위주의 국가는 공적 영역을 남성화하고 정치 영역에서 여성을 배제함으로써 유교주의적 가부장 거버넌스를 완전히 재구성하고 이를 근대화 프로젝트에 통합하였다.[8]

1960년대 이후 국가 주도의 근대화 프로젝트는 일의 의미를 국가경제의 발전에 대한 공헌으로 재정의했고, 육체노동자들은 국가를 근대화하는 것을 자신들의 사회적 역할로 믿으며 역사적 사명의 관점에서 일과 관련된 정체성을 구성해왔다.[9] 발전국가가 과잉남성적 국가발전주의로 정형화prototype of hypermasculine state developmentalism되어왔다는 분석은 이 시기 한국의 국가 주도 근대화와도 직결된다.[10] 여기서 과잉남성성은 식민주의 남성화에 대한 반응으로 읽힌다. 아시아 국가들은 서구에 의해 식민화되고 여성화된 역사에 대한 반작용으로 남성성을 강조해왔고, 이러한 경향은 우리나라에서도 마찬가지였다. 가족관계의 형상을 국가에 겹쳐 아버지로서의 국가, 장남으로서의 기업을 강조하기도 했다. 문화인류학자 김현미는 발전주의 정부가 자본축적을 정당화하는 문화이데올로기를 분석하면서 '효자기업'이라는 프레임을 예로 든다. 과잉남성화된 국가체제에서 여성화된 사회의 의무는 이 사회의 장남으로 여겨지는 기업과 재벌을 길러내는 것이다. 발전주의 국가가 자본을 축적해가는 과정에서 '장남 노릇'을 하는 기업과 재벌이 성장할 때 여성화된 주체들은 그들과 갈등을 일으켜서는 안 된다. 그들이 잡음 없이 장남 역할을 하도록 하는 과정에서 여성들은 심각한 착취를 감내하거나 침묵할 것을 요구받는다.

근대화 과정에서 공·사영역에 걸쳐 이루어진 여성의 노동에 대한 정당한 보상체제는 없다시피 했다. 이는 여성 노동자가 이미지화되는 방식에서 잘 드러난다. 여성 노동자는 그 특수한 조건과 이해가 무성적인 차원으로 격하되거나, 가족관계에서는 희생하는 딸로, 계층적 위계상으로는 '공순이'로 비하되어 그려졌다.[11] 결국 발전주의 국가체제에서 여성의 노동은 가족의 이름으로 재가족화되거나 모성이나 부인성으로 재현됨으로써 여성의 개별성이 삭제되는 결과를 낳았다. 이렇게 성별화된 제도와 문화 이데올로기는 일상생활의 통제 속에서 작동했고 국가는 이같이 성별화되어 조직된 개별 가구와 민간 시장을 동원해 경제자본의 흐름을 만들어냈다.

이러한 성별적 이데올로기와 발전국가의 논리를 유도하기 위해 국가는 국민생활 합리화, 국민정신 개발, 사회제도 및 관습의 근대화를 기조로 삼아 제2차 경제개발 계획을 추진하며 국민의 일상생활을 통제하기 위해 노력했다. 실천계획에는 '가계부 적기' '폐품 수집' 등이 포함되어 있으며, 이 과정에서 '여성 통제'는 핵심 목표였다. 당시 정부는 사회부 '부녀국'을 중심으로 부녀 행정을 통해 국민의 의식주 및 소비를 통제했다. 1960년대 이후 조국 근대화와 경제개발이 국가의 일차적인 목표가 됨에 따라 일반 여성을 대상으로 하는 '부녀지도사업'이 국가의 중요 사업으로 강화되었다. 거시적 차원에서 이루어진 국가 주도의 주택정책은 미시적 차원에서 가구경제를 주도하는 여성을 향했는데, 국가는 "계획경제를 실현하는 주부 되기"라는 구호를 내걸고 근검절약과 내핍 생활을 강조했다.[12]

국가는 가구경제의 저축을 동원하여 도시자본을 축적하는 데 온 힘을 기울였다. 저축캠페인은 전국적인 사회운동으로 이어졌다. 1967년 각 여성단체 대표들로 구성된 여성저축생활중앙회(약칭 여성저축회)가 발족되었고, 여성저축회는 '1주부 1통장' 운동을 벌이며 대량 제작한 가계부를 은행의 구좌를 가진 주부들에게 배부했다. 가정경제를 도맡고 있는 알뜰주부의 구좌 개설을 독려하기 위해 은행에서는 여성전용 창구인 '숙녀창구'를 만들었다. 이는 발전국가가 여성을 동원한 자본축적의 구체적 방식을 보여준다. 통장 개설은 개별 가구에 의해 자율적으로 결정된 것이 아니라 그해 저축 목표 8백억원을 달성하기 위한 저축배가범국민운동의 일환으로 결정된 것이며, 정부에서는 반강제적인 구좌 개설을 유도해 각 가정마다 '주부 명의'로 통장을 개설하게 했다.[13] 여성저축회는 같은 해 숙녀창구에서 '알뜰주부상'을 시상하며 흑자 가계를 운영한 여성들을 공적으로 치하하기도 했다.[14]

그러나 이러한 저축캠페인이 가정경제를 책임지는 여성의 경제실천을 독려하거나 그 의의를 넓혀가는 것과는 전혀 상관이 없었다는 사실을 당시의 신문이 적시하고 있다는 점이 흥미롭다. 1967년 9월 2일자 『동아일보』는 당시 제일은행 본점에서 열린 숙녀창구 테이프절단식을 취재한 기사에서 숙녀창구가 8백억원 적립을 목표로 하고 저축증가운동을 촉진하는 역할을 할 것이라 기대한다면서 이렇게 덧붙였다. "숙녀창구라고 해서 특별히 여성들에게 편의나 이익을 제공하는 것은 아니며 새 돈과 잔돈을 친절히 바꿔준다든가 은행과 가정 간의 친밀을 도모하자는 것이 그 목표"라는 것이다. 이 시기 여성을 경제 주체화하는 방식, 다시 말해 의무와 책임은 부여하지만 실질적 효능은 없이 감정과 정서에

그림 2-3 1967년에 개최된 여성저축생활전국대회

만 호소하는 수법을 여실히 보여준다. 이러한 방식은 여성 통제에 적극 활용된다.

여성 통제를 잘 보여주는 또 하나의 사례로는 '가계부운동'이 있다. 그 당시 대표적인 도시 중산층 여성 잡지였던 『여원』은 매월호마다 부록으로 가계부를 실었다. 가계부를 쓰며 합리적 소비생활 및 검약과 저축을 실천하는 근대화된 '현모양처상'은 국가가 가정주부와 일반 가계를 동원하는 중요한 담론이었다. 이는 종종 국가의 운명이 주부에 의해 결정된다는 논리로까지 비약되곤 했다.[15] 그러나 단어가 주는 양순한 이미지와는 달리 실제로 현모양처가 된다는 것은 수용적이고 소극적인 주체가 아니라 가정경제를 위해 '허리띠를 졸라매고' 궂은일도 마다하지 않는 강하고 적극적인 행위자가 되어야 함을 의미했다.

이후 등장한 '복부인'은 현모양처의 반대항처럼 구성되어 이기심으로 똘똘 뭉친, 국가경제에 악영향을 끼치는 인물로 변질되었다. 하지만 실제로 복부인의 경제실천은 이후 국가가 주도하는 주택의 상품화 과정을 가장 적극적으로 수용한 행위자의 양상을 보여주었다. 현모양처도 이와 다르지 않았다. 현모양처는 가정경제 관리자로서 근검절약하면서도 가족의 생활을 윤택하게 하며, 저축의 생활화를 통해 목돈을 만들고 동시에 자산을 구축하는 것으로 그 역할이 설정되었다. 이러한 문화적 담론은 '생활혁명'이라는 이름으로 수행된 대규모의 아파트 건설과 여성의 가정생활을 밀착시키는 역할을 했다.

당시 정부가 내세운 1가구 1주택 슬로건과 주촉법 제정을 통해 실시한 '마이 홈' 운동은 자가소유를 향한 대중적 열망을 정부가 적극 추동하였음을 보여준다.[16] 마이 홈 운동은 가계부운동과 여성의 경제실천으로 접합되었다. 예컨대 여성저축회가 1967년부터 1980년까지 매해 시상한 알뜰주부상의 수상 소감은 근검절약으로 모은 종잣돈으로 내 집 마련 작전에 성공한 내용이 주를 이룬다. 당시 모범적인 주부로 칭송받은 여성들을 다룬 기사에서는 이들의 삶을 "서두르지 않는 (…) 계획적인 생활의 연속"이었으며 "여사의 생애는 근면과 검소 그것이었다"[17]고 설명하거나 "내 집 마련이라는 큰 목표가 달성될 때까지는 무엇보다도 아끼고 저축하는 것이 첫째"라는 인터뷰 내용[18]을 실으며 여성들의 '금욕적인' 경제실천을 전범화했다.[19]

우선공급 대상이 된 '모범'국민들
: 불임시술자와 해외취업 근로자

14일 하오 6시에 마감한 주택공사의 반포 2·3지구 아파트 3810가구에 대한 분양 접수에 모두 8716명이 신청, 평균 2.3 대 1의 경쟁률을 보임으로써 청약 우선순위자인 불임시술자 이외는 아파트 입주가 어려운 것으로 나타났다. 형별로는 16평형이 1750가구에 3559명이 신청, 2 대 1의 경쟁을 보였고, 18평형은 1230가구에 3062명이 몰려 2.5 대 1, 25평형은 830가구에 2095명이 신청, 2.5 대 1의 경쟁률을 나타내 모두 108억 3490만원이 예치됐다. 접수마감 결과 1순위인 해외취업자와

2순위인 불임시술자가 특히 25평형에 많이 몰려 신청자의 약 90%를 차지하고 있으며 16평, 18평도 50%가량이 이들 불임시술자 등으로 밝혀져 앞으로 이곳 아파트는 불임시술자 아파트로 불릴 판.[20]

기본적으로 국가의 주택제도는 무주택자를 실수요자로 보고 주택보급률의 향상을 목표로 하지만, 1990년까지 서울의 주택보급률이 60% 안팎이었던 것을 감안하면 주택청약은 경쟁률이 상당히 높고 당첨의 절박함도 대단할 수밖에 없다. 국가는 선별적으로 공급 대상을 구성한다. 예컨대 1977년 만들어진 '국민주택 우선공급에 관한 규칙'에서 주택공급 대상은 해당 지역에 거주하는 부양가족이 있는 무주택 세대주로서, 1순위는 주택청약부금을 6회 이상 불입해 50만원 이상을 적립했거나 만기자로서 군별 번호가 빠른 자, 2순위는 월 1만원 이상의 재형저축 또는 부금 6회 이상 불입자, 3순위는 일반청약자로 무주택자이며 주택청약저축에 가입한 자에게 우선공급 됨을 명시하고 있다.

1960년 당시 가임 여성 1명당 6.3명으로 추정되는 한국의 합계 출산율은 1983년에 인구대체수준(인구를 현상 유지하는 데 필요한 출산율 수준) 아래인 2.06명으로 급감하였다. 이같은 추이는 한국사회가 불과 20년 사이에 두명의 아이를 낳아 기르는 것이 일반적인 사회로 변모하였음을 말해준다. 1960~70년대를 거치며 일어난 이같은 변화는 단지 자녀 수의 감소만을 뜻하지 않는다. 그것은 평범한 사람들의 재생산과정, 즉 아이를 낳아 기르고 일과 삶을 지속하는 생애과정의 전폭적인 변화를 말한다.[21]

1977년 청약제도가 처음으로 도입되었을 때 공공부문이 짓는 아파트의 청약 우선순위는 경제기획원의 의도를 그대로 반영해 만들어졌다. 1976년에는 '아들 딸 구별 말고 둘만 낳아 잘 기르자'라는 구호로 대표되던 산아제한이 국가적 목표였다. 그해 경제기획원은 제4차 경제개발 5개년 계획기간에 연평균 인구증가율을 1.6%로 억제하기로 결정했으며,[22] 이를 촉진하기 위해 가족계획정책에 부응하는 가구에 주택공사가 건설하는 아파트의 우선추첨권을 주기로 했다. 이것이 공공부문 아파트 청약에서 영구불임시술자를 우대하는 근거가 되었다.

1985년 3월 29일 『매일경제신문』 기사에 따르면 당시 분양에 착수한 목동 2차 아파트의 특정 평수는 34세 미만의 불임시술자에게 우선권이 주어졌는데, 이를 노린 불임시술증서가 청약저축통장과 함께 거래되었다고 한다. 불임시술자에게 우선추첨권 혜택을 준 곳은 앞선 기사에 언급되기도 한 반포, 목동, 화곡, 개포, 가락, 광명 하안 주공아파트 등 서울권에 형성된 대부분의 대규모 단지였다. 이중 '불임시술자 아파트'로 불리던 반포 주공아파트는 국내 최고가 아파트 가운데 한곳인 반포래미안퍼스티지로 재개발되어 2018년 7월 현재 31평형 기준으로 20억원 이상의 시세가 형성된 것으로 나타났다. 강남권에 위치한 개포, 가락 주공아파트나 목동 주공아파트 단지 역시 집값이 꾸준히 상승해 고가의 주택단지로 여겨지고 있다. 해당 주택을 장기간 보유하고 있었다면 불임시술의 효과가 주택자산 기반의 계층 이동으로 이어질 수 있었던 가능성 또한 주목할 필요가 있다.

아파트 우선추첨권까지 주면서 본격적인 시동을 걸었던 정부의 산아제한정책은 실제로 놀라운 효과를 발휘했다. 단기간에 출산율이 크게 낮아진 결과, 가구 수는 증가하지만 가구당 가구원 수는 감소하여 가구 규모의 축소가 일어났다. 통계청 조사에 의하면 가구당 가구원 수는 1970년대까지는 평균 5명의 분포를 보이다 1980년대에는 4명대, 1990년대에는 3명대로 감소했다. 불임시술자에 대한 주택분양 우대조치는 1990년대 중반까지 이어졌지만, 정부에서 남녀 성비 불균형 해소 등 인구구조의 질적 개선을 위한 새로운 인구정책을 추진하기로 하면서 불임시술 가정에 대한 공공주택 우선입주권 등의 인구 억제 대책은 모두 폐기되기에 이른다.[23] 그 결과 1997년 주택공급규칙이 개정되면서 영구불임시술자 우대조치에 관한 규정은 완전히 삭제되었다.

그로부터 불과 10년도 채 지나지 않은 2006년, 주택청약제도에 예외적인 우대조건을 마련하는 정부의 인구정책이 다시 부활했다. 건설교통부는 2006년 8월 주택공급규칙을 개정하여 "민법상 미성년자인 3명 이상의 자녀를 둔 무주택 세대주에게 그 건설량의 3퍼센트 범위 안에서 1회에 한하여 특별 공급할 수 있다"고 정했다. 경쟁이 있을 경우 같은 3자녀 이상 가구 중에서도 자녀의 수와 무주택기간, 지역거주기간 등에 따라 가점이 달라지기 때문에 영유아가 있거나 무주택기간이 긴 가구가 절대적으로 유리해졌다. 신청자가 몰릴 경우 우선순위 배점표에 따라 순위가 결정되었다. 100점 만점에 자녀 수(50점), 영유아 자녀 수(10점), 세대구성(10점), 무주택기간(20점), 지역거주기간(20점) 등 5개 항목을 고

려하며, 동일 점수가 나오면 미성년 자녀 수, 세대주 연령 순으로 대상자를 선정하는 식이었다.[24]

다자녀 가구 특별분양의 첫번째 적용 대상은 제2의 강남으로 떠오른 판교신도시 분양이었다. 건설교통부에 따르면 2006년 8월 판교신도시 2차 분양에서 수도권 3자녀 이상 무주택 가구 중 우선순위 점수 85점 이상자를 대상으로 한 경쟁률은 4.6 대 1이었으며, 일반분양의 경쟁률은 27 대 1을 기록해, 다자녀 가구 특별분양이 일반분양에 비해 크게 유리했던 것으로 조사되었다. 다자녀 가구에 대한 주택우대제도는 이후 더 강화되어 2010년 민영주택의 경우 전체 공급 3%에서 5%의 물량을 대상으로 하는 것으로 상향 조정되었다. 공급물량에 따른 청약기회를 확충했을 뿐만 아니라 경제적 부담을 완화하는 방안으로 대출이자율도 5.2%에서 4.7%로 하향 조정되었다.[25]

이처럼 국가가 주택청약제도를 거주 목적의 실수요자 우선주의나 산아제한, 출산장려 등 가족정책에 적극적으로 활용함으로써 한국의 주택규범을 도시 중산층 핵가족 모델 중심으로 구성하는 효과를 가져왔다. 발전주의를 실행하는 과정에서 국가가 인구성장을 관리하고 자신의 주도로 대량 생산된 아파트를 자신의 통제하에 공급한 것은 지불능력이 있는 이들을 대단지 아파트로 결집했으며, 결과적으로 이들에게 주택소유와 자산소득 증가라는 혜택을 제공하였다. 이들은 소유한 주택을 기반으로 도시 중산층으로 성장할 수 있었다.

도시 중산층 가족의 등장과 여성 경제실천의 비가시화

주택공급의 양적 발전은 국가의 발전주의 정책을 정당화했다. 이 과정에서 도시 중산층 가족은 발전주의 국가의 상징이 되었다. 1970년에서 1980년 사이 서울시에는 아파트만 총 21만 3947호가 건설되었고, 특히 같은 시기에 강남구(지금의 서초구 포함)에는 약 6만 5천호, 강동구(송파구 포함)에는 약 6만호가 건설되었는데, 이는 당시 서울시 전체 건설물량의 58%를 차지했다. 또한 1980년 강남·서초 지역 내 전체 아파트 중 방 네개 이상의 중대형이 60%의 비중을 차지했다. 이렇게 강남 지역을 중심으로 한 중대형 고급 아파트의 건설은 구매능력을 갖춘 가구를 강남에 자리잡게 하고 이 지역을 중심으로 중산층화가 이루어지도록 한 요인이 되었다.

이러한 과정은 정부의 매우 적극적이며 의도적인 강남 개발 정책으로 인해 가능했다. 당시 박정희 정부는 일정한 지역을 대상으로 무질서하게 존재하는 토지들을 묶어서 합리적으로 구획했다. 또한 도로, 학교, 공원 등의 기반시설을 설치해 기존 토지를 좀더 이용가치가 높은 토지로 전환하는 '구획정리사업'을 실시했다. 그리하여 당시 경부고속도로 기점인 제3한강교 남단에서 양재동에 이르는 7.6km 구간의 도로 용지를 무상으로 확보했다. 공유수면은 모두 국유지만 바다의 일부를 막거나 하천에 제방을 쌓아서 흙으로 메우면 사유토지로 전환할 수 있다는 점을 이용해 한강변 공유수면을 매립하여 강남의 아파트 단지 부지를 확보하기도 했다. 동부이촌동, 반포, 흑석동, 서빙고동, 압구정동, 구의동, 잠실의 대형 아파트 단지가 바로 한강변 공유수면 매립으로 조성된 곳들이다. 그 결과 이 사업을 이끈 당시 김현옥 서울시장은 '불도저 시장'이라는 별명을 얻기도 했다.[26]

당시 함께 시행된 '아파트 지구 제도'는 해당 지역에 아파트 외에는 다른 건축물을 짓지 못하게 했다. 결국 개인 지주들은 대형 건설업체에 땅을 팔 수밖에 없었다. 또한 국가는 1973년 영동지구와 1976년 잠실지구를 '개발촉진지구'로 지정하여 부동산투기억제세, 취득세, 등록세, 재산세, 도시계획세 등을 면제하였다. 1975년에는 한강 이북의 전답이나 임야의 택지 전환을 금지하는 강북 개발 억제 정책을 시행해서 도시개발의 불균형을 초래하기도 하였다. 다시 말해 기존의 법이나 제도, 그리고 개별 지주가 가진 권리는 당시 발전국가가 주도한 주택물량의 급진적 공급이라는 목표의 달성 과정에서 전혀 고려되지 않았으며, 국가 주도의 경제주의 원리가 적용될 때 배제되거나 수정되어 쓰였다.

이 시기 절대적 주택 부족 상황을 타개하기 위해 대도시를 중심으로 주택물량 공세를 펼치고 이를 자가소유 주택체제로 이끌어낸 것은 발전주의 국가가 양적 경제성장과 가구 단위의 복지기반을 결합할 수 있었던 주요 기제였다. 이 시기 도시 중산층 가족 모델은 자가소유를 통해 계층 상승과 복지기반을 동시에 이루고자 한 도시민들의 열망을 부추기면서 특정한 위상을 갖게 되었다. 나아가 이 정상가족 모델에서 여성은 근검절약하며 가정경제를 관리해 국가정책을 완수하는 책임을 떠맡으면서도 정서적으로는 희생하고 헌신하며 보상을 바라지 않는 소위 '현모양처' 인간형으로 그려졌다.

국가는 여성 통제를 통해 가족 단위를 관리함으로써 도시자본을 축적하고 발전국가를 정당화하는 이중의 효과를 만들어냈다. 그러나 '현모양처' '알뜰주부'와 같은 호명은 발전주의 국가가 가구 단위의 복지기반을 만들어낸, 여성의 자가소유를 위한 경제실천을 은폐하는 것이었다. 오히려 그 실천을 가족 단위로 묶어냄으로써 여성의 개별성을 삭제하는 효과를 낳았다. 여성의 경제실천을 근검절약과 계획경제라는 언어로 비가시화하고 성별규범을 잘 따른 여성을 금욕적이거나 도덕적인 존재로 재현함으로써, 여성이 주택실천을 통해 도시자본 구축에 기여하는 한편 사회경제적으로 수행한 역할을 가족에 대한 헌신으로 은폐하는 담론적 효과를 낳은 것이다.

2
투기의 대중화와
복부인 혐오의 시대

주택정책은 정부가 처한 정치적 상황의 불리함을 무마하고 그 정당성을 주장하기 위한 용도로 사용하는 경향이 있다. 국가가 자원을 충분히 동원하지 못하는 상황에서 주택이라는 자산을 개별 가구가 소유하게 만듦으로써 국민의 불안을 해소하는 데 활용하기도 한다. 유신정부 이후 들어선 제5공화국 전두환 정권의 주택 경기 활성화 정책도 같은 맥락에서 진행되었다.

국가 주택정책의 중산층화는 1989년 1기 신도시 개발을 통해 강화되었다. 노태우 정부는 신도시 개발을 통해 서울에 집중된 인구를 수도권으로 분산하고자 했다. 동시에 주택공급이라는 목적을 달성하려 했고 이는 이후 신도시 개발에 큰 영향을 주었다. 1989년 4월에 발표된 1기 신도시는 일산, 분당, 중동, 평촌, 산본으로 일산에 6만 9천호, 분당에 9만 7500호, 중동·평촌·산본 세 지역에 각각 약 4만 2천호가 공급됐다. 대단지 아파트를 중심으로 총

30여만호의 주택이 공급된 셈이다.[27] 공격적인 주택공급은 주택보급률의 상승으로 이어졌다. 1990년에 약 70%였던 주택보급률이 1기 신도시 개발이 끝난 1997년에는 82%로 올랐다. 불과 10년이 채 되지 않는 사이에 주택보급률의 엄청난 상승이 이루어지고 주택의 상품화 경향이 가속화되었다.

주택의 상품화는 경기부양의 연속선상에서 이루어졌다. 빠른 속도와 공격적 성장을 추구하는 과정에서 발생하는 부실시공의 문제는 다음 정권인 김영삼 정권에서 발생했다. 정부는 1994년 10월 성수대교 붕괴와 바로 이듬해인 1995년 6월 삼풍백화점 붕괴로 인해 드러난 공사감리의 문제를 보완하고자 '건축법 제77조의 2' 벌칙 조항을 신설하고 부실시공을 관리하는 데 주력했다. 이 시기에 시행된 정책 중 이후의 주택실천에 강력한 영향을 미친 제도는 1995년 제정된 '부동산 실권리자명의 등기에 관한 법률'이다. 소위 '부동산실명법'이라고 불리는 이 법은 명의신탁이라는 관행으로 이루어지던 명의위장을 바로잡고자 제정되었다. 부동산을 실권리자 명의로 등기하도록 하여 제도를 악용한 투기와 탈세, 탈법행위의 반복을 막기 위한 대책으로 대두된 이 법은 당시 큰 이목을 끌었다. 명의위장으로 이어질 수 있는 기존의 명의신탁 약정을 무효로 하고, 문제가 되었을 때는 부동산 가액의 30%에 해당하는 과징금을 물도록 하는 꽤 강력한 법안이었다.

국가는 계속해서 시장과 결탁해 주택물량을 공급하여 통치성을 발휘하고자 했다. 투기의 과열은 정부에 대한 개별 가구의 불만이 가장 노골적으로 표출되게 만드는 요인이다. 주거의 불안정성이 지속될수록 무주택자는 국가의 정책 방향에 반감을 갖는다. 그러면 국가는 이러한 시민의 비동조성을 약화하고자 한다. 1997년 당시 정부는 계속되는 투기 과열 현상을 안정시키고자 수도권에 주택 25만호를 공급하고 토지거래 허가구역을 관리하기 위한 부동산시장 안정 대책을 발표하였다. 그러나 주택시장의 안정을 꾀하던 정책의 기조는 1997년 12월 국가부도 위기에 처해 정부가 IMF에 구제금융을 요청하면서 적극적으로 경기부양을 도모하는 방향으로 바뀌게 되었다.

투기 문제의 대두

1980년대는 '투기'가 국가의 개입이 필요한 문제로 중요하게 대두된 시기였다. 이 시기 정부는 '투기과열지구'를 지정했다. 또한 투기라는 과도한 경쟁에 적극적으로 개입하기 위해 기존의 청약제도에 더해 '채권입찰제'를 실시하였다. 채권입찰제라는 분양 방식은 기존의 청약제도가 가진 문제점, 즉 낮은 분양가와 추첨을 통한 분양이 극심한 분양 경쟁과 투기를 유발하는 문제에 대한 해결책으로 제시된 일종의 '최고가 낙찰제'였다. 이는 주택청약 시 예치금보다 더 많은 채권을 입찰한 청약 대기자에게 우선권을 부여하면서 결국 '분양 프리미엄'이라 할 수 있는 시세차익을 더 많은 채권을 입찰할 능력이 있는 중산층 이상의 소득집단에 제공하는 부작용을 유발했다. 이는 이후 주택소유에서 기인한 계급 격차의 발생에 매우 큰 영향을 주었고, 당시 주택청약이 주로 이루어진 지역, 즉 목동, 여의도, 동부이촌동 등이 중산층 지역으로 자리매김하는 주요 요인이 되었다. 채권입찰제는 주택소비에서 생겨난 편익의 배분에서 특정 계층, 즉 경제자원을 보유한 중산층 소득집단에 대한 편향을 만들어냈다. 이 계층은 주택가격 상승으로 거시경제 성장의 혜택을 입는 집단이 되었다.[28] 주택가격 상승을 통한 지대地代이익은 더 많은 부동산을 갖기를 원하던 기업뿐만 아니라 신흥 중산층 및 개인 자산가 등이 공통적으로 추구하던 가치였다. 이익 실현을 위한 이들의 활동은 도시화 과정에서 폭등하던 부동산가격 덕분에 시세차익을 노린 투기와 등치될 수 있다. 부동산투기 이익의 실현은 특히 1980년대 이후 재개발 및 재건축이 확산되면서 더욱 탄력을 받았다.

　사회사적 측면에서 '공인중개사 제도'의 도입은 이 시기에 일어난 중요한 변화라고 할 수 있다. 1962년부터 1983년까지 소개영업법[29]하에서 운영된 소위 '복덕방'이 중개업으로 변화했다. 1983년에는 소개영업이 신고제에서 허가제로 바뀌었다. 이는 소개업자의 무자격성, 의무규정의 부재, 악덕 소개행위에 대한 제재의 어려움 등 이전의 복덕방이 낳은 문제를 보완하고자 한 것이었다. 중개업으로 전환된 이후에는 중개업자의 행정 의무와 중개 대상물에 대한 설명 의무 등이 명시되었으며 이는 1985년 9월 22일 제1회 부동산 공인중개사 국가고시의 실시로 이어졌다.[30] 이때를 기점으로 복덕방은 사라지고 부동산 공인중개사 사무소들이 생겨나기 시작했다. 국가고시로의 전환과 허가제의 도입이라는 강력한 법의 규제는 주택의 부동산화가 이루어져, 다시 말해 주택의 상품으로서의 기능이 강화되어 부동산투기의 과열이 사회적 문제로 떠오르던 당시 상황과 매우 밀접한 관계를 맺고 있었다고 볼 수 있다.

'투기' 문제는 그다음 정권에서 더욱 강력한 규제제도를 도입하게 했다. 1988년에 취임한 노태우 대통령은 그해 8월에 '부동산종합대책'을 내놓았다. 1가구 1주택에 대한 비과세 요건을 강화하고 양도세를 개편하는 등 과열된 부동산투기를 억제하기 위한 조치를 실시하였다. 또한 1989년 토지공개념에 근거한 3법(토지초과이득세법, 택지소유상한법, 개발이익환수법)을 실시하여 개발이익의 사유화와 토지를 통한 불로소득을 제한하는 조치를 단행하였다. 이를 통해 부동산거래의 질서를 확립하고 이후 시행될 신도시 건설을 통해 투기를 근절하겠다는 의지를 보였으나 부동산투기는 전혀 가라앉지 않았다. 이에 1990년에는 '등기 의무화' '증여세 강화' '토지신탁제도' 등과 같은 부동산투기억제책을 또다시 내놓았다. 88서울올림픽을 계기로 무역수지 흑자 기조가 이어지고 시중의 유동자금이 부동산으로 흘러 들어와 노태우 정권 때 서울 아파트 가격은 70.7% 급등했다. 박정희 정권에서 주택정책의 기반을 조성하고 서울 강남권을 중심으로 도시개발을 시행한 이후 전두환 정권 때 서울 지하철 등 도시 인프라의 확립과 공인중개사 제도의 도입으로 주택의 상품화와 이를 통한 국가의 통치가 탄력을 받았다면, 과열된 투기 양상은 다음 정권의 억제책에도 불구하고 계속 이어졌다고 볼 수 있다.

투기, 여성의 죄가 되다: '복부인 담론'의 생산

투기억제책과 부동산가격의 상승이 교차하는 가운데 소위 '복부인 담론'이 생산되었다. 1970년대 초반까지만 해도 부동산투기는 일반 대중이 아니라 기업가, 고위 관료, 토지 브로커 등 특수한 계층이 주도했다. 그런데 강남 개발이 본격화된 1970년대 중반부터는 목돈을 마련할 수 있고 은행으로부터의 자금 대출이 가능한, 금융능력을 가진 중산층까지 투기에 뛰어들었다. 그야말로 투기의 대중화가 이루어진 셈이다. 부동산 중개업소나 아파트 분양권 추첨 현장 등 소위 대중화된 투기의 현장에서는 사적 경제의 책임자인 중산층 가정주부들이 대부분 눈에 띄었다. 그들은 복부인이라 불리며 투기의 주역으로 지목되었다.

부동산 매매업을 의미하는 '복덕방'은 지금은 입말로만 남아 있다. '복부인'과 '복덕방', 두 단어가 공유하고 있는 '복'은 좋은 운, 영어로는 'luck'을 의미한다. 부동산이 자산으로 형성되기까지의 과정이 순전히 운에 좌우된다는 의미인지, 아니면 복을 쌓아야만 좋은 운을 가질 수 있다는 의미인지 단어의 유래는 불확실하다. 하지만 복덕방과 복부인이라는 두 단어는 사람들의 머릿속에서 '복'과 부동산을 자연스럽게 이어주었다.

당시의 신문 기사는 질타의 목소리를 높이며 복부인을 사회를 어지럽히는 주범으로 꼽았다. 1980년 개봉한 임권택 감독의 영화 「복부인」은 그 전형적인 서사를 보여준다. 알뜰주부로 잔돈에 벌벌 떨면서 살림을 꾸려온 한여사가 자신이 신청한 아파트청약에 당첨되어 큰돈을 번다. 이후 그는 남편을 우습게 보기 시작한다. 그러다 다른 복부인들과 어울려 다니며 향락에 취하고 결국엔 거액의 토지 사기를 당해 쇠고랑을 차게 되었다는 이야기다. 현모양처가 '돈맛'을 보면 얼마나 타락하는지 적나라하게 보여주는 이 영화는 당시 보수주의가 여성에게 들이댄 가혹한 잣대를 재현하고 있다. 또한 동전의 양면 같은 복부인과 현모양처의 인간상을 재현하고 있다. 이 시기 여러 신문 기사들이 복부인을 주제로 다루는데, 도덕적으로 최악인 여성들로 설명하며 온 나라가 이에 대한 경각심을 가져야 한다는 엄벌주의로 끝맺고 있다. 여성이 돈맛을 아는 것은 일벌백계할 부정한 일이라는 관점에서다.

그러나 당시는 여성이 공적 경제에 접근하기 어려웠고 노동소득을 갖게 되어도 부차적 수입으로 치부되는 상황이었다. 여성의 탐욕과 이기심이 큰 규모의 자산에 투기하는 행위로 이어지기는 어려웠다. 한국사회의 부동산투기는 이미 대중화되어 있었다. 중산층 대부분이 동참하고 있던 부동산투기는 아파트를 자산 증식의 수단으로 인식하게 한 자본주의의 발전과 군사정권, 시정 관료, 중개업자, 투기꾼의 합작품이었다. 발전주의 주택정책에서 발생한 구조적 모순[31]의 결과물임에도 문제의 요인을 중산층 주부라는 공적으로 취약한 위치의 여성들에게 전가한 것이다.

말하자면 복부인 담론은 과잉도시화된 수도권에서 대중이 느끼는 피로감과 상대적 박탈감의 책임을 여성에게 전가하여 감정적 쾌락을 만드는 정치공학적 산물로 해석할 수 있다. 부도덕한

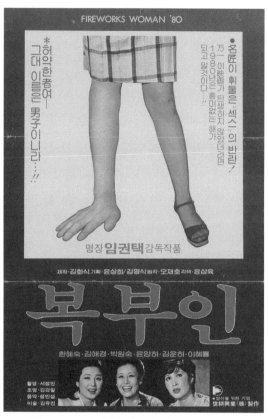

그림 2-4 1980년 임권택 감독 작, 영화 「복부인」 포스터

여성 인물형을 투기 문제의 주범으로 지목해 제도정치를 위협할 수 있는 도시의 주거문제가 야기할 사회적 혼란을 막기 위해서였다.[32]

복부인 담론은 여성들의 자유와 권리가 제한된 한국 근대화 과정에서 여성이 기여한 바가 성별화되는 지점을 잘 보여준다. 앞서 살펴봤듯이 1960~70년대에는 여성이 가족 내에서 주어진 부인됨, 어머니됨 등 여성화된 역할을 수행하면서 발전국가가 주도한 자가소유 정책을 수용하면 근검절약을 통해 내 집을 마련한 알뜰주부로 칭송받았다. 그러나 투기가 사회적 규제가 필요한 문제로 설정되자 자가소유에 대한 여성의 욕망은 갑작스레 과도하기 때문에 문제적인 것으로 설정되었다. "비정상적인 억척"[33]이자 "사회경제를 교란"[34]하는 일, 즉 도덕적 일탈의 문제로 재현되기도 했다. 이전 시기의 현모양처론과 이 시기의 복부인론은 모두 여성의 경제실천을 도덕적 잣대로 평가한다는 점에서 문제적이다.

투기의 문제화는 여성혐오 담론을 강화하고 이에 대한 도덕적 책임과 문제의 원인을 여성에게 돌리는 경향을 만들어냈다. 동시에 국가는 주택의 상품화 경향을 가속화하면서, 남성 가장의 권위와 권력을 전제로 하는 불평등한 가족제도 속에서 현모양처와 복부인이라는 한국적 인간형을 마치 상반된 인간형처럼 배치하고, 전통적 가치를 지키는 효부와 세속적인 소유욕을 가진 야망 있는 여성인 복부인을 대조했다.

그러나 주택장에서 여성들의 젠더화된 노동은 한국의 도시 중산층을 형성하고 계급 이동과 부의 축적을 실현한 핵심 기제였다. 가령 한국의 발전주의가 확장되는 데 큰 역할을 한 대표적 중산층 지역은 서울 강남이다. 한국의 중산층 1세대는 강남에 집을 구입하고 자가소유자가 되어 간단히 계급 이동과 부의 축적을 실현할 수 있었다.[35] 개별 가구가 자가소유를 통해 투기이익을 얻고 개별 복지로 일상의 안전을 도모할 때 사적 영역에서 수행되는 여성의 역할은 절대적이다. 그러나 여성들의 이러한 경제실천은 평가절하되거나 비가시화되어왔다. 가족주의와 충효사상을 토대로 한 국가 주도의 개발정책에서는 흔히 산업역군으로 호명되는 남성들의 땀과 노력만이 조명되었다. 반면 같은 시기에 가정에서 재생산 노동을 담당하고 사회에서는 경제성장을 위한 노동자로 활약한 여성들의 노력에 대해서는 마땅한 사회적 보상과 인정이 주어지지 않았다. 그러나 그 시기에 계급지위를 만들어내고 이를 재생산하는 데 가정경제 관리자로서 기여한 여성들의 역할이야말로 생활수준과 계급의 지평에서 거대한 격차를 만들어온 동력이라 할 수 있다.

그들은 어떻게 복부인이 되었나

여성의 주택실천은 가정성domesticity이 강조되고 가정관리자라는 여성의 역할이 일종의 전일제 근로와 같이 확대된 상황과 관계된다. 또한 자본주의 시장에서 여성을 어떤 소비자로 범주화하는지는 시장에서 부여하는 여성의 위치와 역할을 보여주기 때문에 매우 중요하다. 1967년부터 1995년까지 여성잡지(『여성동아』)에 실린 광고를 분석한 자료[36]를 보면 중산층 주부의 역할이 '전문화'되는 과정을 확인할 수 있다. 1970년대 중반까지는 가족 관리, 다시 말해 보험·투자·금융 등과 관련된 가족(경제) 관리에 대한 광고가 전무하다가 1976년에 들어서면 가사, 모성, 아내 역할에 대한 광고가 아닌 가족(경제) 관리 범주의 광고가 처음 등장하고 점차 금융과 재산 증식 등에 대한 광고 비중이 늘어나는 것을 알 수 있다. 가족경제 관리 범주의 광고가 여성지에 실린다는 것은 이전까지 여성의 가족 내 역할이 모성과 가사, 부인성 수행으로 제한된 것과 달리 1970년대 후반에 이르러 소비자본주의가 확대되면서 가족경제를 관장하는 일이 여성에게 부과된 새로운 규범적 역할임을 보여준다. 금융시장에서도 여성을 주요 소비자로 인식하고 있다는 사실 또한 명백히 드러난다. 이런 광고를 쏟아내던 시장과 마찬가지로 국가는 투기를 사회문제화하면서도 주택의 상품화 경향을 가속화했다. 공공주택의 확장이나 임차제도의 개선에 힘쓰기보다 자가소유를 모범적 시민의 조건으로 호명했다. 동시에 남성 임노동자와 여성 무급돌봄노동자라는 근대 가족의 성별규범을 유지, 강화하면서 모범적인 인간형에 대한 담론을 성별화하였다.

앞서 밝힌 바와 같이 국가는 여성들에게 각 가정을 대표하여 1주부 1통장 갖기를 실천하고 가정경제를 관리하도록 했다. 시장에서도 투자와 금융을 담당하는 소비자로 여성을 호명하기 시작했다. 그러나 복부인론은 현모양처의 경제실천과 연속선상에 있음에도 여성의 역할과 자산 규모가 커졌을 때 발생하는 성별화된 낙인과 폄하가 무엇인지를 보여준다. 일례로 1980년대에 도시개발이 대거 이루어지면서 토지 사기가 많이 발생했는데, 1983년에는 무려 68명의 30대, 40대 여성이 6개월 만에 사기 업체에 당시 돈으로 10억원을 갈취당한 사건이 있었다. 당시 신문은 이를 '초심자 복부인'이 당한 사기사건으로 규정하고, 그 사건을 담당한 검사의 인터뷰 내용을 직접 실었다. "범인들도 나쁘지만 전매 차익을 얻어먹기 위해 무분별하게 날뛴 복부인들도 어떤 의미에서는 공범자라고 볼 수도 있지 않느냐"는 발언이었다.[37] 비가시화되어 있던 여성의 경제적 욕망이 드러났을 때 이를 바로잡거나 징벌하고 도덕적으로 문제삼아 여성을 부정적 인간형으로 전형화 stereotyping하는 당시의 담론을 여실히 보여주는 사례다.

가정주부화의 희생자였던 전업주부들은 중산층의 삶을 유지하게 하는 가족 중심 제도나 가족이데올로기로부터 일정한 혜택을 누리면서도 근본적으로는 자기 나름의 주체적 삶을 봉쇄당한 이중적 상태에 처해 있었다.[38] 이 과정에서 가정관리자로서의 여성은 자녀 양육, 가사노동에 집중하며 가정이라는 제한된 공간 안에서 '소비하는 주체'로 살아가도록 요구되었다. 그러나 1990~2000년대를 거치면서 여성의 노동시장 참여가 확대되고 경제 침체로 인해 남성 생계부양자 중심의 가족모델이 몰락했다. 이에 해체되기 시작한 가족임금 체제는 급격히 맞벌이 모델로 대체되었다. 이로써 가부장의 강력한 권위가 가족의 일원적 원리였던 가족모델이 힘을 잃고 가족 간의 우애와 감정적 교류가 중요한 가족의 기능으로 부상했다. 또한 가부장제의 공적 질서가 아닌 여성을 통한 '정서적 관계망'이 일상의 문화를 조직하는 원칙이 되었다.[39] 이러한 상황 속에서 집에 대한 열망은 자본주의 경제시장을 확장하는 투기적인 계급욕망과 가족을 구성하는 물적 기반에 대한 탐색, 그리고 변화하는 젠더질서에서 비롯된 여성의 실천을 동시에 자극하며 투기적 여성 주체, 즉 주부CEO의 시대가 열리도록 했다.

3
주택 금융화와 주부CEO론의 대두

주택시장 정상화와 경기부양을 위하여

한국의 외환위기는 정부가 주택공급과 소비를 통해 경기를 부양하기 위해 '주택시장의 정상화'를 추구하도록 한 주요 조건이었다. 2000년대 중반 한국주택금융공사HF의 설립을 시작으로 보편화된 주택의 금융화는 국가의 정책과 가구의 복지를 주택담보대출이라는 제도를 통해 구현했다. 빚내서 집을 사는 것이 제도화되었으며 현재와 미래의 노동은 채무 이행을 위한 것이 되었다. 미래의 소득은 주택을 매개로 금융제도 안에 종속되었으며 이로써 자본축적의 양식이 변화했다. 역모기지 상품을 통해 미래의 복지를 주택상품으로 구성해내는 생산복지제도가 정착되는 효과 또한 발생했다.

이에 대한 정부정책과 제도 변화는 주택시장의 정상화라 이름

붙일 수 있다. 이는 외환위기 이후 출범한 김대중 정권에서 주요 이슈로 부상했다. 노태우 정권 때 시도된 토지공개념 제도는 외환위기를 극복한다는 명분 아래 김대중 정부하에서 폐지되었다. 대신 김대중 정권은 1998년 출범 후 당시 고건 서울시장과 함께 '주택 경기 활성화 대책'을 마련해 실시했다. 토지거래 허가구역을 해제하고 아파트 재당첨 금지 기간을 단축하거나 폐지하였다. 연이어 '분양가 자율화' '토지거래 신고제 폐지' '분양권 전매제한 폐지' '무주택 세대주 우선분양 폐지'와 '신축 주택 구입 시 양도세 면제' '취득세와 등록세 감면' 등의 대책을 시행하며 부동산을 통한 경기부양을 매우 적극적으로 도모하면서 유동자금이 시장에 투여되도록 강력히 유도하였다.

2000년 9월 도입된 '주택담보대출'모기지론mortgage loan은 미시적 차원의 주택정책으로 가계부채를 통해 자가소유를 유도하는 금융기제였다. 이러한 주택금융을 기본 환경으로 설정하자 정부는 이를 관리할 공적 기관이 필요해졌다. 2004년에 한국주택금융공사가 설립된 계기다. 기관 설립과 더불어 본격적으로 주택의 금융화를 국가가 관리, 유지하기 시작한 것이다. 한국주택금융공사에서 관리하는 주택담보대출을 통한 자가소유는 장기적인 대출상환을 소유의 과정이자 전제로 만들었다.

그런데 노동시장의 변화, 개별 가구에서 발생하는 예측 불가능한 사고 등은 자가소유의 과정에서 문제를 발생시키고 자가소유 자체를 위험요소로 만들었다. 또 하나의 중요한 변수는 주택가격의 변동이었는데, 장기대출을 통해 주택을 매입할 경우 집값이 상승하지 않으면 문제가 되었다. 특히 집값이 떨어질 경우 집이 위험자산으로 자리잡게 되고 그 위험은 고스란히 주택소유자가 감당하게 되었다. 현행 주택담보대출은 무한책임대출로서 담보물인 주택뿐만 아니라 금융소비자의 모든 자산과 소득이 사실상 채무에 대한 담보가 되어 대출상환 리스크가 금융소비자에게 집중되는 구조다. 무한책임대출은 금융기관의 책임있는 대출, 심사 및 리스크 관리를 유도하기 어렵고 다른 계약 주체인 금융기관에 비해 절대적 약자인 금융소비자에게 리스크가 집중되는 문제가 있었다.[40] 그러나 여전히 사람들은 주택을 가장 안전하고 믿을 만한 자산으로 여기며, 국가는 주택시장의 '정상화'라는 이름 아래 집값이 떨어지지 않도록 관리하는 역할을 수행하고 있다.

2001년 주택가격이 급등한 직후 출범한 노무현 정권은 부동산 투기 억제에 온 힘을 쏟았다. 특히 불로소득 과세 강화를 위한 대책을 수립하였다. 노무현 정권의 주택정책이 지닌 특징은 이전 정권에 비해 부동산 조세를 투기 억제 정책수단으로 적극 활용하였다는 점이지만 2003년 이후 전국 주택가격이 대체로 안정된 것에 비해 서울 강남 지역 및 그 배후 지역(소위 버블세븐 지역)의 주택가격은 상승세를 지속하는 부작용을 낳았다는 점이 문제로 지적된다. 문제의 '종부세'(종합부동산세)를 도입하는 등 부동산보유세를 대폭 강화하였고, 과세표준을 현실화하여 취득세와 등록세를 강화하고자 했다. 또한 2007년부터 모든 부동산거래를 실거래 가격으로 과세하도록 하고 그것의 일환으로 실거래가를 등기부에 적시하도록 하였다. 다주택 보유는 전형적인 투기행위로 보고 특별히 중과세하여 억제하고자 한 것도 노무현 정부가 추구하고자 한 주택정책의 주요 골자다.

이때 만들어진 '역모기지론'은 주택자산을 통한 복지화를 유도한 대표적인 상품이었다. 공공기관인 한국주택금융공사가 관리하는 이 상품은 소득이 줄어든 노년층이 사는 집을 금융기관에 담보로 제공하고 그 경제적 가치에 따라 연금의 형식으로 대출금을 받는 역모기지reverse mortgage를 의미한다. 국가가 주도해 자산의 소득화를 구현한 대표 상품이라 할 수 있다. 출시 당시 한국주택금융공사의 주택연금 광고는 모델인 배우 최불암의 입을 통해 "자식에게 물려줄 것은 집이 아니라 당신의 행복한 인생입니다"라는 홍보 문구를 내세웠다. 주택연금은 주택자산을 담보로 대출금을 연금의 방식으로 지급하는 일종의 변형된 주택담보대출이다. 따라서 사망 시점까지 대출금이 계속 지급되어야 한다는 점, 비자발적 사유에 의해 자가에서 강제로 퇴거될 가능성이 배제되어야 한다는 점, 대출 취급에 따른 손실을 이용자(또는 상속인)에게 전가하지 않는다는 비소구성 등의 리스크를 관리해야 한다. 이 때문에 공적 역할이 가능한 한국주택금융공사에서 주택연금을 설계하고 민간 금융기관이 대출 재원의 조달 및 실행을 담당해왔다.

2008년 미국의 리먼브라더스 파산을 시작으로 글로벌 금융위기가 시작되자 이명박 정권은 이에 대처하기 위해 부동산정책의 방향을 급속히 전환하기보다는 경기 활성화를 위한 정책을 수립했다. 2008년 11월 헌법재판소는 당시 논란의 대상이었던 종합부동산세법 위헌소원 결정에서 종부세 자체에 대해서는 합헌 결정을 내렸지만 세대별 합산 과세에 대해 위헌 결정을, 주거 목적으로 1주택을 장기 보유하는 자에 대한 무차별적 과세에 대해서는 헌법불합치 결정을 내렸다. 이런 상황에서 경기 활성화를 위한 노력이 이어졌지만 글로벌 금융위기 이후 부동산가격이 하락하는 동시에 전세난이 시작되었다. 전세가는 2007년부터 지속적으로 상승세였다.

정부는 DTI^{Debt To Income, 총부채상환비율} 및 LTV 규제의 선별적 완화, 취득세 감면 연장, 다주택자 양도세 중과 배제기간 연장, 재건축 초과이익 부담금 부과 유예, 분양가 상한제 폐지 등을 시행하며 주택시장의 부흥을 이끌고자 했다. 하지만 주택시장의 참여자들은 미국발 금융위기 이후 시작된 저성장세를 주시하며 주택시장에 적극적으로 참여하지 않았다. 이에 따라 이명박 정부는 2000년대 후반 들어 주택공급정책으로 '보금자리주택 건설'을 추진했다. 국가에서 1971년부터 지정한 개발제한구역을 해제한 뒤 조성된 도심 공간에 청약저축에 가입한 무주택 서민을 위한 주택을 공공이 직접 건설해 신속하게 공급하도록 할 목적으로 진행한 정책이었다. 또한 저출산의 대응책으로 신혼부부에 대한 주택공급 등 공급제도를 개정하여 혼인기간 5년 이내의, 자녀가 있는 무주택 세대주를 대상으로 신혼부부 보금자리주택 특별공급제도를 실시하였다. 하지만 주택 분양은 원활하지 않았다.

국가의 통치전략: 청약가점제와 주택담보대출

주택청약제도는 청약통장에 가입한 자에 한해 납입금액, 가입기간 등의 순위를 따져 아파트청약 자격을 주고, 동일 순위자는 추첨으로 당첨자를 선정하다가 2007년 들어 '청약가점제'로 바뀌었다. '주거실태조사'라는 이름의 국가 통계 또한 2006년도부터 실시했다. 청약가점제는 사람들이 분양권을 전매해 시세차익을 챙기거나, 일명 P라고 불리는 프리미엄(Premium), 즉 웃돈을 받아 투기수요를 높이는 문제를 해결하고자 시행한 것이다. 투기수요는 오르는 집값이 주택을 사고파는 학습효과에 의한 가격 상승을 다시 부추기기 때문에 발생한다. 이는 주택실천의 장 내부의 역학과 연관된다. 청약가점제는 투기수요를 가려내고 무주택자인 실수요자가 주택을 공급받게 하기 위한 취지에서 시행된 것인데, 누구에게 어떠한 가점을 주는지, 이 효과는 어떠한지를 주택을 활용한 국가의 통치 차원에서 살펴볼 필요가 있다.

청약가점제는 무주택기간과 부양가족 수, 입주자저축 가입기간을 기준으로 국가가 입주자 선정에 적극적으로 개입하는 제도이다. 이는 어떤 가구가 국가가 부여하는 주택청약이라는 혜택을 받기에 더 적절한지를 명시하는 것과 다름없다. 청약가점제뿐 아니라 대출금리에 대한 차등지원 또한 주거에 대한 접근성을 중심으로 인구와 가구의 형식을 제한하는 대표적인 국가의 통치전략이며, 이명박 정부 때 도입되어 지금까지 이어지고 있다. 청약가점은 무주택기간과 부양가족 수, 입주자저축 가입기간을 기준으로 총 84점을 만점으로 하였으며, 이 산정방식은 지금까지 적용되고 있다. 무주택 세대주로서 부양가족 수를 늘리는 방법은 부모와 동거하거나 부모를 부양하는 것, 또는 결혼해서 아이를 많이 출산하는 것뿐이다. 이는 저출산을 해결하기 위한 해결책으로도 적극적으로 활용되고 있다. 동시에 특별분양도 특정한 청약통장 가입자에게 혜택을 주는 중요한 방식으로서 실시되고 있는데, 여기에는 신혼부부 특별분양과 다자녀 가구 특별분양이 있다. 신혼부부 분양의 경우 결혼한 지 5년 미만인 신혼부부를 대상으로 하며 그 기간 내에 출산(또는 입양)하여 자녀가 있는 자(동일 순위의 경우 자녀가 많은 순)여야 한다. 다자녀 가구 특별분양의 경우 대상을 미성년인 자녀 3명 이상을 둔 자로 한정한다. 국가는 인구의 수와 가구의 형태를 이와 같은 방식으로 규율하며 통치성을 발휘한다. 이러한 가점제는 아파트 분양 시 보이는 높은 경쟁률과 자가에 대한 절실한 열망을 고려했을 때 상당히 높은 통치효과를 발휘하며 결혼과 출산, 가족 구성을 유도해왔다. 이것이 국가가 주택을 통해 개입하고자 하는 정책 방향이며, 국가는 이를 통해 인구를 관리하는 한편 가족의 부양에 대한 책임을 그들 자신에게 부과한다.

주택공급 차원의 통치가 추첨제·가점제로 이루어진 청약이었다면, 주택을 소유하고 유지하도록 하는 통치는 금융자본주의와의 적극적 연계를 통해 실현되어왔다. 대표적으로는 모기지론이라고 불리는 주택담보대출에서 특정 인구군에게 혜택을 줌으로써 선별적으로 자가소유를 용이하게 했다. 다자녀, 신혼부부, 노인부양에 해당하는 가구에는 장기주택담보대출의 이자율을 낮추어 매달 내야 하는 이자의 금액을 줄여주는 식이다. 이러한 혜택은 국가가 주거와 경제적 유인을 통해 개인의 삶을 조정하고 그에 개입하는 현실을 보여준다. 신자유주의라는 기조는 마치 시장에서 개인들이 펼치는 경제활동에 대해 국가가 아무런 통제를 하지 않고 시장의 원리, 이익과 독점의 원리에 의해 내버려두는 것으로 보인다. 그러나 실제로 국가는 이러한 유인과 동기 부여를 통해 할 수 있는 한 많은 조정과 개입을 활용하여 주택을 매개로 국가와 가족을 연결하고 이를 질적 통제의 수단으로 활용한다.

국가가 특정 인구군을 대상으로 저출산의 극복, 가족부양의 유도, 부양의무제의 적용과 자산 확보를 함께 기획하는 것은 자연스러울 뿐더러 심지어 '옳은' 일로 여겨지며, 국가에서 지지하는 가구의 형식과 삶의 내용을 구성한다. 예컨대 국가에서 다자녀 가구에 애국자 프레임을 부여하는 것은 그들이 국가에 이익이 되는 행위를 한 결과다. 그리고 이는 국민들로 하여금 아이를 많이 낳고 부모를 부양하는 가구에 국가가 안정적 주거 환경을 부여하는 것을 승인하게 한다. 이는 전통적인 한국사회가 지향해온 가치라는 점에서 가족주의를 옹호하고 개인주의를 퇴행하게 하는 효과를 갖는다. 그럼에도 출산율이 높아지지 않는 것은 통치전략의 균열을 보여준다. 젠더문제를 고려하지 않은 통치의 결과인 것이다.

사회가 감당할 복지를 자가소유와 주택의 금융화로 대체해온 국가에서 가족에게 부과되는 복지 역할은 더 중요해진다. 결혼과 출산, 양육을 통해 가족을 이루는 것은 상호부조가 가능한 소규모의 체계를 만드는 일이기 때문이다. 산업자본주의 세계에서는 이 체계가 가족 간 소득의 분배, 가족복지, 계급재생산을 통해 기능한다. 결혼은 가족 형태에 법적인 위상을 부여하거나 그 제도를 안정시키는 실천으로 간주된다.[41]

이는 페미니스트, 특히 맑시스트 페미니스트적 관점에서 끊임없이 비판받아왔다. 가족제도가 생겨난 이래 여성은 그것이 안전과 관리체계이자 계급 장소로서의 기능을 수행하는 데 필요한 도구로 억압되었다는 것이다. 가족제도는 부와 빈곤을 세습시키며 사생활권이라는 미명 아래 개인의 개성과 인권을 억누르고 끝없이 반복되는 가사노동에 여성을 묶어두는 등 근본적인 문제를 지니고 있다. 하지만 가정은 사랑과 모성애, 휴식이 공존하는 공간으로서 그 구성원들이 직장 등 사회의 조직 논리에서 벗어나 자기만의 내면세계를 구축할 수 있는 유일한 곳으로 신비화되기도 한다. 페미니스트들은 가족제도가 이미 학교, 교육, 결혼제도로 법률과 국가에 의해 보호되며 강화되어가는 과정에 있을 뿐만 아니라 특히 부르주아 질서의 구성에서 필수적인 장치라는 문제도 제기했다.

집은 부르주아 질서를 구성하고 여성을 억압하는 장소로 기능해왔다. 가정 내의 노동은 사회적 노동으로서의 가치와 의미를 획득하지 못할 뿐 아니라 집을 여성과 동치하는 한편 가정 바깥에서 작동하는 사회적 위계에서는 여성의 지위를 하향화하는 결과를 낳았다. 여성이 집에 속해 있다는 오랜 가정은 여성이 사회적 노동자, 그리고 개별화된 존재로서의 인정을 획득하는 데 장애물로 여겨져왔다. 또한 집을 돌보고 관리한다는 여성의 역할론은 현모양처와 복부인, 그리고 주부CEO로 그 위상을 달리해왔음에도 공·사영역을 막론하고 여성의 자유로운 활동을 제한해왔다. 또한 여성 스스로 집과 적극적으로 관계를 맺게 하여 사회적으로나 법적으로 취약한 자신의 위치를 가정경제의 관리를 통해 과도하게 확장하도록 유도하는 통치의 효과도 발휘했다.

1990년 전국 규모 주택보급률은 72.4%였고, 서울의 주택보급률은 그보다 훨씬 낮은 57.9%였다. 1990년대 중반 이후 주택보급률은 꾸준히 상승하기 시작해 다가구주택과 1인 가구를 포함한 신주택보급률(2005년 이후)을 기준으로는 2008년이 되면서 100%를 넘어서기도 했다. 한편 서울은 2000년 기준으로 주택보급률이 77.4%로 집계되었는데 이는 지역별 수요·공급의 편차를 보여준다. 이에 비해 자가보유율은 1970년대 중반까지는 전체 가구의 60% 이상에 달했지만 도시화와 핵가족화가 빠르게 진전되면서 1990년에 49%까지 내려갔다. 이후 조금씩 상승하여 2019년 현재 약 58%로 열 가구 중 여섯 가구 남짓만 자기 소유의 집에 거주한다. 국가가 '주거실태조사'라는 이름의 이러한 통계[42]를 정기적으로 생산한 것은 2006년부터다. 국토교통부는 국민들의 주거 환경과 주거 이동, 가구 특성과 관련된 기초자료 수집을 위해 2006년부터 주거실태조사(일반 가구)를 격년 단위로 실시해왔으며, 2017년부터는 이를 매년 실시하고 있다. 국가가 이 통계를 통해 주로 확인하는 것은 자가보유율을 기준으로 한 주거안정성,

주택가격에 근거한 주거비 부담, 평균 거주기간을 중심으로 한 주거이동성, 주거면적과 주택 상태를 근거로 한 주거복지의 수준 정도, 국가의 주거지원에 대한 정책수요 및 평가에 대한 내용이다. 이러한 통계자료를 바탕으로 국가는 정책 방향을 수정 및 보완하고 더 중요하게는 정책의 대상을 추려내는 근거를 확보한다. 또한 어떤 계층을 조사 표본으로 삼았는지 살펴보면 정책 방향과 통치의 목적을 확인할 수 있다. 예컨대 정부는 2017년 조사부터 조사 표본을 2만 가구에서 6만 가구로 확대해 주거문제에 좀더 적극적으로 개입하고자 하는 의지를 표명했으며, 청년, 신혼부부, 고령 가구를 따로 파악해오고 있다. 이는 신혼부부 및 자녀를 비롯한 부양가족 수에 가점제를 실시하는 국가정책의 방향에 대한 확인이기도 하다. 자가점유율 및 자가보유율이 향상된 수치는 정부가 주택정책을 성공시키고 국민들의 주거수준이 높아졌다는 지표로 선전[43]된다는 점에서 자가소유가 주택실천의 장에서 가진 지배적 위치와 주택열망의 정도를 확인할 수 있다.

투기 주체의 부상: "집을 가져야만 한다"

자가소유와 투기 아비투스가 주거문제와 미래의 가족복지를 해결할 가장 확실한 방법론으로 자리잡은 것은 이에 대해 수십년간 국가정책과 이데올로기 차원의 통치가 이루어진 결과다. 한국의 발전주의 국가체제는 주택공급의 양적 확대와 민간 자본과의 선별적 협업, 그리고 성별분업에 기반한 도시 중산층 가족모델을 통해 주택의 상품화를 강화하였다. 특히 1990년대 이후 주택담보대출을 일반 가구에까지 확장하면서 주택시장의 금융화를 가져왔다. 국가와 시장은 금융화 과정을 통해 자가소유와 계급 형성을 강조하며 통치성을 강화해왔다. 개별 가구는 금융기관과 계약해 주거에 필요한 자금을 조달하고 이를 장기적으로 갚아나가며 자가소유자라는 지위를 유지하게 된다. 이를 통해 그들은 소유를 단발적인 것이 아닌 장기적인 과정으로 경험했으며, 이 과정에서 소요되는 시간과 비용을 감당함으로써 특정한 감각을 획득하게 되었다. 짧게는 10년, 길게는 30년 동안 일정한 소득을 매달 지불하는 것이 집을 갖는 과정이라는 감각이다. 금융화는 이런 감각을 개별 가구에 부여하는 것이기도 하다.

자가소유의 강화는 개별 가구가 '내 집'을 자산으로 소유함으로써 사회적 관계와 권력관계에서 특정한 위치를 차지하도록 했으며, 이들과 자가소유를 지지하는 국가의 상호작용을 원활하게 했다. 이는 국가의 통치 메커니즘으로서, 국가는 '내 집 마련'이라는 개별 가구의 재생산 목적의 달성이라는 문화적 언어로 자가소유를 표현함으로써 집을 통한 복지는 가구나 개인의 책임이라는 이데올로기화를 꾀하기도 한다. 자가소유자는 자가소유를 지지하는 국가의 이데올로기화 과정을 거친다. 다시 말해 자가소유자가 되는 것이 적절한 생계부양 능력을 지니고 책임있는 시민성을 갖추는 것을 의미한다. 그 결과 자가소유자는 생애과정에서 달성해야 할 도덕적·인지적·감정적인 차원에서 임차인과 구별되며, 이 구별의 감각은 자가소유를 추동하고 사람들로 하여금 이 과정에서 필요한 물리적·시간적 비용을 감당하게 하는 효과를 거두었다. 이때 정책과 담론은 본질적으로 자가소유를 기본 지위로 만들면서, 임대 부문을 자가소유자가 되기를 기다리는 사람들과 사회의 주변부에 존재하는 사람들의 것으로 구성하는 효과를 만들어냈다. 자가소유자가 되기를 기다리며 이 장에서 대기하는 수많은 이들의 존재와 '집 없는 설움'의 서사는 역으로 자가소유의 지배적 지위를 확고하게 드러낸다.

신자유주의적 형태의 통치란 자가소유를 비롯한 자산 보유가 안전과 복지의 기준이라는 국가적 합의가 이루어진 것이다. 그러나 자가소유를 통한 자산 확보는 국가가 주택의 재고를 규제한다는 점, 그리고 주택은 개별 가구의 생존에 필수적이라는 점에서 타협이나 협상이 이루어지기 어렵다는 것을 반드시 고려해야 한다. 이는 자가소유를 통한 자산 확보가 다른 가구의 생존과 재생산에 영향을 미치기 때문이며 이것이 다른 상품에 대한 투자와 주택에 대한 투자가 결정적으로 다른 점이다. 예를 들어 주식투자는 자본의 증식과 독점을 통해 계급 격차를 만들어낸다는 점에서 주택에 대한 투자와 공통점을 갖지만, 이것이 다른 가구의 직접적 생존에 위협을 가하는 문제는 아니다. 그러나 주거의 문제는 주택이라는 상품의 특성 때문에 집을 필요로 하는 다른 가구의 구성과 사회적 재생산 측면에 영향을 미친다.

주부CEO론: 가정은 기업이다

경제위기 이후 이에 대처하는 방식은 젠더 관점에서 불만족스러운 것이었다. 오히려 불안정한 노동시장에 개별 가구가 맞벌이로 대응하는 것이 자연스러워졌고, 이 과정에서 직장에서 일하는 여성이 가사노동까지 맡으면서 이중노동이 강화되는 방식으로 젠더정치는 악화되어왔다.[44] 임노동과 가사노동을 이중으로 감당하는 것이 여성의 당연한 몫으로 받아들여지면서 모성과 여성의 경제실천에도 변화가 생겨났다. 여성은 가족지위의 재생산과 가족의 경제적 이익의 극대화를 노골적으로 추구하는 모성의 수행자로 재현되었다. 특히 경제자본과 학력자본이 풍부한 중산층 이상의 가정일수록 여성은 자녀 교육에 집중 투자해 계급재생산의 활로를 모색하는 일에 노력을 다하도록 유도되었다.[45]

주택의 금융화를 특징으로 하는 이 시기, 기존의 전통적 성역할론인 현모양처론이나 욕망의 화신인 복부인 담론이 아니라 가정을 하나의 기업처럼 인식하는 '주부CEO론'이 부상했다. 그러나 이 또한 여성을 개별 인격체로서 보지 않고 배타적 가족집단의 신분과 지위를 유지하고 상승시키며 계급재생산에 기여하는 역할로 기대했다는 점에서 성별규범과 젠더불평등의 구조는 크게 달라지지 않았다.

주부CEO 담론은 자녀 교육과 가계의 수입, 투자와 투기를 전문화된 지식 수집과 이를 매개하는 실천으로 감당해내고 가정을 과학적으로 관리하는 CEO 모델로서 여성의 가정에서의 역할을 규정한다. 이는 주택의 금융화로 금융 지식과 정보의 수집, 그리고 합리적 경제실천이 주택실천에서 중요해졌기 때문이기도 하다. 더이상 저축과 근검절약으로 가정경제를 운영하는 것이 경쟁력을 갖지 못하게 되었다. 또한 주택가격의 폭등과 투기의 문제화로 인해 정부의 정책과 금융시장의 변화가 계속해서 일어나기 때문에 소규모의 종잣돈으로 주택실천의 장에서 우위를 점하기 어려워졌다는 것도 주부CEO 모델이 부상한 요인이다. 당시 정권은 지속적으로 '주택시장의 정상화'라는 이름으로 이전에 투기를 문제화하며 만들었던 규제를 풀고 유휴자본을 주택시장으로 유도하는 정책을 펼쳐왔다. 따라서 투기가 투자로 유도된 이 시기 주택실천의 주체인 여성은 복부인이 아닌 '부동산 전문가'라는 이름으로 옹호된다.[46]

앞서 언급했듯 IMF 경제위기 이후 주택시장의 정상화를 통해 경기부양을 꾀하던 정부는 2000년대 중반 한국주택금융공사를 설립하면서 주택의 금융화를 구현했고, 이로써 사람들이 빚내서 집을 사는 것이 일상화되고 있었다. 현재와 미래의 노동은 부동산채무 이행을 위한 것이 되었고, 주택을 매개로 금융제도 안에 미래의 소득이 종속됨으로써 도시자본 축적 양식이 변화되어온 것이다. 금융상품에 접근하고 다양한 주택상품과 급변하는 정책에 대응하는 금융능력이 필요한 상황에서 주부CEO론이 대두하고, 이는 언뜻 여성을 CEO에 비유하는 등 여성의 위상이 높아진 결과로 보이지만, 여성을 개별적 인간으로서가 아니라 가부장 가족집단의 지위를 유지하고 계급재생산에 기여하는 역할로 지지

한다는 점에서 여전히 젠더불평등의 구조를 보여준다. 주부CEO 담론은 여성이 자녀 교육과 남편의 소득을 관리하고 투자와 투기에 전문화되고 있다는 점을 가정하지만, 여전히 여성의 경제적·문화적 능력을 가족 단위로 귀속하며 젠더화된 생애기획을 강조한다는 점에서 문제적이다.

3장

중산층 모범가족 되기

내 집 마련에 뛰어든 엄마들

1

열망의 발생

: 주택소유자=중산층 모범가족=보장된 미래

가부장제 아래에서 내 집을 마련한다는 것

집이라는 장소를 성별화하여 사유할 수 있을까? 독일의 실존주의 철학자 마르틴 하이데거Martin Heidegger는 거주한다는 것dwelling을 인간이 세계 속에서 존재하기 위한 기본 조건이라고 말했다. 그러므로 주거할 장소를 세우는 행위building 또한 중요하다. 이에 여성주의 철학자 아이리스 영Iris Marion Young은 하이데거를 비판하면서, 세우는 것과 거주하는 것이 인간의 존재론적 조건이라면 그 조건의 암묵적인 전제가 무엇인지를 질문해야 한다고 주장했다. 집의 껍데기house만을 세우는 행위가 아닌 집을 집home답게 만들어내는 행위는 무엇이며, 누가 그 행위를 하는가라는 질문이 선행되어야 한다는 것이다.[1]

영의 질문은 집을 집답게 하고 집의 온기를 보존하기 위해 우리가 집안에서 수행하는 다양한 일의 의미가 무엇인지 생각하게 한다. 그러면서 남성들이 당연시하는 것, 즉 세워진 집이 있다면 그것을 유지하고 보존하는 누군가와, 바로 그 누군가의 노동을 자연스럽게 여기는 습관을 비판할 지점을 만든다. 집을 건설하거나 그에 필요한 비용을 지불하여 물적 가치를 높이는 일은 남성적인 것인 데 반해, 집에 관해 여성적인 것이란 집을 유지하는 일로 그 영역이 한정되지 않는가? 집에 관하여 남성들은 집 자체나 '측정 가능한' 가치, 예컨대 자산가치로서의 집을 중요하게 생각하지만, 여성들은 그 집이 가진 의미, 집을 편안하고 깨끗하게 꾸미는 일이나 그 안에서 맛있는 음식을 만들어 먹는 일, 같이 사는 사람들과 화목하게 지내는 일을 중요하게 여긴다는 그 가정에 포함된 불합리함은 무엇일까?

물론 건물, 즉 골조로서의 집은 물리적으로 필요하다. 비바람을 피하고 외부의 위험으로부터 안전을 유지할 장소는 인간의 생존에 필수불가결하다. 하지만 인간은 그것만으로는 결코 생존할 수 없다. 먹고 쉴 수 있을 뿐만 아니라 내가 나일 수 있는 곳, 누군가와 대화를 나누고 체온을 나누는 등의 행위를 통해 나를 인식하고 사유할 수 있는 장소여야 그곳을 '집'이라고 부른다. 이렇게 집house을 집home으로 만드는 일은 지겹도록 반복적이며 지속적인 노동을 통해 가능하다. 이 노동은 일회적이며 명백히 물질로 남는 장소를 세우는 행위와 달리, 그 집에 사는 사람들의 삶과 몸에 스며들어 눈에 띄지 않는다. 영의 하이데거 비판은 집을 집답게 만드는 노동 특유의 일상성과 반복성이 집을 세우는 일회적 실천에 비해 낮게 평가되고 때로는 무시되어온 맥락을 꼬집은 것이다.

페미니스트 정치경제학은 이 일을 사회적 재생산의 차원에서 이해한다. 사람이 하루치의 생산성을 발휘하기 위해서는 그만큼의 재생산노동이 필요하다. 24시간 생산노동만 할 수는 없다. 일하러 나가기 위해 씻고 영양을 섭취하고 쌓인 긴장을 풀고 몸을 뉘어 심신을 재충전할 시공간이 반드시 누구에게나 필요하다. 이 일을 주로 가정 내의 여성이 도맡고 심지어 무급으로 해왔다는 문제의식 때문에 매킨토시Mary McIntosh와 보걸Lise Vogel 같은 맑시스트 여성학자들은 '가사노동'이라는 개념을 주장했다. 이 가사노동을 통해 사회적 노동이 재생산되고 있으므로 사회적 재생산의 틀 속에서 사유해야 한다는 것이다.

반면에 이미 지어진 집을 구매하는 것이 일반적인 현대사회에서 집을 매매하고 임대하는 일은 일회적이다. 이 일회적인 계약업무를 위한 시간과 노력, 자원은 얼마나 소요되는가. 주택의 금융화가 이루어진 2000년대 중반 이후에는 장기주택자금대출이 활성화되었다. 이제 사람들은 집을 사기 위해 부동산 중개업소와 은행을 동시에 방문한다. 갖은 지식을 동원해 내가 받을 수 있는 금융대출이 얼마인지 확인하고 이율과 기간 등을 유리하게 설정하려 한다. 20~30년간 이어지는 장기주택자금대출을 유지하기 위해서는 소득을 잘 관리해야 한다. 또한 연체를 방지하고 더 좋은 조건의 계약으로 갈아탈 수 있는 정보와 타이밍을 계속 탐색해야 한다. 이 장기계약을 잘 유지하는 일, 그리고 이 계약을 통해 획득한 자가주택을 의미있고 안전하며 편안한 곳으로 만들어내는 일은 여성의 소임이었으며, 여성의 장기적이고 반복적인 무형의 노력을 필요로 해왔다. 이것이 바로 집이 젠더화된 공간인 이유다.

집과 젠더의 관계는 이 때문에 논쟁적일 수밖에 없다. 집은 여성의 공간인가? 여성이 남성에 비해 집에 오래 머물고, 집에서 혹은 집에 관하여 수행하는 일이 더 다양하기에 여성과 집이 더 긴밀히 결부되어 있다고 말할 수 있는가? 이러한 논리는 여성이 집에 관하여 남성보다 더 큰 권력과 권위를 지님을 뜻하지 않는다. 오히려 그 반대의 결론에 이른다. 페미니스트 학자들은 집의 의미와 가치가 젠더와 맺어온 관계를 오래전부터 문제삼아왔다. 여성이 집에 더 오래 머물고 집에서 하는 일이 많을수록 그 관계의 정도와 깊이가 공적 영역에서 여성의 활동을 제한하고 오히려 여성의 역할과 권위를 제한한다. 일과 가정의 양립이 남성 노동자보다 여성 노동자에게 훨씬 더 절박한 문제인 것도 같은 맥락이다. 여성 노동자에게는 집과 생산 현장이 모두 노동의 장소이기 때문이다.

주택을 집으로 만드는 일을 여성이 해왔다면 '내 집 마련'이라는 프로파간다는 어떻게 젠더화되어왔을까. 앞 장에서 상세히 읽은 것처럼 '내 집 마련'이라는 프로파간다는 주택소유의 열망을 대중화했고 자가소유에 얽힌 관습과 가치를 구성했다. 특히 집에 대한 믿음, 집에 관한 일에 부여되는 역할, 그리고 집과 관련된 기획과 경험은 성별화되어 전형화되어왔다. 가부장제는 부거제父居制−부계제父系制−부명제父名制라는 상호의존적 삼각구도로 이루어진다. 가부장제하에서 여성은 홀로 살 수 없으며(부거) 아버지의 계율을 따라(부계) 아버지의 성을 물려받는다(부명). 성장한 후에는 자신이 결혼한 남성 파트너의 아버지의 집, 즉 시집에 사는 것이 부계제에서 부거제로 이어지는 가부장제의 체계이다. 본래 부거제는 전통사회에서 결혼한 부부가 남편의 원가족과 함께 거주하는 것을 뜻한다. 오늘날에는 결혼한 여성이 실제로 시집살이를 하는 경우가 드물지만, 여전히 '남자는 집, 여자는 혼수'라는 이성애 결혼의 규범이 남아 있다. 결혼한 자녀가 부모와 따로 살더라도, 남자 쪽에서 마련한 집은 부계제의 영향력이 행사되는 근거가 되기도 한다. 이는 부거제의 잔재이기도 하다. 중산층 여성의 주택실천은 이렇게 여전히 남아 있는 부계제와 부거제의 영향력 때문에 자신이 성취한 자가소유와 시세차익이라는 경제적 효과를 그 개인의 역량 강화나 자산으로 이어지도록 하기보다 가부장 가족의 계급 형성과 공고화에 기여한다.

이렇듯 결혼은 부거제의 영향력을 적나라하게 드러내는 생애 사건이다. 중장년 이상의 구술자들은 부거제의 영향력을 강하게 받았으며, 50대 이하의 구술자들부터 조금씩 신랑과 신부 양가가 비슷하게 신혼부부의 주택자금을 증여하거나 드물게는 결혼하는 여성의 원가족이 주택자금의 전액을 부담하는 경향을 보였다. 법과 제도, 그리고 사람들의 의식수준이 달라지면서 이전과 다른 실천 사례들이 눈에 띄게 늘어나는 현실은 문화의 변화를 잘 보여준다.

그러나 여전한 부거제의 영향력 아래에서 혼인 시 주택비용을 누가 부담하는가는 젊은 세대가 직면하는 젠더 갈등의 주요 원인이기도 하다. 사실 이 문제는 성평등에 대한 사회적 의식과 문화 지체 현상이 빚어내는 복잡한 문제이며, 주택시장과 제도, 그리고 각 가구와 시민 개개인이 처한 구체적 조건과도 연결되어 있다. 이전과 다른 실천 사례들이 많아지는 이유는 크게 두가지다. 사회적으로 성평등 의식이 높아졌고, 더 주요하게는 주택비용이 극도로 높아졌기 때문이다.

그렇다면 가부장제 아래에서 주택열망은 어떻게 발생할까? 결혼에 따른 새로운 가구의 구성은 주택열망을 만들어내는 필요조건에 가깝다. 집을 구하는 일이 곧 새로운 가구 구성의 시작이라 해도 과언이 아니다. 주택열망은 단숨에 발생하지 않는다. 원가족으로부터 독립을 추구하고 결혼 이후 새로운 가구를 위한 집을 구하게 되면서 서서히 발생한다. 그런데 이 욕구는 발생 당시 그 개인의 사회경제적 조건을 반영할 수밖에 없다. 이미 확보한 자본의 양과 질에 따라 선택지가 달라지는 현실 속에서 개별 가구의 집 구하기는 위계화된다.

예컨대 처음 집을 구할 때에는 개인의 소득이나 원가족에게 증여받은 경제적 자원, 금융시장에서의 신용도 등이 경제자본의 양을 구성한다. 집을 구할 때 필요한 것은 단지 돈만이 아니다. 성장 배경이나 가족관계, 사회생활 과정에서 축적한 정보와 취향 같은 문화적 감각도 필요하다. 자주 바뀌는 부동산정책을 파악하고 금융 정보를 포착하는 능력과 '살기 좋은 동네'를 알아보는 안목, 주택의 미래 가치 평가에 도움이 되는 알짜 정보를 제공하는 네트워크 등의 사회적 자본도 개인의 생애 초창기 주택열망을 좌우하고 그 실천의 차이를 만들어내는 중요한 요소다. 모든 소비가 그 소비 주체가 가진 문화자본의 양과 질을 반영하지만, 주택이라는 상품은 더 결정적인 방식으로 소유자의 미세한 취향과 사회적 위상을 보여준다. 주택실천은 경제적·정서적인 면에서 중요한 투자이자 가장 커다란 비용이 들어가는, 매우 복잡한 경제실천이기 때문이다.

구술자들의 사례는 생애 첫 내 집 마련이 생애과정에서 원가족의 영향을 가장 많이 받는 일 가운데 하나임을 보여준다. 원가족에게 증여받은 자본의 양과 질이 이후에 발생하는 개인 간의 경제적 격차가 형성되는 데 결정적인 영향력을 행사하기 때문이다. 또한 생애 첫 내 집 마련의 과정에서 젠더정치는 중요하게 작동한다. 한국사회에서 여성의 공간적 독립은 부거제와 이성애 핵가족 구성에 직접적으로 묶여 있다.

예컨대 생애 첫 집 구하기에서부터 젠더정치는 중요하게 작동한다. 여성이 집에 속해 있다는 문화적 가정은 독립에 대한 여성들의 의지와 실천을 역으로 구성한다. 여성은 반드시 집안에서의 역할을 수행해야 하며 집 밖에서의 역할은 여성의 정체성에서 보조적일 뿐이라는 전통적 편견이 그 결과물이다. 여성은 원가족의 집에서 딸이라는 일차적 역할을 하다가 성인기가 되면 새로운 가정을 꾸려 남편의 집에서 아내와 어머니로서의 역할을 해야 한다는 것이 바로 젠더화된 생애규범이다.

이렇게 집이 여성에게 가하는 압력은 단순한 역할론을 넘어 풍부하게 의미화된다. 가사노동은 여성이 집에서 하는 일을 노동으로 개념화한 것이며, 여기에는 주택을 물리적 공간이 아닌, 안전한 재생산의 공간이자 아늑한 '우리 집'으로 만들어내는 모든 노동이 포함된다. 반대로 남성이 집과 맺는 관계는 무용하거나 형식적인 것이다. 여성에게는 가사노동이 의무이자 책임이지만, 남성에게 집과 관련한 일은 해도 그만, 안 해도 그만인 일이다. 집에서 해방될 일이 요원한 여성과는 달리 주택 매매나 임차계약에 참여한 남성은 그 일이 완료되고 나면 집으로부터 자유롭다고 간주된다.

이 젠더화된 생애기획 속에서 새로운 가구의 구성은 주택열망의 씨앗이 된다. 그리고 부거제라는 잔존하는 규범과 이성애-가부장제-가족주의의 틀 안에서 자라난 이 열망은 평범하고 안정적인 실천으로 이어진다. 혼자 살기보다 결혼을 선택하고 여기에 부거제 규범과 실천이 조응할 때 부모의 여러 지원과 주택자금 마련을 위한 증여가 이루어진다. 종잣돈이 있어야 높아진 주거비용을 지불할 수 있는 만큼, 성별규범을 지키면서 원가족으로부터 독립하는 일은 매우 중요하다.

현재 비혼인 여성을 제외하고 다수의 구술자는 결혼과 동시에 부모와 살던 집을 나와 새 살림을 꾸렸다. 결혼을 당연시했고 결혼과 동시에 원가족으로부터 독립하는 것이 맞다고 생각했다. 여성은 신체적으로, 사회경제적으로 충분히 성인임에도 비혼 상태이면 성인으로 인정받지 못하거나 미성숙하다는 평가를 받기 때문이다. 결혼 적령기를 넘어선 여성은 자신이 싱글로 남아 있다는 이유로 부모가 수치심을 느낀다는 압박을 받기도 했다.

> 27살이 적령기였어요, 저희 세대에는. 27살이 가장 베스트고, 조금
> 빨리 가는 게 25살. 27살이 베스트인데, 나는 살짝 넘긴 거잖아. 27살
> 이면 선을 막 보죠. 선을 엄청 잡아놓죠. 우리 엄마가 굉장히 그런 게
> 중요했어요. (강수희, 50대)

여성이 남성의 집에서 어떤 역할로 존재하는지가 그 여성을 평가하는 기준이 되기 때문이다. 특정 남성의 집에 속해 있지 않은 여성은 불완전한 상태에 처해 있다고 여겨졌다. 현대의 결혼에도 아버지의 집에서 남편의 집으로 이동하는 여성이 가치 있는 물건과 함께 이동함으로써 소속 변경을 승인받는 예단이라는 관행은 여전히 남아 있다.

여성들은 결혼시장에 참여하면서 계층 선택을 다시 하게 된다. 결혼은 가구를 새로 구성하는 일이며, 한 가구에 속한 가구원들은 소득을 나눠 쓰는 일종의 소득분배 효과를 누리기 때문에 곧 비슷한 소비수준에 도달할 가능성이 높다. 장기적으로는 문화자본의 효과를 공유할 가능성도 크다. 그러나 여성이 자신보다 높은 계급에 속한 남성과 결혼하는 것을 규범화한 앙혼仰婚제도는 결혼과 계층의 재선택 효과를 성별화하며, 이를 여성 혹은 여성이 속한 가족의 개별적 전략의 문제로 전락시켰다. 유희수씨는 1988년도에 결혼하면서 부모와 떨어져 살게 되었는데, 결혼을 하고 싶었다기보다 달리 부모로부터 독립할 구실이 없었기 때문에

결혼한 것이라고 설명한다.

1988년도에 결혼했어요. 친구 남편의 친구 소개받아가지고. 결혼은
왜 하고 싶었냐 하면 집에서 살기가 너무 지겨운 거예요. 회사도 너무
지겹고. 뭔가 바꾸고 싶은데 29살 나이에 새로 시작하기는 너무 위험
부담도 크고. 변화가 필요하던 시기에 결혼했어요, 그냥. 하하, 사랑했
다 그런 게 아니라, 괜찮은 사람인가보다, 친구 남편이 소개해줬으니
까, 일정 부분은 이상하진 않겠다, 이렇게 물건 고르듯이…… (유희수,
60대)

여성이 결혼시장에 참여하면서 계층을 재선택한다는 관행은
경제력이 상대적으로 낮은 여성이 경제력을 갖춘 남성과 결혼함
을 뜻하는 '취집'(취직+시집)이 살아 있는 현재에도 유효하다. 유희
수씨는 "물건 고르듯이" 남편을 골랐다고 설명하면서 그것이 자
신의 계급 선택이었음을 암시했다. 유희수씨는 줄곧 우등생이었
고 명문대에서 법학을 전공했다. 그녀는 자부심이 높은 사람이었
지만, 자신이 노력해 얻을 수 있는 지위와 수입보다 남편을 통해
획득할 그것이 더 높음을 자연스럽게 알았다. 그녀는 인터뷰 당
시 적당히 남편을 골라서 결혼했다는 이야기를 하면서도 "어디
가서 이런 얘기는 하지 마세요"라면서 많이 웃고 민망해했다. 그
녀가 자신을 똑똑하고 유능한 사람으로 정체화하는 것과 사랑 없
이 한 중매결혼, 즉 독립과 계급 선택으로서의 결혼이 여전히 삶
에서 통합되고 있지 않은 듯했다. 태어난 아버지의 집에서 나와

내가 '선택'한 남성의 집으로 들어가는 것이 가장 쉬운 여성의 독립 방법이지만, 때로 이 선택은 여성의 자율성과 자존감에 연한 빗금을 긋는 일이기도 하다.

세대와 각 가족의 사정, 특히 자본 동원력에 따라 새로운 가구 구성의 풍경은 조금씩 달라진다. 과거 세대에는 부거제의 영향 아래 남편 원가족의 집에 들어가 결혼생활을 시작하는 '시집살이'가 심심치 않게 있었다. 또 다수의 구술자들이 주거지로 부부 중 한쪽 부모와 가깝게 지낼 수 있는 지리적 위치를 선택하기도 했다. 경제적·정서적 자원과 돌봄을 공유해 사회복지의 결핍을 가족 자원으로 보충하고자 하는 가족주의 전략을 실천한 것이다.

생애과정의 관점에서 보면 원가족으로부터 분리하는 시기에 개인은 대개 자본이 넉넉지 못하다. 목돈이 없으니 자본력 있는 부모에게 증여를 받거나 상대적으로 낮은 수준의 주거를 선택해야 한다. 결혼을 선택한 이성애 커플의 경우, 누구의 원가족이 더 많은 증여를 하는지에 따라 주거지를 결정하기도 한다. 즉 경제자본의 출처에 따라 가구의 구성이 달라지는 것이다. 이런 결정은 오늘날 새로 구성되는 가구와 연관된 가족들 사이에서 공정하다고 여겨진다. 경제중심주의가 강화되면서 전통적 부거제와는 다른 양상의 가구 구성이 이루어지고 있는 셈이다.

경제적 증여는 가족 간의 접근성과 주택실천에 강한 영향력을 행사하기 마련이다. 부거제는 경제적 자원의 아들 중심 계승을 제도화한 것이나 다름없다. 나선엽씨는 1977년에 결혼하면서 남편의 원가족으로부터 전셋집에 필요한 보증금 전액을 독립자금이라는 명목으로 증여받았다. 당시 남편의 부모가 멀리 살고 있었기 때문에 부부의 직장과 가까우면서도 자신에게 익숙한 원래 살던 동네에 신혼살림을 차렸다. 적지 않은 보증금으로 구한 집은 쾌적했고 신혼집으로 충분했다. 특별히 자신의 원가족과 가까이 집을 얻은 것에 대해 나선엽씨는 이렇게 말했다. "엄마가 있으니까. 나는 친정 근처에서 떠나면 큰일나는 줄 알았어요. 엄마도 날 돌봐주고 싶어하고, 근처에서 맨날 왔다갔다하면서 나를 봐줬지." 나선엽씨는 친정 가까이 살게 된 일은 당연하다고 설명했다.

선엽씨 커플은 같은 직장에서 만났다. 선엽씨는 결혼하면 여자가 일을 그만두어야 한다는 당시의 통념에 따라 결혼 후 바로 전업주부가 되었다. 선엽씨 어머니는 사남매의 막내딸이던 선엽씨와 사위를 아꼈고 살림을 많이 도와주었다. 하지만 이 상황은 오래가지 못했다. 선엽씨 부부와 선엽씨 어머니가 지나치게 가깝게 지낸다고 여긴 시어머니의 반발로 선엽씨는 자신의 원가족과 멀어져야 했다.

당시 시어머니는 자신의 아들이 며느리의 가족들을 부양하는 것 같다며 노골적으로 불쾌함을 표시했다. 그러면서 집을 사줄 테니 당장 옮기라고 요구했다. 당대의 가족규범인 출가외인과 부거제 전통을 수용하고 있던 선엽씨는 본인이 "철딱서니가 없어" 그 지경을 만들었다고 설명했다. 이후 선엽씨 가족은 시부모가 사준 강남의 한 아파트로 이사했다. 1970년대 후반, 강남 개발 이전의 서울에서 강남은 '허허벌판' '진흙밭'이라 불리던 낙후 지역이었다. 선엽씨는 사촌 언니의 조언에 따라 강남의 한 아파트를 매입했다.

그때 우리 사촌이 A아파트에 살았거든요. 그 언니랑 만나면 맨날 A 아파트 얘기를 해. 탤런트도 살고 유명인도 산다고 그러면서 니들이 아는 그런 허허벌판이 아니라 좋은 동네라고 일루 이사 오라고 해서 가봤더니 괜찮더라고요. (…) 우리가 갔을 때는 유일하게 큰 건물이 지금 강남역의 뉴욕제과(2012년 폐점). 삭막했지. (나선엽, 60대)

당시 그녀의 사촌 언니는 "목욕탕을 하는 부잣집에 시집가서 결혼 잘했다는 소리를 듣는 믿을 만한 사람"이었다. 내 집 마련에 대한 성공담과 실패담의 범람 속에서 유리한 정보를 채택하고 실천으로 옮길 때에는 신뢰도가 중요하다. 개인적인 믿음보다는 정보제공자가 가진 자원과 영향력이 신뢰도를 가늠하는 척도가 된다. 선엽씨가 그랬듯 사람들은 주변의 믿을 만한 정보제공자들을 주요한 참조점으로 삼아 자기 위치를 파악한다. 그러면서 자신의 시간과 노력을 투자할 만한 프로젝트를 물색하고 실천한다.

선엽씨가 생애 첫 주택을 마련한 토대는 증여받은 종잣돈과 믿을 만한 친지의 정보였다. 이는 이후 그녀가 주거이력을 쌓는 과정에서도 긍정적으로 작동했다. 선엽씨는 자신의 주도하에 이 아파트를 매입하여 자녀들을 이른바 강남 8학군에서 기를 수 있었고 강남 집값이 전반적으로 오르면서 자산을 확장했다.

이러한 생애 초기의 주거이력은 이후에 발생할 개인 간의 격차를 만들고 계급을 구성하는 결정적인 토대가 된다. 내 집 마련을 시도하는 과정에서 신참자들은 부동산시장을 이해하고 이에 다가가기 시작한다. 그러면서 축적한 경험을 바탕으로 필요한 정보와 지식을 얻기도 한다. 이때 각 가구의 전략은 소유한 자본의 양과 구조에 따라 다르다. 경제자본, 즉 현금이 매우 많은 경우에는 오히려 추상적인 주택열망을 갖는다. 주택 보유를 둘러싼 갈등 상황이 상대적으로 적고 덜 절박하기 때문이다. 돈이 절대적으로 부족한 경우에도 구체적인 주택열망을 갖기 어렵다. 종잣돈은 부동산시장에 진입하기 위한 일종의 입장권이기 때문이다. 그러나 결혼을 할 때 부모가 자식에게 종잣돈을 쥐여주는 한국의 사회규범과 친족, 학연, 지연 등의 사회자본, 그밖에 사회생활을 하며 얻는 문화자본 등이 작동하면 이야기는 달라진다. 이를 동원해 새롭게 가구를 구성하려는 이들은 많은 에너지와 자원을 들여 가구 구성과 독립을 위한 필요조건으로서의 집을 찾는다. 문제는 이성애 결혼을 통해 원가족에서 독립을 하는 경우, 여전히 부거제의 영향 아래 놓여 있다는 것이다. 아들 중심의 목돈 증여는 여전히 집을 가부장에게 귀속하는 반면 이로 인해 여성이 집에 갖는 영향력은 상대적으로 축소되고 그 소유권 또한 제한된다.

'휴거'는 싫다, '중산층'이 될 거야

1960년대에 도시인구의 급속한 증가와 절대적으로 부족한 주택 재고라는 상황을 돌파하기 위해 발전주의 정부는 소수 민간

자본에 선별적 특혜를 제공해 대규모 아파트 건설을 촉진했다. 남성 생계부양자와 여성 전업돌봄노동자를 한쌍으로 한 젊은 중산층 핵가족이 발전주의 정부가 모범시민으로 내세우고자 한 대표선수가 되었다. 이들을 중심으로 한 당시의 한국 도시 중산층 이미지는 경제개발을 하여 산업화를 성공적으로 달성했다는 발전주의 정부를 옹호하는 과정에서 이중적 역할을 수행했다. 광고 등에 등장하는 도시 중산층의 이미지 속에는 상호 모순된 두가지 요소가 결합되어 있었다. 근대적 주택시설인 아파트에 어울리는 가전제품 등을 소비하는 소비주의적 이상과 근검절약의 메시지가 함께 등장한 것이다.

전자는 국가의 급격한 경제성장으로 삶의 질이 향상된 국민의 전형을 보여주는 것이었고, 후자는 규율과 금욕적 일상을 유지하면서도 지속적인 발전주의체제를 고수하는 모습을 보여주고자 하는 것이었다. 최신 소비 경향을 누구보다 빠르게 습득하면서도 상대적으로 매우 검소하다는 설정은 언뜻 들어도 모순적이다. 하지만 발전주의 정부가 도시 중산층 이미지를 전파해 무엇을 전달하려 했는지는 분명했다. '성실히 일하고 근검절약하면 당신은 원하는 중산층이 될 것이며 교양과 문화, 안락한 삶을 즐기게 될 것'이라는 메시지다. 도시 중산층 주부는 이 모순적인 근검절약의 표상 역할을 담당했다. 앞 절에서 자세히 소개한 '가계부운동'과 '1가구 1통장 갖기 운동' 또한 여성에게 부과된 사회적 임무였다. 정부는 이같은 이중적 이미지를 활용해 일종의 발전주의 프로젝트로서 도시 중산층을 구성할 수 있었다.[2]

한국사회에서 중산층 담론은, 산업화 이후 경제성장으로 확장된 대도시에서의 직업 활동 기회와 고등교육의 확대, 그리고 '내 집 마련'이라는 프로파간다와 여전히 강력하게 연관되어 있다. 전세나 월세 등의 임차가구는 항상 자가가구에 비해 열등하고 불안한 위치에 있다고 여겨진다. 자가가구에 비해 임차가구를 위한 정책이 불충분할뿐더러 공공임대보다 사적 임대 영역이 발달해 있는 것이 문제다. 임대를 하려면 개별 가구, 즉 집주인과 직접 계약을 해야 하는 상황 또한 임차가구의 서러움과 불안정성을 만들어내며 상대적으로 자가소유 열망을 강화한다. 임차인과 임대인이 맺는 개별 계약이라는 특성 때문에 임차가구는 집주인의 자유의사에 따라야 한다. 2년에 한번씩 이사해야 하며, 이사를 원치 않는 경우에는 시장가와 차이가 있더라도 집주인이 원하는 만큼 보증금이나 월세를 올려주고 계약을 갱신해야 한다. 2020년에 정부가 임대차계약 갱신 시 임대료의 상승폭을 제한(전월세상한제)하고 기존에 2년이었던 임대차기간을 4년까지 연장(계약갱신청구권)할 수 있도록 주택임대차보호법을 개정한 까닭은 바로 이러한 임차가구의 불안정성을 해결하기 위해서다. 그러나 자가가구에 비해 임차가구는 열등하다는 사회적 인식은 여전하다. 내 집을 갖고 있지 않으면 시장사회의 확실한 참여자가 될 수 없다는 문화적 가정도 확고하다. 모두 임차가구의 불안함을 가중하는 요인이다.

이와 같은 문화적 가정은 공공주택에 얽힌 대중의 감정과 함께 살펴봐야 한다. 최근 통계청이 발표한 2019주택소유통계 자료를 보면 한국은 공공주택 비율이 8% 수준이다. 12가구 중 1가구 남짓이 공공임대아파트에 사는 셈이다. 최근에는 주택복지정책이 다양하게 시도되어 한국토지주택공사^{LH}에서 공공주택의 비율을 늘리고 있는 추세다. 하지만 도시 곳곳에 위치한 영구임대주택의 게토화 현상과 '휴먼시아'라는 공공임대아파트의 브랜드 이름을 본떠 그 거주자들을 '휴거'(휴먼시아 거지)라는 멸칭으로 부르는 현상은 공공주택 거주자에 대한 노골적인 낙인과 배제를 보여준다. 그 결과 공공주택에 거주하는 사람들은 무기력하게 국가에 의존하는 열등한 존재이며, 무능하고 불성실한 이들의 가난은 돌볼 가치가 없다는 문화적 프레임이 만들어진다. 이 프레임으로 인해 공공주택에 사는 이들은 능력주의가 떠받치는 소유자 중심 사회에서 무능하고 게으른 시민의 표상, 일명 '휴거'가 된다. 이 프레임은 개인의 일상과 주거 경험의 질에 영향을 미칠 뿐 아니라 도시민들의 계급 감각에 직접 개입한다. 나아가 자가소유의 열망과 이를 위한 주택실천 또한 이 프레임 속에서 정당화된다.

모경주씨는 현재 공공임대아파트에 살고 있다. 그녀는 충북 공주시의 부유한 가정에서 태어나 1960년대에 서울로 유학을 왔고 50대까지도 번듯한 중산층으로 여유있게 살았다. 경기도 신도시의 고급 주택단지에 "사람들이 구경 올 법한 좋은 집"을 소유하고 있었고 스스로 풍요로운 삶을 충분히 누리고 있다고 느낄 만큼 경주씨의 중산층 라이프스타일은 안정되어 있었다. 그러나 많은 이들이 경제적 몰락을 경험한 IMF 경제위기 이후, 건축업을 하던 남편의 사업이 어려워지면서 조금씩 자산이 줄어들었다. 나중에는 집을 처분하고 자가에서 전세로, 전세에서 월세로 이사를 해야 했다. 지금 그녀가 살고 있는 공공임대아파트는 아들이 신청한 것으로, 2012년부터 거주 중이다. 새로 지은 대단지 공공임대아파트라 환경이 매우 쾌적하고 아파트 단지도 잘 관리되고 있다. 집이 비좁기는 하지만 주거비용이 많이 들지 않아 매달 월세를 내야 했던 이전보다 훨씬 안정감을 느끼고 있다. 그러나 경주씨는 공공임대주택에 산다는 것이 의미하는 바가 무엇인지 잘 알고 있다고 말했다. "집만 놓고 보면" 주거만족도가 매우 높지만 "기회만 있다면 이사를 꼭 가고 싶다"고 고백했다.

'휴먼시아 거지'라는 말이 신문과 뉴스에 걸핏하면 나오는 마당에, 공공주택 거주자가 자신이 사는 곳을 둘러싼 세간의 인식에 무감해지기란 쉽지 않다. 경주씨는 명문대를 나왔고 해외여행이 자유화되지 않은 1970년대에 유럽 유학도 다녀온 엘리트다. 남편도 양심적으로 건축사무실을 운영했고 한때는 많은 직원을 거느린 전문가라는 자부심을 갖고 있다. 경주씨는 여전히 자신이 가진 문화적 자원에 대해 자긍심이 크다. 없는 살림에도 다른 데 쓸 돈을 모아 예술품을 보러 여행 가는 것이 인생의 낙이다. 하지만 경주씨는 공공임대주택에 사는 자신과 가족에게 찍혀 있는 사회적 낙인을 의식한다. 이 때문에 마음이 흔들릴 때마다 자신이 가진 것을 매일같이 상기해야 한다. 경주씨는 "그래도 내가 고향에 (부모님이 물려주신) 땅이 좀 있잖아요"라며 여유를 드러내다가도, 같이 사는 아들에 대해서는 "30년 있으면 여기 완전히 '슬럼화'되는데 개야말로 생각이 있는지 없는지"라며 한탄하고 걱정한다. 경주씨는 친한 친구들에게조차 공공임대주택까지 오게 된 자신의 계급 하락 과정에 대해 거의 말하지 않았다. 월세를 내면서 빚에 시달리던 시절과는 비교할 수 없을 만큼 현재의 삶이 안정적이고 만족스럽지만, 경주씨는 이것이 주관적 만족일 뿐임을 잘 안다. 임대주택에 산다는 것이 촉발하는 열등감과 불안함, 실패자라는 낙인을 감추고 싶어한다.

반면에 자가소유가 주는 충족감과 뿌듯함은 완전히 다른 종류의 감각, 일종의 '상승하는' 감각이다. 47세인 임정화씨는 결혼 후 직장 근처의 반지하 빌라에서 전세로 살다가 집주인의 부채 문제로 그 집을 샀다. 그후로 정화씨 부부는 그 집에서 10여년을 살았다. 이들은 정치적으로 진보적인 사람들이고 부동산이나 자산 문제를 그리 중요하지 않다고 여겼다. 집은 그저 직장과 가깝고 살기에 적당하면 충분하다고 생각했다. 주변에서는 왜 빌라를, 그것도 반지하를 매수하느냐고 만류했지만 이들은 살면서 크게 불만족스러운 점이 없었다. 그러던 어느날 집에 도둑이 드는 불미스러운 사건이 벌어졌고 정화씨 부부는 이 일을 계기로 이사를 마음먹었다. 어차피 대출을 받아야 하니 안정적인 아파트를 선택해 성동구로 집을 옮겼다.

집을 살 때 되게 되게 만족했던 순간이 있어요. 근처에 한강 나들목이 있어서 그쪽으로 자전거를 탈 수 있었어요. 그때 행복했던 것 같아요. 로망이라 해야 할까요? 드라마를 보면 한강변을 따라서 조깅하는 장면 같은 게 나오잖아요. '어, 내가 지방에서 왔는데 드라마에 나오는 것처럼 한강을 배경으로 자전거 타고 있네?' 싶은 거죠. 전문직도 됐고, 아파트도 샀고, 한강변을 달릴 수 있고. 그때의 뿌듯한 느낌은 이런 거예요.(웃음) '나 중산층 됐다.' (임정화, 40대)

임정화씨는 자신이 중산층에 진입했음을 인정하는 이 장면을 꽤 기분 좋게 기억하고 있었다. 스스로 농담처럼 이야기했듯이 유치한 로망 같은 장면이었지만 그녀가 느낀 뿌듯함과 자부심은 긍정적인 계급 감정이고 자신을 앞으로 밀어붙이는 기분 좋은 쾌감이다. 이때 핵심 감각은 자신의 지위가 상승하고 있다는 느낌과 앞으로도 성장을 기대할 수 있다는 축적의 예감이다. 정화씨는 집을 사기 이전에도 인정받는 전문직 여성으로서 원하는 일을하며 성취감 있는 삶을 살고 있었다. 그러나 아파트를 구매한 후의 뿌듯함은 이전과는 달랐다. "하하, 나 중산층. 전문직 자격증도 있고 서울에 집도 있고 막 이런 느낌?"이었다는 정화씨의 증언에는 좋은 집을 소유하고 있다는 안정감과 자부심이 서려 있다. '좋은 주소'의 집은 한국사회에서 중산층을 선별하는 가장 중요한 기준이기 때문이다. 안정성으로 상징되는 중산층의 삶을 서술할 때 중요한 것은 정주定住에서 비롯된 안정감이 아니다. 이들의 안정감은 상향 이동 가능성과, 그로 인해 상상할 수 있는 미래에 대한 감각에서 온다. 새로운 기회가 올 것이라는 기대가 내 삶이 더 풍요로워지리라는 상상을 가능케 하기 때문이다. 이렇게 자가소유는 중산층 계급 획득의 표지標識가 된다.

그러나 자가를 소유하고 있다고 다 같은 계급은 아니다. 그 안에는 더 복잡하고 구체적인 위계와 등급이 있다. 진윤주씨는 "아파트가 아닌 빌라 자가소유자인 본인은 서민"이라고 말한다. 심민아씨의 의견은 좀더 구체적이다. "빚 없이, 그것도 30평대 아파트여야 진정한 중산층"이라고 주장한다. 이들이 주거형식 중 구체적으로 아파트를 지목하는 이유는 아파트가 다른 주택에 비해 환금성이 뛰어나고 자산가치가 높기 때문이다. 아파트가 아닌 자가주택은 주거 안정을 확보할 수는 있지만 기대가치와 사회경제적 지위에서 아파트와 확연한 차이가 있다. '래미안' '롯데캐슬' '힐스테이트' '푸르지오' 같은 이름만으로 상상할 수 있는 세련된 브랜드 아파트의 등장과 재건축, 개발 호재를 통한 시세차익 등으로 구조적인 가치 상승이 이루어진다는 레토릭이 아파트 중심성을 강화하고 있다. 아파트 생활은 도시 화이트칼라의 노동과 사생활을 분리했고 가정의 라이프스타일을 만드는 여성의 노동을 바탕으로 현대적 중산층의 이상이 되었다.

아파트를 중심으로 형성된 주택시장의 위계는 내 집 마련의 열망을 추동하는 동기가 된다. 무엇보다도 이 열망은 촘촘한 위계망 속에서 끊임없이 재생산된다. 월세에서 전세로, 전세에서 자가소유로 올라서기를 바라며, 빌라에서 아파트로 갈아타기를 꿈꾸고, 강북에서 강남으로의 이동을 소망하듯 사람들은 어떤 지점에 도달한 후에도 다시 도전할 목표를 세우고, 매우 구체적인 그 목표를 달성하기 위해 도전을 멈추지 않게 되는 것이다. 이 내 집 마련의 열망 속에는 결국 아무것도 온전히 획득할 수 없다는 불가능성이 존재한다. 이런 현상은 '내 집을 마련해야 한다'는 규범으로 충분히 설명되지 않는다. 그보다는 주택을 열망하는 중산층의 특징을 깊이 살펴보아야 한다. 자가소유자가 됨으로써 주택실천이 완성된다고 생각하지 않고 계속 다음 단계로 이동하고자 하는 한국 도시 중산층 특유의 열망이 주택장의 문화적 성격을 만들어내기 때문이다.

또한 소유자 사회 담론은 주택을 소유하는 것을 진정한 시민의 자격으로 여기게 한다. 이 사회에서 소유란 민주주의 사회의 완전한 참여자가 됨을 의미한다. 집은 사적 영역에서 자신의 소속감과 정체성을 찾고 공적 영역에서 자신의 권리를 배타적으로 주장할 수 있는 입장권이 된다. 사람들은 입장권을 갖기 위해 주택실천을 지속하지만 입장권을 가진 뒤에도 더 많은 가능성을 찾아 다른 전략을 만들어낸다.

자가소유는 곧 계급재생산이다

주택상품은 다른 상품처럼 소유자의 사회적 위상과 취향을 즉각적으로 드러낸다. 하지만 집 자체가 비금융 형태의 저축 및 투자이익을 가져올 가능성이 크기에 여타 상품과는 달리 금융적 가치를 만들어낸다는 차별점이 있다. 다시 말해 주택이라는 상품은 획득 당시 즉각적 만족감을 주는 동시에 미래 가치를 유지하거나 높일 수 있다는 기대감을 준다. 주택은 큰 변수가 없는 한, 적어도 소유자의 수명만큼 지속될 가장 중요한 자산이다. 심지어 이전, 즉 증여나 상속도 가능하다.[3] 계급재생산의 가장 중요한 기제가 주택이라는 점은 이 상품을 더 복잡한 것으로 만든다. 주택정책의 수많은 수정과 보충도 여기에 달려 있다.

'내 집 마련'이라는 이름으로 정당화되는 주거 안정을 위한 주택실천과, 재테크로 실행되는 투자 목적의 주택실천은 그 방법론과 기대효과 차원에서 확연한 차이가 있을 듯하다. 하지만 실제로는 전혀 그렇지 않다. 실거주 목적의 주택 구입은 투기가 아니고 실거주 목적 외의 주택 구입, 즉 다주택자의 주택실천만이 투기라고 보는 관점 역시 투기 현상과 연쇄적으로 발생한 사회문제가 무엇인지 명확히 보지 못하게 만든다. 자가소유가 주거규범으로 정착하고 발전주의 정부가 시민들에게 내 집 마련을 권장하면서 당시 집을 살 수 있었던 많은 가구가 경제발전과 지대 상승에 따라 대규모의 자산을 축적할 수 있게 되었다. 특히 1990년대 이후 집값이 폭등하며 임금으로는 확보할 수 없는 자산과 구매력을 갖추게 되었다. 이들이 안정적인 도시 중산층으로 호명된다. 2000년대 들어서는 주택금융이 대중적 차원으로 개방되어 주택담보대출이 활성화되었는데, 이같은 주택담보대출 등의 부채를 투자 목적으로 활용할 수 있는 상위 및 중위 자산계층과 하위 자산계층 간의 총자산 격차가 크게 벌어져 주택자산의 불평등이 매우 심화되었다. 그 결과 한국의 가계자산 중 부동산 비중이 급격히 높아졌고 상위계층으로 갈수록 그 수치는 더 높아졌다. 특히 중위계층에서 주택자산은 결정적인 부의 원천이 되었다.[4]

이를 경험한 자가소유주들과 간접적으로 이 현상을 목격한 이들은 자연스럽게 집을 자산 축적의 도구로 바라본다. 특히 주식이나 채권 같은 금융상품과 달리 집은 보고 만질 수 있고 직접 경험할 수 있다. 따라서 접근성이 완전히 다르다. 또한 지대 상승의 감각까지 포함해 집이라는 상품은 '확실한 이익'을 준다는 의식이 팽배하다. 자가소유가 현재의 생활에 절대적 영향을 미칠뿐더러 미래의 복지까지도 책임진다는 것은 부정할 수 없는 사실로 여겨진다. 노동의 불안정성이 심화되고 은퇴 연령이 낮아지면서, 노동시장에서 확보할 수 있는 자원이 예측 불가능하다는 요인은 집의 기능을 더 복잡하게 만든다. 소득 없이 사는 노후생활에 대한 두려움은 집을 두고 베팅하는 일을 정당화하며, 특히 여성들에게는 이 일이 자녀 세대의 계급재생산과 직결되어 있다.

50대 중반인 차미경씨는 1997년 IMF 경제위기 당시 50평대의 넓은 아파트를 매입했다. 근대화 이후 처음 겪은 경제위기로 모두 위축되어 있었고 정서적으로도 암담한 때였다. 투자심리가 얼어붙어 집값도 바닥을 쳤다. 대부분이 몸을 움츠리고 있을 때 미경씨가 대담한 투자를 시도하자 주변 사람들은 미쳤다면서 말렸다. 하지만 미경씨에게는 지금이 기회라는 확신이 있었고 이는 적중했다. 얼마 되지 않아 곧 집값이 회복된 것이다. 미경씨가 당시 2억 5천만원에 매수한 아파트는 2년 지나 그 가격이 매입가의 두배가 넘는 6억이 되었고, 4년 뒤에는 무려 10억원으로 올라 있었다. 4년 사이에 구입가의 세배에 이르는 시세차익을 얻은 셈이다. 이 아파트를 매입할 당시 미경씨는 바로 옆 단지의 30평대 아파트에 살고 있었지만, 전세가가 매매가에 육박하자 전세를 끼고 작은 규모의 차액만을 투자해 더 넓은 집을 매입할 수 있었다. 이렇게 시세차익을 얻는 주택 매매의 전략은 이제 '갭gap투자'라는 이름으로 부동산투자를 하는 이들 사이에 널리 퍼져 있다. 당시 남들보다 빠르게 갭투자에 성공한 미경씨는 2000년대 중반에 아파트를 팔고 마포구에 다세대주택 건물을 사서 월세를 받아 노후 자금으로 쓰라는 지인의 제안을 받았다.

이후 미경씨는 여러차례 부동산투자에 성공하며 자신감이 생겼다. 크게 시세차익을 보고 나니 계속 해볼 만하다는 느낌이 왔다. 부산, 세종, 서울 강남 지역까지 몇군데의 아파트를 사고팔면서 경험을 쌓았다. 사건·사고도 몇차례 겪으며 부동산투자에 관해서라면 나름대로 산전·수전·공중전을 다 겪은 셈이다. 지금은 집값이 더 떨어지지만 않았으면 하고 바란다. 아직은 남편이 현직에 있어 안정적인 소득을 바탕으로 생활하고 있다. 두 자녀가 경제적으로 독립한 상황이라 저축할 여윳돈도 있지만, 이를 모아 노후자금 마련을 위한 재테크를 할 수 있을까 상상한다. 노후 준비를 하면서도 자녀들이 결혼할 때 목돈을 지원해주고 증여할 계획을 세워보고 싶지만, 현재 소득만으로는 불가능함을 잘 알고 있다. 남은 생에 한번쯤 부동산투자의 기회가 다시 오지 않을까 하는 막연한 기대가 있다.

미경씨의 경우처럼 주거 안정을 얻었어도 다주택자나 임대소득자가 되고자 하는 열망은 지속된다. 시장 상황이 계속 달라지고 약간의 목돈이 있다면, 혹은 팔 수 있는 집이 있다면 계급재생산의 기제로 활용하고 싶은 것이다. 미경씨는 훗날 자녀들에게 목돈이 필요할 때 시원하게 지원해줄 수 있는 엄마가 되고 싶다고 했다. 그런데 임금소득이나 적금만으로는 이를 실행하기 어렵기 때문에 부동산투자를 하면 가능하지 않을까 싶어 막연하게나마 이런저런 궁리를 계속하고 있다고 설명했다.

부동산투자가 노후자금과 계급재생산의 토대가 된다는 생각을 하는 사람은 미경씨만이 아니다. 가장 믿을 만한 자산이 부동산이라는 생각이 대중에게 널리 퍼지면서 퇴직금과 같은 목돈이 이 부동산시장으로 많이 흘러 들어간다. 당연하게도 모든 부동산 매매 행위가 이익을 가져다주지 않는다. 시세차익과 노후자금을 노린 부동산투자가 의지나 예상과 다르게 실패로 돌아간 경우도 적지 않다. 구술자 유해리씨의 아버지는 대기업에서 오래 근속한 댓가로 받은 거액의 퇴직금으로 건물을 매입했다. 미경씨는 IMF 경제위기 직후 집값이 떨어진 상황에 아파트를 사서 소위 '대박'이 났지만 해리씨 부친은 경제위기 직전, 호황일 때 건물을 매입해 손해가 막심했다.

아빠의 선택 중 당신 의지와 다르게 어그러진 게 몇가지 있어요. 대표적인 게 건물을 산 거였죠. 명예퇴직해 받은 돈으로 올인을 했어요. 20년 전이었는데, 당시 6억인가, 4억인가 4층 건물을 약간의 융자를 끼고 사셨어요. 그 건물이 지금도 처분이 안 되고 있어요. 값이 오르지도 않았고. 그사이에 IMF 사태가 벌어질 거라곤 누구도 예견하지 못했고요. (유해리, 40대)

유해리씨 부친은 25년 근속한 회사에서 명예퇴직하면서 받은 퇴직금과 살고 있던 집을 매도한 금액을 건물 매입에 '올인'했다. 그야말로 '영혼까지 끌어모아'(영끌) 베팅한 것이다. 1996년 당시 그 지역의 시내 중심에 위치한 건물 한채 가격은 같은 시기의 서울 강남 아파트 평균 매매가보다 훨씬 비쌌다. 건물은 주거가 가능했기 때문에 당시 해리씨 부친의 계산은 손해될 것이 없어 보였다. 가족의 주거도 해결하고 월세를 받아 수입을 얻을 수 있다는 생각에 해리씨 부친은 과감한 결정을 했다. 지역이긴 하지만 상업도시 중심에 건물이 위치했기에 매입 당시의 전망은 매우 낙관적이었다. 해리씨의 부모는 그 건물 가장 꼭대기인 5층을 가정집으로 꾸몄고, 건물의 1층에서는 해리씨 모친이 사업장을 운영했다. 나머지 공간에서는 임대 수익을 얻고 나중에 건물값이 오르면 성인이 된 자녀들을 든든하게 지원해주겠다는 장기적 기획은 무리가 아니었다. 부부의 풍족한 노후생활도 꿈꿀 수 있었다. 1990년대 중반까지는 땅값이 떨어진 적이 없었고 유휴자금이 부동산시장으로 유입되어 너도나도 투자를 하는 상황이었다.

그러나 건물을 매입한 바로 다음 해에 아무도 예측하지 못한 IMF 경제위기가 찾아왔고 땅값은 폭락했다. 1층의 가게는 유지할 수 있었지만 퇴직금으로 향후 장기적인 수익을 내고자 했던 투자는 1년도 채 가지 못한 채 완전히 실패하고 말았다. 해리씨는 그 건물을 20년 전의 매입 가격으로 부동산에 내놨다. 하지만 매물을 알아보는 사람도 없는 상황이라며 기가 막힌 표정을 지었다. 그녀의 부친은 가족의 미래를 밝히고자 했던 과감한 결정이 수포로 돌아간 것을 지금까지도 아쉬워한다. 당시 고민했던 다른 투자들이 있었다는 이야기를 수시로 하며 "그때 그 돈으로 서울 아파트를 샀어도 얼마나 좋은 집을 샀는지 몰라. 그러면 우리 가족은 지금쯤 어떻게 살고 있을까."라는 자책을 한다. 아직도 유해리씨 가족은 그 건물에서 거주하기 때문에 이 투자의 실패가 주거 불안정을 불러오지는 않았다. 그러나 1996년에 그 건물을 매입할 당시 2억 1천만원에 불과하던 강남 아파트 평균 매매가는 2019년 8월 기준으로 16억 2천만원까지 상승했다. 이렇게 거의 여덟배나 아파트 가격이 상승했다는 점을 생각하면 유해리씨 부친의 투자 실패는 엄청난 좌절이었다. 처음 건물 매입을 결정할 때의 낙관적 상상은 오래전에 사라져버렸다.

투자와 투기의 구별은 생산성과 불로소득에 대한 특정 관점에서 비롯된다. 사람들은 투기가 부도덕하며 부적절하다고 비난하면서도 불로소득은 선망한다. 요새 젊은 사람들의 궁극적인 꿈이 임대사업자나 건물주라는 것은 이상한 일이 아니다. 사람들은 노동시장에서 겪는 부당한 일들, 노력과 헌신에 비해 정당하게 주어지지 않는 소득, 시장 진입과 성장 과정에서 부딪히는 부당한 차별과 견고한 위계 때문에 노동과 노력이 기존에 갖고 있던 도덕적 위상을 믿지 않게 되었다. 오히려 예측 불가능한 노동시장과 가혹한 노동 환경은 인간성을 위협한다는 인식이 팽배해 되도록 노동을 회피하고 인간적인 삶, 좋은 삶을 지속할 수 있는 기제로서 지대地代, 즉 부동산을 통한 불로소득을 선망하는 추세다. 건물주가 되겠다는 희망을 막연한 허영이나 비윤리적 삶의 태도라고만 보지 않는 것도 이 때문이다. 경제적 여유와 호사에 대한 기대가 부도덕하고 이기적인 탐욕으로 읽히는 시대는 지났다. 영화 「기생충」의 등장인물인 충숙은 극중 남편인 기택이 "그 집 사모님은 부자인데도 착해"라고 말하자 "착해서 부자인 게 아냐, 부자니까 착한 거지"라고 대꾸한다. 이 대사는 경제적 여유가 인간적 관대함과 어떻게 엮여 있는지를 잘 보여준다.

그러나 사람들이 꿈꾸는 착하고 행복한 건물주는 아무나 될 수 있는 것이 아니다. 건물주가 될 가능성은 특정 계급에만 있다. 그럼에도 '영혼까지 끌어모아' 집을 사서 막대한 시세차익을 얻는 것이 집단적 열망이 되었다는 점, 모든 계급이 주택소유자 사회의 이상을 추구하게 만드는 구조적 환경이 조성되었다는 점이 중요하다. 부동산을 통한 지대 확보가 인간다움을 지키며 살아갈 수 있는 생존전략이자 좋은 삶을 위한 가장 적합한 선택지라는 생각은 이미 많은 대중이 공유하고 있다. 그리고 이러한 구조적 환경을 조성하는 요인으로 가족규범이 존재한다. 이는 내 집 마련에 따라 가족의 성공과 실패가 결정되는 기원이 된다.

2
가족의 물적 기반 만들기
: 계모임에서 시세차익 획득까지

강남, 아파트, 중산층 생활혁명

"결혼을 잘해야 팔자 고친다"는 말은 주로 여성에게 해당된다. 영실씨가 결혼한 1970년대에 여성의 계급 상승은 결혼을 통해서만 가능하다고 간주되었고, 따라서 결혼은 여성에게 일생일대의 계급 상승의 기회였다. 고영실씨는 1970년대 중반에 교사 생활을 하다 소개로 만난 남편과의 결혼이 탐탁지 않았다고 했다. 상대방을 그렇게 좋아하는 마음이 없었기 때문이다. 하지만 주변에서는 영실씨의 결혼을 두고 "잘하는 결혼"이라고 했고 영실씨의 언니는 "갖출 거 다 갖추고 결혼한다"며 부러워했다. 당시 '다 갖춘 예물'은 보석이나 시계가 아니었다. 1970년대 중반의 호화 결혼의 척도는 놀랍게도 '백색가전'이었다.

자기 집에 갖출 거 다 갖춰놨었어요. 당시엔 냉장고랑 세탁기를 다 갖춘 집이 없었는데. 전화까지 갖춘 집으로 시집갔어요. 주변에선 다 〔시집〕 잘 간다고 했지. 갖출 걸 다 갖췄으니까. (고영실, 70대)

아파트라는 주거형식에 가사를 처리할 백색가전과 개별 난방을 구비하는 것이 중산층의 라이프스타일로 자리잡기 시작한지는 얼마되지 않았다. 이 과정에서 강남 개발이 중요했다. 1970년대 한국 경제는 연평균 10%를 웃도는 기록적인 성장을 지속했고 서울 역시 급성장했다. 박정희 정권은 성장의 총이익을 키우기 위해 과밀화된 강북 구도심을 벗어나 주변부에 신시가지를 건설함으로써 서울을 '다핵도시'로 개발하는 구상에 주목했다. 이후 곧바로 강남 개발을 실천했다. 그 선결 과제로 대두된 것이 '한강종합개발사업'이었다. 한강 제방 공사로 확보한 공유수면 매립지를 택지로 개발하고 제방 위에 도로를 개설했다. 주택과 교통 문제를 함께 해결하는 동시에 택지 분양으로 개발비용까지 확보하는 일석삼조의 방안이었다. 비행장이던 여의도가 부도심으로 개발됐으며, 이례적인 순환 노선의 지하철 2호선이 개통되고 강남과 강북을 연결하는 27개의 교량이 건설되면서 강남 영동지구는 서울의 '핫플레이스'로 부상했다.

강남은 개발 초기 독자적인 생활기반시설이 극히 부족해 강북에 절대적으로 의존하는 베드타운의 성격을 벗어나지 못했다. 하지만 강남 8학군 조성을 비롯한 유신정권의 강력한 '강북 억제, 강남 개발' 정책이 실효를 거두면서, 1980년대 이후 서울의 성장

그림 3-1 1978년 당시 압구정동 현대아파트 주변의 모습.

과실을 독점적으로 향유하며 투기적 도시화를 주도하는 지대로 자리잡았다.

영실씨처럼 대단지 아파트 개발로 강남에 유입된 도시 중산층 대다수는 국가의 문화이데올로기의 적용 대상인 동시에 주체다. 근대식 공장이 당시의 산업화를 상징한다면 대단지 아파트와 도시 중산층은 도시화와 근대화의 상징이라고 할 수 있다. 실제로 아파트에서의 삶은 일종의 '생활혁명'이라고 일컬어질 만큼 당시로서는 획기적이었다. 겨울에 실외에서 아궁이에 연탄을 때거나 나무로 불을 지펴 난방을 하던 기존의 주거시설에서는 사람들이 밤에 수시로 일어나 난방 상태를 확인해야 했다. 재와 먼지가 날려 집안 공기도 좋지 않았다. 하지만 개별 난방을 실시하는 아파트에서는 밤새 편히 자면서 위생도 유지할 수 있었다. 안정적 전기 수급으로 조명을 집 곳곳에 둘 수 있어 밝은 공간에서 생활하는 호사를 누릴 수도 있었다. 당시 아파트에 산다는 것은 흑백 텔레비전, 세탁기, 냉장고, 가스레인지와 같은 가전제품을 일상적으로 쓸 수 있음을 의미했다.

국토교통부 도시계획현황 통계(2018)에 따르면 한국의 도시 거주 인구는 전체 인구의 91.8%에 달한다. 급격한 도시개발 속에서 대단위로 건설된 아파트는 한국 도시 풍경의 큰 부분을 담당한다. 전국적으로 한국의 도시화율은 1960년 39.1%에서 1990년 81.9%로 상승했으며, 2005년에는 90%를 돌파했다. 가히 무서울 정도의 진전 속도라고 할 수 있다.[5] 아파트의 확산으로 도입된 근대적 생활양식의 편리함과 쾌적함을 체감한 당시 도시민들은 다

그림 3-2, 3-3 입식 생활을 전제로 평면 배치된 1980년대 아파트의 부엌 재현 모형(상)과 당시 주부의 생활 모습(하). 근대적 생활이 가능한 아파트의 쾌적함과 편리함은 대중들이 근대의 감각을 직접 체험하고 동경하게 했고, 이는 발전주의 정부의 통치이데올로기로 작동했다.

시는 이전의 삶으로 돌아가고 싶어하지 않았다. 아파트는 권위주의 정부가 소수 대기업과 손잡고 일군 발전주의 체제를 국민들이 우러러보게끔 전시하는 수단이었을 뿐만 아니라, 그 체제의 편리함을 국민들이 직접 체감케 하는 탁월한 통치 기제였다.

종잣돈 마련의 지름길, 계모임

도시 중산층이 된다는 것은 현대적 삶의 쾌적한 숲속으로 들어감을 의미했다. 1980년대에 투기가 사회문제로 부상한 이후 돈을 입찰할수록 분양에 유리한 '채권입찰제'가 도입되었다. 주택시장으로의 무분별한 진입을 제어하기 위해 어느정도 자본을 가진 중산층만 주택을 분양받을 수 있도록 한 것이다. 영실씨는 이 제도를 활용해 목동과 여의도의 아파트를 매매해 큰 시세차익을 얻었고, 1982년에는 강남으로 이주했다. 영실씨가 생각하는 강남의 가장 큰 장점은 훌륭한 자녀 교육 환경이 조성되어 있고 빠른 정보교류가 가능하다는 것이었다. 동네 학부모나 동창들과 말을 섞다보면 자연스럽게 이 지역의 지대가 계속 오르고 있음을 알 수 있었다. 이웃들은 종잣돈만 있으면 부동산을 사둘 수 있다며 서로의 투자 경험을 스스럼없이 공유했다. 문제는 결혼하면서 교직을 그만두어야 했던 영실씨의 소득이 없다는 점이었다. 남편의 소득에 의존할 수밖에 없었던 영실씨는 전업주부의 입장에서 목돈 만들 방법을 찾았다. 답은 '계'契였다.

계는 정기적 수입과 신분을 보장해줄 직장이 없어 자신의 이름으로 금융권에 참여하기 어렵고 자산을 쉽게 만들지 못하는 여성들이 많이 참여해온 비공식적 금융제도라고 할 수 있다. 예로부터 계는 한국사회에서 상호부조의 목적으로 만들어진 사설금융이었다. 1990년대 초반 한국에서 중산층이 형성되는 과정을 고찰한 인류학자 레트Denise Potrzeba Lett의 연구에서도 계조직을 통한 목돈 만들기의 과정을 확인할 수 있다. 레트는 계를 신용모임credit club으로 규정하고 지역사회에서 이루어지는 다양한 물적 필요를 충족하는 조직으로 설명한다. 계는 친한 사람들끼리 정기적으로 만나 친밀함을 나누는 사교모임이지만 보통 그 친밀함을 공유하는 이들끼리 경제적 이익을 도모한다. 계모임 구성원들은 정기적으로 곗돈을 부어 조성한 목돈을 각자가 순번에 따라 타가도록 하며 신용을 쌓아 사적 금융제도를 운영한다.

사람들이 계에 가입하는 목적은 다양하다. 자녀의 결혼, 주택매매, 사업자금 마련 등 특별한 일을 준비할 목적으로 계에 참여하기도 한다. 여러 사람이 모여 계를 운영하면 위험도가 커지지만 그만큼 이익률도 높아진다. 영실씨의 경우 보통은 12명이 모여 1년을 기준으로 계를 운영했다고 한다. 한달에 넣는 곗돈이 인당 1백만원이면 12명이 한달에 모으는 돈은 1200만원이다. 첫달에 곗돈을 타는 사람은 이자를 가장 조금 받지만 빨리 목돈을 가져갈 수 있고, 뒷 순번으로 갈수록 목돈은 늦게 타지만 이자를 가장 많이 받기 때문에 자신의 상황과 필요에 따라 순번을 정하곤했다. 영실씨는 계를 통해 모은 목돈을 친구들에게 빌려주고 이자를 얻기도 했다. 동네 은행 노릇을 한 것이다.

남편 모르게 돈을 모았어. 처음에 백만원 모으는 게 힘들지 천만원 모으는 건 쉬워요. 천만원이 되면 그 뒤로는 돈이 잘 불어나. 이자가 붙으니까. 계모임 친구들한테 빌려주고 이자를 받으면 돈이 잘 불어나요. (…) 요새는 잘 안 하지만 옛날에는 계모임도 엄마들끼리 많이 했어. (고영실, 70대)

영실씨는 결혼으로 교직을 그만둔 뒤 아이 셋을 기르면서 자신의 이름으로 노동소득을 얻을 수는 없었다. 하지만 고등학교 동창 모임, 동네 엄마들 모임 등 자신의 사회적 관계망 속에서 경제적 이익을 창출해왔다. 남편의 사업이 한참 잘되던 1990년대에는 현금이 있었기 때문에 급전이 필요한 사람에게 돈을 빌려주면서 이자를 모아 목돈을 만들었다. 그렇게 모은 돈으로 영실씨는 남편 몰래 아파트를 구입했고 수년 뒤 그 시세차익은 수억에 달했다. 성공 사례만 있는 것은 아니다. 계모임에서 곗돈을 떼여 가정경제가 파탄나는 사례가 심심치 않게 발생했고 이는 사회적으로도 큰 문제가 되었다. 계모임이나 비공식적 채무관계를 맺는 것은 상당한 위험을 감수해야 하는 일이었다. 여성들은 이런 위험을 알면서도 경제적 수입을 얻기 위해 사적이고 비공식적인 관계망을 조직하고 운영해왔다. 이렇게 형성된 관계는 이들이 각기 주택실천에 나설 때 서로 정보를 주고받는 관계로 발전하기도 했다.

투기 방법을 체득한 '강남 사람들'

고영실씨의 설명에 의하면 '강남 사람들'은 믿을 만한 정보를 배타적으로 공유하고 발빠르게 움직인다. 1980~90년대에 엄청난 속도로 집값이 오른 강남의 아파트는 이들이 목돈을 묻어두기에 딱 좋은 투자처였다. 영실씨가 남편 몰래 모은 돈으로 갭투자를 한 17평 아파트의 가격은 무서울 정도로 상승했다. 1993년 매수 당시 1억 5천만원이었던 집이 2002년 재건축 인가 직후 9억원이 되었고 재건축이 끝나 대기업 브랜드의 고급 아파트가 된 후에는 25억원까지 올랐다(2020년 기준). 이렇게 강남 지역을 중심으로 몇번의 매매를 한 이후 '좋은 물건'을 보는 영실씨의 안목은 더 명확해졌고 투기이익에 대한 믿음 또한 더 확고해졌다.

강력한 발전주의 국가체제 아래에서 진행된 투기적 도시화로 인해 주택은 활발하고 광범위하게 상품화되었다. 이런 주택을 취득하는 과정에서 형성된 도시 중산층 집단은 1980~90년대에 투기라는 기회주의적 방법론을 체득했다. 구술자들 중 이 시기에 부동산 매매를 활발하게 한 이들은 1980년대 초반 채권입찰제를 통해 주택 매매를 시작했고 생애 후반기에는 2000년대에 시작된 주택 금융화의 영향을 받았다. 따라서 이들의 주요 주택실천 전략은 전세가가 높은 아파트를 전세 끼고 매매하는 갭투자를 하거나 재건축할 아파트를 산 뒤 '오래 묵혀서' 장기간의 시세차익을 보는 것이다. 특히 1950~60년대에 출생한 구술자들은 그다음 세대에 비해서 법과 제도에 덜 민감한 태도를 보이고 각종 규제를 가볍게 뛰어넘을 수 있다는 자신감을 더 많이 보여주었다. 다운 계약서 작성이나 명의위장 등 부동산 매매에서 발생하는 편법과 탈법의 전략을 개발해 적극적으로 실천한 것도 이 세대이며, 이런 실천을 다음 세대가 반복했다.

1950~60년대에 출생한 이 세대는 금융화 영향 이전에 주택실천을 통해 이미 상당한 자산을 구축했다. 또한 금융화가 요구하는 정보와 지식의 복잡성을 수용하기보다 이미 자신의 반복적 경험을 통해 신뢰를 구축한 참조집단의 정보를 더 선호하는 성향을 보였다. 이들은 금융화 과정에서 영향을 갖는 금융시장에 접근하기보다 부동산 중개업자와 가깝게 지내는 양상을 보이기도 한다. 이들에게 믿을 만한 전문가란 책이나 텔레비전으로 만나는 학식 있는 이들이 아니라 내가 사는 동네에서 이 동네와 관련된 정보와 지식을 전달해주는 이들이다. 정애숙씨도 친하게 지내는 공인중개사가 주는 정보를 중요하게 생각한다.

〔매매가가〕 1억 얼마면 29평짜리를 전세 끼고 사겠다고 했어요. (…) 아주 친한 부동산에 "집을 하나 전세 끼고 사주세요"했더니 중개사가 "기다려봐, 내가 급매 나오면 잡아줄게"라고 했죠. (정애숙, 60대)

'강남 사람들'은 강남이 시세차익을 가장 많이 본 가치 있는 동네이기 때문에 이곳에서 배타적으로 유통되는 정보가 가장 믿을 만하다고 생각한다. '알짜 정보'는 밖으로 새어나가지 않는 법이며, 동네에서 오래 산 사람일수록 이곳 사정을 잘 알고 드러나지 않는 매물의 특징을 잘 파악할 수 있기 때문이다. 2000년대가 지나면서 다주택자 규제가 심해지고 국가가 납세와 등기의 투명성을 강력하게 요구하고 있지만 '강남 사람들'은 제도와 법의 규제에 벌벌 떨지 않는 자신감이 있다. 이미 자신과 참조집단이 다양한 편법을 시도해봤고, 그게 통한 이력이 있기 때문이다.

IMF 경제위기 이후 경기부양을 위해 주택 경기 활성화를 정책 방향으로 삼던 당시 서울시와 정부는 자산유동화법을 만들어 자산의 흐름을 원활하게 만들었다. 2000년에는 도시개발법을 제도화해 리모델링 등 아파트 재건축을 경기부양의 강력한 동기로 설정했다. 당시 재개발·재건축 붐은 많은 이들의 자산을 끌어들여 투기적 도시화에 기여했다. 재개발·재건축이 돈이 된다는 점에 주목한 애숙씨는 2000년에 자신이 살던 S아파트를 팔고 같은 아파트 단지에 전세로 살면서 주변의 오래된 아파트들을 살펴보았다.

혼자 집을 보러 다녔어요. J아파트가 물이 차서 시쳇말로 완전 똥값이라고 하더라고요. 근데 내가 보니까 값이 낮은 데가 높은 데 되고 높은 데가 낮은 데 되더라고요. 그래서 아는 부동산을 찾아갔어요. 마침 J아파트에서 급매 나온 게 하나 있더라고요. 제일 앞동인 A동 12층. 부동산에서 홍수철에 J아파트 다 잠기는 거 아냐고 계속 물어보는데 직접 가보니까 집에서 고속도로가 쫙 보이는 거예요. 좋더라고요. (정애숙, 60대)

애숙씨는 빚을 갚고 남은 돈으로 전세 아파트에 살면서 남은 돈 1600만원으로 전세를 끼고 J아파트를 샀다. 통계청 조사에 의하면 2000년 당시 가구당 평균임금은 2536만원이었다. 애숙씨는 당시 평균 연봉에 못 미치는 돈으로 아파트를 매수한 것이다. 오늘날의 아파트 가격을 생각하면 매우 놀라운 일이다. 이 아파트는 낡고 살기 불편한 아파트라고 알려져 있었지만 정애숙씨는 그 점이 '오히려 매력 있다'고 생각했다. 매력 지수는 가성비에서 왔다. 이 낡은 아파트의 가치는 시간이 흐르면서 분명해졌다. 애숙씨는 J아파트를 높은 값에 팔았고, 원래 살던 S아파트 전세 계약이 만료된 후 그 전세금을 아파트 매도금과 합쳐 더 넓은 크기의 J아파트를 매수해 입주했다. 2001년 당시 J아파트 가격이 4억 2천만원이었는데, 오래된 집을 수리하는 비용으로 3천만원을 썼다. 2018년 애숙씨는 자신이 거주하던 이 아파트를 20억원에 팔았다. 17년 사이에 거의 다섯배나 가격이 오른 셈인데, 대부분 마지막 5년 사이에 그렇게 된 것이다.

집은 대출로, 대출은 세월로, 세월은 돈으로

주택 금융화 이후 돈의 의미에는 시간이 포함되었다. 내 집을 산다는 것은 10년, 20년, 30년의 장기 분할상환이라는 빚과의 평생 동거를 의미하는 일이 되었기 때문이다. 이제 사람들은 집을 구할 때 부동산 중개업소와 시중은행을 동시에 들락거린다. 2010년에 결혼하면서 부모로부터 독립해 스스로 집을 사고팔아본 경험이 있는 이미희씨는 "집이 너무 비싸서 빚내지 않고는 살 수 없어요"라고 말하기도 했다. 하지만 집값이 오른 것과 주택담보대출의 활성화는 명확한 인과관계로 설명하기 쉽지 않다. 우리는 언제부터 '빚내서 내 집 마련'을 이루는 것을 자연스럽게 받아들이게 되었을까?

1997년 외환위기 이후 주택금융이 활성화되고 주택 매매에 필요한 경세사본의 총량에서 금융자본이 차지하는 비율이 급격히 늘어났다. 특히 2004년 3월 한국주택금융공사가 설립되면서 주택담보대출, 즉 모기지론은 국가가 권유하고 보장하는 것이 되었다.

모기지론 제도가 정착하면서 사람들은 주택 구입 자금의 일부만 먼저 내고 나머지 금액은 수십년간, 짧게는 10년, 길게는 30년에 걸쳐 장기 분할해 상환할 수 있게 된 덕분에 당장에 목돈이 없어도 집을 살 수 있게 되었다. 다시 말해 가구는 집을 매개로 금융기관과 장기대출계약을 맺고 미래에 발생할 소득을 집(=금융기관)에 귀속하겠다는 약속을 하는 것이다. 미희씨 말처럼 집이 너무 비싸기 때문에 모기지론 없이 도시, 특히 수도권에서 내 집을 마련하기란 쉽지 않다. 하지만 갖고 있는 목돈이 얼마인지에 따라 대출에 귀속된 시간과 갚아야 할 금액이 달라진다. 민아씨는 집을 살 때 시간을 돈과 동일시했다. 민아씨에게 은행과의 장기대출계약은 집을 볼모로 한 냉정하고 위험한 약속이다.

그림 3-4 한국주택금융공사 2004년 7월 광고

나는 돈이 세월로 보여요. 돈이 언젠가는 모일 텐데, 세월이 지나야 하는 거잖아요. (…) 월세는 그냥 날리는 거지만, 내가 분양을 받으며 맺은 장기대출계약은 계속 돈을 갚아나가는 게 힘들긴 하더라도 이것이 결국 쌓여서 내 것이 되잖아요. 그래서 분양도 괜찮겠다고 생각한 거예요. 은행에 내는 이자나 월세나 똑같은 것 같기도 한데, 집을 사게 돼서 강제적으로 돈을 모을 계기가 생긴 셈이에요. 이제는 진짜 이자를 안 내면 집을 은행에 빼앗길 수 있으니까. (심민아, 40대)

'이자=월세'라는 표현은 주택담보대출을 계약한 이들에게서 쉽게 들을 수 있다. 이들이 군이 이자를 월세라고 해석하는 데는 더이상 주거 불안으로 고통받지 않게 되었다는 의미도 있다. 그러나 사람들이 이 계약에 거는 기대는 오랫동안 자신을 괴롭히던 주거 불안에서의 해방이라는 수세적 차원에 국한되지 않는다. 민아씨는 이 계약이 불안하기 짝이 없다. 그래도 본인에게 불리한 계약이라고 생각하지는 않는다. 긴 시간이 흐르고 흘러 시세차익이 생길 거라는 기대 때문이다. 어차피 집값은 오르기 마련이라는 믿음이 부채와의 동거를 투자로 정당화한다.

나선엽씨는 2000년대 중반 매매가 1억 1500만원의 작은 아파트를 매수했다. 이를 위해 1억원의 모기지론을 받았다. 오늘날 LTV가 40% 수준임을 감안하면 매매가의 90%에 가까운 이 대출금은 좀처럼 믿기지 않는다. 당시는 가계대출 및 주택담보대출이 개방되고 활성화되는 시기였고, 이는 은행뿐만 아니라 비은행 금융기관을 통해서도 지속적으로 확대되었다. 2000년대 이후 수도권을 중심으로 주택가격과 가계부채는 동반 상승해왔다. 주택가격이 오르면서 그에 따른 담보 여력이 늘어났고 금융기관을 통한 추가 신용대출이 가계에 공급되었다. 이 가계대출은 주택수요의 기반을 만들어내면서 다시 주택가격을 상승시키는 연쇄과정으로 이어졌다. 이러한 배경에서 정부에서는 주택가격 안정과 가계대출 부담 완화라는 이중의 목적을 위해 소위 LTV 및 DTI 규제를 지속적으로 도입했다.

국가가 지정한 투기지역은 40%로 LTV가 하향 조정되었지만 당시 선엽씨가 매수한 주택의 주소지인 동대문구는 투기지역에서 제외되었다. 따라서 그는 신용대출까지 포함해 거의 LTV 90%에 육박하는 주택자금대출을 받을 수 있었다. 당시 모기지론의 고정금리는 5~6%대였는데, 나선엽씨는 10년 넘게 매달 50여만원의 이자를 은행에 지급했다. 선엽씨는 처음에는 "이 큰돈이 매달 나가는 게 너무 아깝다"고 생각했지만, 임금이 "통장을 스치고 지나가는" 일을 몇년 동안이나 겪으면서 어느새 아깝다는 감각도 무뎌졌다. 저금리 시대가 왔다는 뉴스를 몇년째 봐온 것 같은데도 먹고살기 바빠 다른 방법을 제대로 알아볼 생각을 못했다. 어차피 모기지론은 고정금리로 계약했으니 더 신경쓰지 않아도 된다고 여겼다. 선엽씨 같은 일반 시민들에게 금융계약은 "생각하면 머리만 아프고 내가 뭘 알겠나 싶어 높게 느껴지는 문턱"이다. 시간이 한참 지난 최근에야 은행에서 상품을 변경할 수 있다는 사실을 우연히 알았고 현재는 지급액을 많이 줄인 상태다. 그래도 현재까지 은행에 지급한 총 금액은 1억원 정도다.

집을 팔면 1억 남아요. 그러면 시세차익과 비교했을 때 집만 한채 날리는 거예요. 그래서 딸도 돈 벌고 하니까 그냥 여기 살려고요. 여기 살아야지. (나선엽, 60대)

선엽씨의 사례를 살펴보면 15년 사이에 1억원의 시세차익이 발생했다. 그러나 선엽씨가 지금 주택을 매도한다고 했을 때 이미 은행에 지급한 1억원의 이자비용을 고려하면 시세차익의 의미가 서의 없다. 수택가격의 상승이 전반적으로 일어난 현상이기 때문에 이 집을 팔아도 다른 집을 구하기는 어렵다. 더군다나 이 정도 가격 상승은 다른 지역의 상승세와 비교해 매우 낮은 수준이다. 선엽씨는 은행에 이자를 월세 삼아 내면서 겨우 주거 안정을 확보할 수 있었다. 하지만 매달 은행에 이자를 갚아나간다는 것은 안정적인 소득을 확보했을 때나 가능한 일이다. 나선엽씨는 50대에 집을 매수했고 60대 후반인 현재는 소득이 많이 줄었다. 최근 몇달간은 소득이 1백만원 수준에 머물렀다. 기본 생활비도 모자랐지만 대출금을 밀릴 수는 없었다. 집 문제란 그런 것이다. 모기지론을 유지하는 동안 개인의 삶의 질은 그 계약의 수준에 맞춰 하향화된다.

'정보'를 얻고 '흐름'을 타서 '목표' 달성하기

이청희씨의 주거생애사에서도 모기지론은 중요한 몫을 한다. IMF 경제위기를 막 지난 2000년대 초반에 청희씨는 직장 구성원을 대상으로 일반 아파트 분양가보다 몇푼이라도 저렴하게 공급됐던 용산구의 직장조합아파트를 분양받았다. 2002년 입주 당시 계약금과 중도금을 제외하고 2억원이 더 필요했다. 그런데 당시 전세가율은 사상 최고를 기록한 70%에 달했다. 신축 아파트였던 그 집의 전세가는 무려 2억 3천만원이었다. 청희씨는 처음으로 마련한 내 집에서 살아보고 싶은 생각이 굴뚝같았다. 하지만 경제적인 선택을 하기로 마음먹었다. 새집은 전세를 주고 그 보증금으로 남은 대출을 갚기로 한 것이다. 그리고 목동에 위치한 아파트를 거기서 남은 돈과 새집 살 때 받을 수 있는 담보대출로 매수했다. 청희씨는 운이 좋았다. 아파트 매수 시기는 1월이었는데 같은 해 9월에 무분별한 담보대출로 인한 가계대출 증가와 부동산투기가 심각한 사회문제로 떠올라 LTV의 제한이 처음 도입됐다. 적기에 매수한 목동 아파트에서 청희씨는 2008년까지 살았다.

청희씨네 이사는 모두 자녀 교육과 함께 기획되었다. 둘째가 고등학교에 진학하던 2008년에 청희씨네는 목동에서 여의도로 이사를 했다. 국가에서 2008년에 경제 활성화를 목적으로 강남 3구 외의 모든 지역에서 LTV 규제를 해제했기 때문에 주택담보대출을 많이 받을 수 있었다. 또한 중산층이 많이 사는 목동 지역은 전세가가 꽤 높았기에 아파트를 팔지 않고 전세금만으로도 목돈을 마련할 수 있었다. 용산의 직장조합아파트를 판 돈을 보태기는 했지만 이렇게 지역 특수에 힘입은 높은 전세금과 모기지론만으로 청희씨는 목동 아파트를 팔지 않고 여의도로 이사할 수 있었고, 지금까지 거기에 살고 있다. 그런데 청희씨에게도 아쉬움은 있다. 청희씨는 용산의 직장조합아파트를 팔 때 정부의 시책에 밝지 못했기 때문에 실수를 했다고 설명했다.

실수로 집을 잘못된 타이밍에 팔았어요. 1억 정도 오른 다음에 팔아도 되는데, 남편이 정보를 잘못 수집해서 빨리 안 팔면 양도세 많이 내야 된다고 한 거예요. 나중에 보니까 그게 아니었어요. 잘못된 정보로 집을 팔아버린 거죠. (…) 부동산은 정부 시책에 굉장히 밝은 사람들이 이익도 남기는 것 같아요. 우리같이 주먹구구인 사람들은 항상 손해를 보게 되어 있는 것 같고요. (이청희, 50대)

2003년 출범한 노무현 정부는 불로소득에 과세를 강화했다. 부동산투기를 억제하고 가격을 안정시킬 대책으로 종합부동산세를 도입했으며 다주택자에 대한 강도 높은 규제를 실시했다. 실거래가에 비해 턱없이 낮던 과세싯가표준액, 즉 과표를 현실화하며 조세정치를 강화하였는데, 청희씨는 이 제도가 실시된다는 소식을 듣고 규제를 피하기 위해 주택을 빠르게 매도했다. 그러나 과세표준의 의미를 잘못 파악해 더 많은 시세차익을 볼 수 없었다는 후회를 내비친다. 이미 분양가보다 많이 오른 가격에 매도한 것은 맞지만 세금 문제를 피하기 위해 계획성 없이 조급하게 팔

아버렸다는 아쉬움이다. 청희씨는 아파트 매도 후 상승한 1억이란 금액을 '손해봤다'고 해석했다.

청희씨 관점에서 이 손해는 타이밍과 정보의 오인으로 발생했기에 '실수'다. 근본적으로 이 실수는 정부의 부동산투기 억제 정책이 실효를 거두었기 때문이지만 청희씨의 맥락에서 부동산투기 억제라는 공적 담론은 아무런 의미가 없다. 청희씨뿐만 아니라 다른 구술자들의 기억에도 정부가 그렇게 목 놓아 부르짖던 정책 기조는 전혀 남아 있지 않았다. 당시 정부가 추구한 정책이 경기부양 목적이었든, 투기 억제 목적이었든 간에 개별 행위자들에게 그런 공적 담론은 주택실천과 그 기획, 그리고 이후의 효과에도 흔적을 남기지 못했다. 오히려 행위자들은 정부마다 다른 정책과 그에 따른 기조 변화를 오락가락하며 예측 불가능성을 높이는 주먹구구식 행정으로 이해하고, 정부의 무능함 때문에 힘없는 시민인 자신이 이 불가측성을 감당해야 한다며 억울해한다. 따라서 변화무쌍한 주택정책의 기조와 부동산시장은 개별 가구의 경제적 이익이나 손해를 유발하기 때문에 늘 눈여겨봐야 하는 것이다. 행위자들은 어떤 정보가 중요하며 시장 상황이 어떻게 흘러가는지 파악할 필요성을 이렇게 깨닫는다.

'아, 이런 거구나' 하고 깨달았어요. 개인이 주택정책이나 시장 상황에 대해 정보를 구하고 이해하고 숙달하고 의심하지 않으면 불가피하게 모든 비용을 다 지불할 수도 있구나, 언제든지 당할 수 있구나, 이렇게 뒤늦게 배운 거죠. (이청희, 50대)

청희씨는 1990년대 중반부터 여러번 부동산 매매를 하면서 받은 주택담보대출을 아직 다 갚지 못했다. 20년 동안 계약한 주택담보대출이 여러개였다. 시기에 따라 금액은 달랐지만 매달 꽤 큰 단위의 대출금이 소득에서 빠져나갔고 현재 두채의 아파트가 남았다. 앞선 1980~90년대와 달리 2000년대의 주거서사에서는 이처럼 주택담보대출과 LTV 규제 및 조세정치가 적극적으로 작동했고, 이때 이루어진 금융거래는 자산 형성에 큰 몫을 했다.

청희씨의 주거생애사에서는 '폭락' '폭등'이라는 말이 많이 등장한다. 청희씨가 주로 주택 매매를 실현한 2000년대는 실제로 주택가격이 큰 폭으로 오르내린 시기이기도 하다. 그런데 청희씨가 '폭락'과 '폭등'을 말할 때, 이러한 언어 사용은 갑자기 큰 폭으로 가격이 오르락내리락하는 시장 상황에서 개별 행위자가 이에 어떻게 적응할지를 질문하고 이를 방어한 경험을 표현한 것이라는 인상을 준다. 불가측성에 대한 일종의 사후적 표현이다.

청희씨 스스로는 세차례의 주택 매매가 "다행히 나쁜 결과는 아니었고 어쨌든 집값이 떨어지지는 않았으니까 운이 좋았다"고 평가하며 그 결과를 인정한다. 그러나 불안정한 시장과 담론 속에서 개별 행위자는 당연히 혼란을 느낀다. 대체로 좋은 성적표를 들고 있어도 '최고점 매도'와 '최저점 매수'라는 불가능에 가까운 백점짜리 결과를 내지 못했을 때, 이것은 '손해'로 기록되고 국가의 예측 불가능한 정책 운영 앞에서 정보 부족으로 범한 자신의 실수로 남는다.

2000년대 이후 중산층으로 진입한 이들의 기획과 실천이 이전 세대의 그것과 큰 차이가 있다면 이들이 목표를 설정해 움직였다는 점이다. 이청희씨는 여의도를 목표 삼아 움직였고 결국 그 목표를 달성했다. 이전 세대가 움직이면서 '좋은 동네'를 만들어왔다면, 2000년대 이후 세대 사이에서는 이미 '좋은 주소'의 위계가 자리잡았다. 이들에게 정보와 목표는 그 좋은 주소를 향한 주택 열망을 현실화하는 열쇠다.

동탄에 사는 나현선씨는 2000년대 후반부터 약 10년간 총 세 번의 주택 매매를 경험했다. 현선씨는 박근혜 정부 때 처음 집을 샀다. 당시 정부는 주택시장 정상화를 목표로 '생애최초 주택구입' 시의 취득세 면제, 양도세 면제 등 파격적인 세제 혜택을 제공했다. 2014년 LTV를 70%까지 높이고 DTI를 60%로 만들어 주택 금융규제를 완화한 이 정책은 최경환 당시 경제부총리가 이끌어 '초이노믹스'choinomics라 불리기도 했다. 이 시기에 적극적으로 주택실천을 한 현선씨는 '들어간다' '올라탄다'는 표현을 많이 쓰면서 투자의 '흐름'을 의식했음을 보여주었다. 현선씨가 생각하는 부동산시장의 흐름은 마치 변동이 심한 그래프와 같은 것이다. 따라서 행위자는 부동산시장에 어떤 파도가 오는지 관망하다가 좋은 흐름에 올라타는 것이 가장 중요하다. 영실씨나 미희씨가 부동산시장에서 운은 주어진다고 인식하는 데 비해 현선씨는 부동산시장을 마치 흐름이 있는 하나의 선line으로 보고 이 선의 움직임을 잘 이해해 매매 타이밍을 맞추는 노련함을 중시했다.

2000년대 후반에 활동한 이들의 특징은 부동산 정보가 유통되는 온라인을 중심으로 움직인다는 것이다. 특히 현선씨는 온라인 카페의 오랜 '죽순이' 생활로 '큰손'의 움직임을 감지하고 있었다. 현선씨에 따르면 "경제를 주무르는 핵심들이 돈을 풀거나 거둬들일 때" 부동산 경기가 변화한다. 이제 현선씨는 오랜 정보 탐색 끝에 그 패턴을 익혔다. 이 패턴이 만들어내는 부동산 생태계는 사실 정치권과 연계해 움직인다는 점도 알게 됐다고 설명했다. 현선씨는 집값이 특히 대기업과 상호작용하면서 그 기업이 들어선 입지 환경의 가치 상승과 연동해 움직인다고 차분히 설명했다. 주식에도 주가의 고점이나 저점이 형성되는 패턴이 있는 것처럼, 예측할 수 없는 집값의 변동 역시 흐름을 잘 보고 있다가 적기에 그것에 올라타면 된다고 설명했다.

> 판교 아파트 값이 올라서 기분은 좋죠. 만약 판교 부동산시장의 흐름에 올라타지 않았으면 큰일났겠다 싶어요. 당시만 해도 집으로 돈 버는 거 끝났다고 했었거든요. 덕분에 이제는 좀 치고 나갈 수 있는 기반이 마련되지 않았나 싶어요. (나현선, 40대)

현선씨는 다행히 부동산시장의 흐름에 잘 올라탔다고 자평했다. '집으로 돈 버는 시대는 끝났다'던 당시의 여론과는 정반대의 선택을 한 결과였다. 현선씨는 부동산시장을 설명할 때 여유와 자신감을 보였다. 스스로 정보를 파악하고 흐름에 올라탄 덕분에 겨우 중산층의 중심으로 들어왔다. 그런데도 현선씨는 여전히 치고 나가야 한다고 말한다. 아직 강남이라는 큰 목표에 도달하지 못했기 때문이다.

나는 아직도 '움직이고 갈아타는' 서민이라는 감각

  서민과 중산층을 가르는 감각은 무엇일까? 구술자 여성 중 일부는 객관적 지표로 봤을 때 엄연한 중산층이었다. 하지만 이들은 자신이 서민임을 강조했다. 왜 이런 자기주장을 펼까? 몇가지 이유를 떠올려볼 수 있다. 주변에 나보다 잘사는 사람들이 훨씬 많다는 상대적 계층의식, 임금소득이 없거나 낮은 직업에 대한 고정관념, 경제위기 이후 중산층의 양극화 또는 상향화에서 비롯된 계층 내 변화 체감, 마지막으로는 기득권이고 싶지 않은 마음이다. 개인의 자기재현과 자기해석은 단순하게 구성되지 않는다. 앞서 열거한 이유들은 개인에 따라 적용될 수도, 적용되지 않을 수도 있다. 그런데 구술자 여성들의 진술을 찬찬히 살펴보니 자신을 서민이라 굳게 믿고 주장할 수 있는, 눈에 띄는 공통의 이유한가지가 있었다. 나는 '아직' 주거가 '불안정'하다는 인식이다. 어떤 구술자는 많은 이들이 살고 싶어하는 좋은 동네의 40평대 고급 브랜드 아파트를 소유했지만, 자신의 주거가 여전히 불안하며 남은 생애에 그 문제를 해결하는 것이 인생 과제라고 믿고 있었다. 이 여성들이 감각하는 주거 불안이란 무엇이며, 이들이 생각하는 떳떳한 중산층이란 무엇일까?
  부동산 매매로 축적한 자산으로 특정 지위를 얻은 이들은 부동산 자산의 관점에서 집을 이해한다. 주거의 관점보다 경제적 이익의 관점에서 주택 매매를 기획하고 거듭하면서 이들은 부동산 시장의 주요 주체가 된다. 경제적 가치를 중심으로 집을 이해할 때 내 집 마련이라는 소박한 소망은 투기로 전환된다. '똘똘한 집 한채'를 소유하다가 그 가격이 가장 비싼 시점에 매도하여 더 높은 가치를 가진 집으로 이사하는 것은 집을 가진 사람이라면 한 번쯤 해보는 상상이자 실질적인 기획이다. 이러한 전략은 자산을 가진 중산층의 고유한 특징으로 간주되기도 한다. 사용할 자본이 없는 계층은 이 기획을 시도해보기조차 쉽지 않고, 자본이 넘치도록 많은 계층은 다른 금융자본으로 얼마든지 자산을 늘릴 수 있기에 주거기획을 자산 증식의 유일한 수단으로 고려하지 않는다. 집이 유일한 자산인 중산층에게만 '움직이고' '갈아타는' 전략이 절실하고 유효한 이유다.

정애숙씨는 이러한 중산층의 전략을 오랫동안 수행해왔다. 모순적이게도 정부의 규제는 그녀의 관점에서 계속해서 이동하고 갈아타게 만드는 가장 큰 원인이다. 법이 자꾸 바뀌면서 집값이 움직이니까 사람들도 함께 이동해야 하는 것이고 정부가 그들의 자산을 자꾸 환수하려고 하니 그들도 집을 갈아타면서 차익을 내야만 간신히 유지가 되는 것이다. 2018년, 애숙씨는 30년 넘게 살던 서초구에서 동작구로 이사하게 됐을 때 마음이 착잡했다고 한다. "여기서 애들도 기르고 사업도 오래 했는데 마치 밀려나는 것 같은 기분"이 들기도 했다. 고향도 현주소도 강남은 아니지만 애숙씨는 스스로 강남 사람이라고 여긴다. 내내 강남에서 살면서 자녀들을 길렀고 스스로 강남 사람의 사고방식과 생활양식을 갖췄다고 생각하기 때문이다. 애숙씨가 보기에 강남 사람은 성실한 노력으로 자산을 모았으며 "돈에 연연하지 않고 적당히 점잖으며 나라를 걱정하는" 사람이다. 그러니 애숙씨 생각에 한국사회를 대표하는 문화적 교양과 리더십을 갖춘 이들에게 종합부동산세를 매기는 정부는 잘못됐다. 정부의 규제와 세금 환수는 강남 사람들을 끌어내려 하향평준화하려는 시도이며, 강남 사람들에게 손해를 안겨 결국 중산층을 무너뜨리는 일이라는 주장이다. 자연스럽게 애숙씨는 환갑이 지난 나이에도 또다시 이동을 준비해야겠다고 생각한다. 주택가격의 상승과 주택 투기화의 영향력은 사람들로 하여금 이 실천에 참여하지 않는다고 할지라도 제자리에 머무르면 불안하다는 감각, 혹은 적절한 타이밍에 집을 매매하지 않으면 손해라는 감각을 갖도록 한다. 이동에 대한 강박과 손실의 우려는 애숙씨가 자기 삶이 안정되어 있지 않다고 느끼는 큰 요인이다.

노년기의 여성들이 적극적인 주거 이동을 실행해 손실을 회피해야 한다고 생각하는 요인으로는 엄마로서의 정체성도 있다. 사람들의 주택열망은 일회적 자가소유로 완성되거나 실현되지 않는다. 이 투기적 주택열망을 만들고 긍정해온, 1950~60년대에 출생한 여성들은 부동산투자로 자신과 가족의 지위가 바뀌는 핵심 메커니즘 속에서 계속 이 집에서 저 집으로 이동하며 삶의 불안정성을 경험한다. 그들의 중산층 정체성을 재구성하는 이 잦은 이동은, 자녀 세대는 결코 감당할 수 없을 정도로 상승해버린 집값에 대한 부담과, 그럼에도 성인 자녀의 미래까지 손수 챙겨줘야 한다는 한국적 모성 강박에서 기인한다.

애숙씨가 서초구 집을 팔게 된 계기는 두 아들의 결혼이었다. 세상이 변했다지만 결혼할 때 남자가 집을 구하는 게 당연하다는 고정관념을 의식했다. 억울하지만 "치사하게 굴고 싶지 않아" 최대한 할 수 있는 만큼은 자녀들을 도와주고 싶었다. 애숙씨는 결혼할 집을 구하는 두 아들에게 각각 2억~3억씩 돈을 보탰다. 부부의 소득은 나이가 들수록 줄었는데 수억의 현금을 자녀들에게 증여하는 일은 무척 어려웠다. 노후자금도 충분히 마련하지 못한 상황이었다. 어디에 집을 구해야 하나 살펴보다가 동작구에서 있었던 아파트 분양에 뛰어들었다. 마침 서초동과 아주 멀지는 않았지만 분양가는 꽤 낮았다. 애숙씨는 소위 '줍줍'('줍고 줍는다'의 속어이자 줄임말)으로 미계약분 아파트를 살 수 있었다.

'줍줍'은 2007년 도입된 청약가점제와 관련이 있다. 청약가점제는 정부가 승인하는 방식으로 주거를 기획하는 이들에게 가점을 주어 통치성을 강화하는 국가 개입의 주거정책이다. 무주택기간과 부양가족 수, 입주자저축 가입기간을 기준으로 가점을 배분하고 특별공급의 경우에는 다자녀 가구 등에 가점을 특별 배분해 이들의 신축 아파트 분양 가능성을 높인다. 청약가점제는 정부가 주거 안정과 개별 가구의 생애기획을 묶어내 가구 구성과 인구에 적극적으로 개입하는 실질적 차원의 가족통치라고 볼 수 있다. '줍줍'은 특별공급분으로 정해진 아파트에 1순위, 2순위 가점자(다자녀 가구, 신혼부부 등)들이 당첨은 되었지만 중도금을 대출할 수 없는 사정에 처했거나 청약 부적격자로 판명이 나 계약이 취소된 아파트 재고를 계약하는 것이다. 이런 경우 '줍줍'은 애숙씨처럼 이미 목돈을 쥐고 있는 이들의 몫이 된다. 집을 가진 현금 부자들은 계약이 취소된 아파트를 분양가에 매입해 또다시 시세차익을 얻을 수 있다. 최근 이것이 문제가 되자 정부가 예비당첨자 비율을 높여 '줍줍' 차단을 예고했다는 기사도 심심치 않게 보인다.

애숙씨는 현재 살고 있는 동작구 아파트의 2년 의무거주기간이 끝나면 다른 부동산을 알아보면서 움직이고 갈아탈 계획이다. 그녀는 '움직인다'는 표현을 여러번 썼다. 자신이 매매할 주택과 시장은 물론이고 자기 자신조차 움직이는 존재로 이해했다. 머무르고 정착하는 것보다 움직이고 갈아타면서 상승하고자 하는 역동성이 더 중요하다고 생각하는 것이다. 70대인 고영실씨와 마찬가지로 정애숙씨에게도 이동에 대한 강박, 이동을 해서 손실을 이익으로 전환해야 한다는 강박은 여전하다. 심지어 남편의 소득이 없는 현재, 적절한 이동은 더욱 절실하다.

얼마 전 영실씨도 30년 이상 살던 강남에서 용인으로 이사했다. 영실씨의 이사도 애숙씨처럼 성인 자녀의 사정으로 갑자기 이루어졌다. 결혼해 외국에 나가 살던 둘째딸이 갑작스럽게 귀국을 하게 되었는데, 어느날 갑자기 전화하며 울기 시작한 것이다. 해외 생활 몇년 사이 집값이 너무 올라 아이를 키우고 싶은 동네에 살 수가 없어 앞날이 막막하다는 딸의 사정을 듣고 영실씨는 "늙은이들이 굳이 이 동네 살 필요도 없지 않나" 싶어 살던 집을 딸에게 전세로 빌려주었다. 딸에게 받은 전세금으로는 용인에서 오를 법한 가치가 있는 집을 찾았다. 그리고 딸과는 계약서를 작성했다. "딸이 손주들을 교육시키는 10년 동안은 나가라 소리 안 할 테니 10년 지나면 딸은 아무 소리 없이 집을 비워주기로."

영실씨는 용인의 집값이 앞으로 더 오를 수 있다는 확신이 있다. 1950년생인 영실씨는 생애주기 관점에서는 노년기를 보내는 중이다. 용인으로 이사 온 지는 2년이 되었고 보통 한동네의 터줏대감이 된다는 나이에 생전 모르는 곳으로 이사를 감행했다. 쉬운 일은 아니었다. 30년 이상 살던 동네에서 다니던 교회와 친한 관계를 떠나오는 것은 큰 결심이 필요한 일이었다. 그래서 1주일에 이삼일은 이전에 살던 동네로 한시간씩 지하철을 타고 '마실'을 간다. 자녀의 현재 주거와 손주의 교육 인프라, 그리고 아들의 미래 주거까지 기획해준 영실씨는 자녀들과의 관계에서 우위를 점하고 있다. 또한 정부에서 규제 대상으로 삼는 다주택자이기도 하다. 그러나 영실씨는 자신이 서민이라고 주장한다.

난 서민이라고 생각해. 아주 밑바닥은 아니지만 내 생활이 그냥 서민 같아요. 중산층은 나보다 나은 생활을 할 것 같아. 소비할 때도 그렇고. 나는 일반 서민 같아요. (고영실, 70대)

영실씨는 소위 강남 사람으로 중장년기에 수십년간 강남에 살며 부동산 매매로 시세차익을 얻어 중산층에 진입했다. 영실씨는 움직이는 자mover이다. 그녀는 자신뿐만 아니라 가족의 계층을 공고히 했으며 과감히 움직여서 가족 구성원들이 현재 살아가는 환경과 자녀 세대의 재생산이라는 미래까지 기획하고 이를 실천했다. 영실씨는 70대가 되어서도 여전히 아들 이름으로 집을 사주는 명의위장을 겁 없이 시도할 만큼 법과 제도의 경계를 넘나드는 사람이다. 또 딸을 위해 수십년 살던 동네를 과감히 떠나 자신의 라이프스타일과 생활 반경까지 바꿀 만큼 적극적으로 행동하는 사람이기도 하다. 그러나 영실씨의 이 행동력이 자신을 서민으로 호명하는 근거라는 점은 모순적이다.

영실씨가 부동산시장에서 적극적으로 움직이는 자가 된 까닭은 공적 세계에서 자기 위치를 갖기 어려웠고 그가 사회적·법적으로 취약했기 때문이다. 초등학교 교사를 하면서 대접받던 시기도 있었다. 하지만 결혼하면서 여성으로서 자연스럽게 일을 그만두어야 했다. 젠더 위계가 작동한 셈이다. 가정주부로서 최선을 다했고 자녀들도 잘 성장했지만 이 일은 자신을 독립적인 경제 주체로 만들기는커녕 오히려 '쪼그라드는' 기분이 들게 했다. 영실씨는 이 상태에 머물지 않았다. 경제 파트너이자 소득의 출처인 남편 몰래 돈을 모으기 시작했다. 작은 종잣돈을 계와 사채로 굴리고 친오빠 이름으로 부동산을 매매했다. 영실씨가 속한 사회는 계와 친목회 같은 작은 소모임이었지만 엄연히 경제 네트워크였다. 이 사이에서 유통되는 알짜 정보 덕분에 좋은 부동산을 알게 되기도 했다. 영실씨는 이미 몇십년 전에 강남에 상가 건물을 사두면 자산을 구축하고 부부의 노후, 가족의 미래까지 보장하는 더 없는 기회가 될 것을 알았다. 그러나 남편은 집안 살림만 하는 전업주부라는 이유로 영실씨의 판단을 못 미더워했다. "그렇게 주먹구구식으로 부동산을 사고파는 게 아니"라며 "세금 얘기만 나오면 벌벌 떠는" 남편의 반대에 부딪혀 여러번의 기회를 놓쳤다. "남편이 내 말을 들었으면 지금 호의호식할 거 같아. 내 말을 안 듣고 지 맘대로 하다가 이렇게 됐지"라며 내뱉는 영실씨의 한숨에는 남편을 향한 원망이 깔려 있다.

영실씨 생각에 중산층이라면 계속해서 자산을 축적하고 손실을 경험하지 않아야 한다. 영실씨는 장기 투자를 했고 그렇게 묻어둔 부동산은 10년, 20년이 지나 큰 몫으로 돌아왔다. 엄청난 시세차익은 중산층으로 살던 영실씨의 황금시대를 만들었다. 하지만 영실씨가 행한 실천은 결국 종부세나 소유권 명의 이전을 위해 내야 하는 양도세로 돌아왔다. 세금 문제만 아니었다면 영실씨의 자녀들은 어쩌면 평생 강남에서 살 수 있었을지도 모른다. 자녀가 자기만큼의 계층지위를 누리지 못한다는 현실은 영실씨가 계속해서 자산을 쪼개고 상승 여력이 있는 '좋은 동네'에 촉각을 세우는 요인이다. 이렇게 자산을 불리고 손실을 최소화하기 위해 계속 이동을 기획하는 영실씨의 삶은 자신이 중산층임을 긍정하지 못하게 한다. 이 불안정성은 경제 불안정성과는 다른 차원에서 이해할 필요가 있다. 실제로 영실씨가 겪는 주거 이동의 강박은 삶의 불안을 만들어낸다. 그리고 이 불안정성은 자신이 중산층임을 부정하는 심리로 이어진다. 나아가 스스로 서민이라고 주장하면서 정부가 그토록 규제하고자 하는 기득권층이 아님을 강변하고 세금 환수에 대한 자신의 불만을 정당화한다.

이동 강박은 1970년대에 출생한 세대에게도 있다. 차이가 있다면 지향이 다르다는 것이다. 나현선씨는 얼마 전 판교에 집을 샀다. 지금은 처음에 자리잡은 동탄에 살고 있지만 몇년 뒤 판교로 이사할 계획이다. 가능하다면 그다음에는 강남으로 이주하고 싶다. 현선씨는 "한번도 동탄에 터 잡고 산다는 생각은 안 했다"고 말한다. 영실씨와 애숙씨가 독립한 자녀들에게 나눠줄 자산을 만들기 위해 강남 밖으로 나간 반면 현선씨는 자녀들의 교육을 위해 강남으로 진입하고자 한다는 점에서 이들의 지향은 다르다. 다만 이들에게는 집을 사고파는 일과 이사하는 일이 한곳에 정착하고 뿌리내리기 위함은 아니라는 공통점이 있다. 이들은 시세차익을 얻어 자산을 증식해나가고자 하며, 따라서 부담스러운 대출도 일종의 기회라고 이해할 수 있다.

보통 우리가 상상하는 삶의 안정성은 정주하고 머무르는 것, 어떤 변수나 불가측성으로부터 자유로워지는 것에서 비롯된다. 그러나 이렇게 끊임없이 움직이는 여성들로서는 위기의식을 체화하는 태도, 언제든지 이동할 수 있다는 마음을 먹고 필요하다면 대출도 과감하게 받겠다는 태도가 중요하다. 이러한 실천이 자신과 자녀의 삶을 더 나은 것으로 만들 수 있다는 확신도 가져야 한다. 이들은 끊임없이 안정을 추구하지만 이들에게 단순한 정주는 곧 손실을 의미한다. '나는 서민'이라는 이들의 주장은 정주할 수 없는 삶의 기획 때문이지만, 이를 통해 우리는 더이상 한국의 중산층은 정주하는 삶을 추구하지 않을뿐더러 오히려 이동하고 갈아탐으로써 추구하는 다른 지위가 있음을 확인하게 된다.

3

투기가 낳은 불안

'좋은 주소' 선망

파리에 있는 누군가 내게 어디에 사는지 묻는다면, 나는 몇십개의 괜찮은 대답 중에 하나를 선택한다. 그 사람이 린네 거리를 알 거라는 확신이 선다면 "나는 린네 거리에 삽니다"라고 답하면 그만일 텐데, 대개는 그 거리의 지리적 위치를 꼬치꼬치 말해줘야 할 상황까지 갈 것이다. 예를 들어 "나는 생틸레르 병원 옆에 있는 린네 거리에 삽니다"(택시 운전사들은 이 병원을 아주 잘 안다), 혹은 "나는 린네 거리에 삽니다. 쥐시외에 있죠"라거나, "이과 대학 옆에 린네 거리에 삽니다" "나는 식물원 근처에 있는 린네 거리에 삽니다" "이슬람 사원 가까운 데 있는 린네 거리에 삽니다" 등으로 말할 수 있다.[6]

「살다HABITER 동사의 몇가지 용례에 대해서」라는 조르주 뻬

렉Georges Perec의 글이다. 너무 당연하게도 우리에게는 주소가 필요하다. 개별 가구에게 주소는 거처를 의미하지만 실제 주소의 기능은 국민국가를 구성하는 시민 통치와 관련 있다. 만약 우리에게 주소가 없다면 국가가 세금을 부과할 수 없고 투표라는 시스템도 성립 불가능하다. 주민통계나 지역복지, 교육체계, 신용거래에도 주소는 반드시 필요하다. 주소는 추상적인 개인과 가구를 현존하는 존재로 만든다. 뻬렉이 앞의 글에 지나치게 자세하게 써놓았듯이 주소는 많은 인구와 넓디넓은 땅덩어리에서 나의 지표를 확인하는 깃발이 된다.

그러나 주소에는 엄연히 계층이 있으며, 따라서 '좋은 주소'와 '나쁜 주소'가 있다. 우리는 개인의 사회적 위치와 지리적 위치의 상동성을 자연스럽게 이해하고 있다. 많은 사람들이 자신의 많은 자원을 집에 투자하며 부유한 자는 좋은 동네, 빈곤한 자는 낙후된 동네에 사는 것을 당연하게 받아들인다. 부유층은 모두가 가장 원하는 지리적 장소에 자기 주소를 갖고 있다.

좋은 주소는 지리적 위치뿐만 아니라 자가소유임이 전제된다. 자가소유자가 된다는 것은 분명한 지위를 드러내는데, 여기에 부여되는 가치는 경제적 가치를 넘어서기 때문에 더 의미있다. 그것은 집을 살 만큼의 능력과 노력, 때로는 삶에 대한 애착까지도 설명하기 때문이다. 예컨대 수도권의 비싼 집값을 충당하기 위해서는 장기간 근로로 저축을 해 만든 목돈이 있어야 하고, 큰 규모의 대출을 성실하게 갚기 위해 어느 수준 이상의 직업을 유지해야 한다. 도박 등 나쁜 습관에 물들지 않았으며 필요 이상의 빚을 지지 않았고, 과도한 소비를 지양하며 모범적 시민의 삶을 유지했다는 해석까지도 따라붙기 쉽다. 반대로 좋은 주소의 맞은편에는 나쁜 주소가 있다. 고시원 같은 임대숙박시설, 비닐하우스 같은 상업시설 등이 여기에 해당한다. 더 나쁜 경우는 주소가 없는 거다. 집 없이 산다는 것은 실제 생존에 이미 상당한 위험을 안고 있음을 의미한다.

진윤주씨는 동작구 빌라에서 산 지 오래되었다. 그 전에 임차인으로 여러 집에 살면서 불편을 겪은 시간이 길었기 때문에 지금의 집을 샀을 때 얼마나 기뻤는지 모른다고 얼굴을 붉혔다. 이 집에 대한 애착은 몇날 며칠을 쓸고 닦으며 셀프인테리어를 하면서 더 강해졌다. 다섯 식구가 살기에 큰 부족함이 없는 집이지만 윤주씨는 이 사랑스러운 집이 남들에게는 하찮게 보일 수 있음을 알고 있다. "서울 지역에서 빌라는 아파트에 가지 못한 사람들이 사는 거잖아요"라면서 이미 사회적으로 구성된 구별짓기를 이해한다. 이 기준에 의하면 윤주씨는 아파트가 아닌 빌라에 살고 있기에 좋은 주소를 갖고 있지 않다.

강수희씨는 결혼 직후 아버지가 마련해준 마포의 브랜드 아파트를 자가로 소유할 수 있었다. 자녀들이 자라면서 강남으로 교육이주를 했는데, 마포 아파트를 판 돈으로는 강남 아파트를 마련하기 어려워 지금까지 전세로 살고 있다. 수희씨는 남편에 대한 분노와 불만, 그리고 스스로에 대한 자책과 억울함이 집 문제와 강하게 얽혀 있어 인터뷰 내내 뜨거운 감정을 쏟아냈다. 수희씨는 직장 생활을 하면서도 유능하다는 인정을 받았고 모든 모임에서 일당백을 하는 사람이라 자신을 필요로 하는 곳이 늘 많았다. 남편의 부모도 수희씨의 똑똑함과 박학다식을 인정해 노하우가 필요한 많은 일에서 수희씨의 의사결정을 기다릴 정도다. 남편만 수희씨가 무능해 전세에서 자가로 갈아탈 타이밍을 놓쳤다는 비난을 수년간 계속해왔는데, 수희씨는 이를 진심으로 견딜 수 없어 하는 것처럼 보였다. 더군다나 집을 갖고 있지 않다는 사실은 수희씨 자신에게도 매우 무거운 마음의 짐으로 보였다. 다만 수희씨는 어린 조카가 "고모처럼 강남에 사는 게 꿈"이라는 말을 했다면서 내 집은 아니어도 좋은 주소에 살고 있다는 자부심을 갑자기 드러내기도 했다.

나현선씨는 판교를 자신의 '마지노선'이라고 표현한다. 자신이 추구하는 라이프스타일의 최저 수준이라는 뜻이다. 판교는 분당에 인접해 있고 강남과는 분당보다도 가깝다. "천당 밑에 분당"이라는 농담이 회자될 만큼 1기 신도시에서 분당은 특별했다. 강남과 가깝기 때문이다. 신도시 개발이 완료된 1990년대 중반까지도 분당, 일산 등 신도시는 베드타운으로 여겨졌다. 도시 인프라가 충분하지 않고 교통이 편치 않아 거주민들은 상당한 불편을 겪었고, 그들의 문화생활 및 소비는 대부분 서울에서 이루어졌다. 그러나 2000년대 들어 강남의 중산층 라이프스타일을 재현하기 시작한 분당은 '준準강남' 혹은 '포스트 강남'으로 각광받는다.

강남 외에도 서울에서 좋은 주소로 꼽히는 몇몇 동네들은 강남 개발과 함께 1970년대 대규모 아파트 공사가 시행되며 계획단지로 조성된 지역이다. 1976년 건설부가 공식 지정한 아파트 지구는 잠실, 반포 등을 포함한 총 18개소로 그중 절반은 한강 이남 지역에 건설되었다. 이 아파트 지구 지정에는 1) 강남지구를 중심으로 서울 인구를 적절히 배분하며 2) 도시 미관을 감안하여 한강변에 아파트 지대를 형성하고 3) 기존 아파트를 중심으로 단지화한다는 기준을 적용했다. 서울시는 주택공급을 포함해 도시개발에 필요한 택지조성을 대부분 토지구획정리사업제도를 통해, 즉 민간에 택지를 매각해 공공사업에 필요한 재원을 충당하는 방식으로 시행했다. 나아가 민간 건설업자를 유인하기 위해 자체적으로 시범아파트 단지까지 조성했다. 공공 주도로 개발된 대규모 택지 위에 대단지 아파트를 조성한 여의도 아파트지구 개발이 대표적이다. 이러한 시도는 1970년대에도 지속되어, 정부가 한강변 공유수면을 매립해 개발한 광활한 택지에 주택공사에서 대규모 아파트 단지(반포 아파트)를 조성했다.[7] 비슷한 시기에 동부이촌동, 여의도, 목동 등에도 대규모 아파트 단지가 설립되었고, 이들 단지에 화이트칼라 중산층이 유입되면서 교육·소비 등의 측면에서 특유의 중산층 하위문화가 자리잡았다. 이 경우 집값이라는 명시적 지표뿐만 아니라 지역이 조성된 시간만큼 축적된 분위기나 문화가 그 지역의 가치를 좌우한다.

지역의 분위기는 이웃에 대한 평가, 옷차림, 안전의 정도, 미적 취향, 예의 등에서 감각된다. '목동 사람' 남이정씨는 남들이 목매는 강남보다도 목동이 더 좋은 동네라고 생각한다.

〔목동에서〕 우리는 참 좋았던 것 같아. 우리 애들은 다 크고 어른이

됐는데도 목동 살고 싶대요. 여긴 진짜 중산층 동네 같아요. 강남처럼 뭔가 있어 보이거나 그런 동네는 아니고, 그렇다고 어렵게 사는 분위기도 아니고. 학군도 괜찮다고 하고요. 과외 선생이 그랬는데, 이것도 오래된 얘기긴 하지만 목동 아이들이 순진하대요. (…) 목동 오니까 잘 안 갖추고 다니는 (사치스럽지 않은) 젊은 사람들이 많다고, 대치동이랑 다르다고 하더라고요. (남이정, 60대)

이정씨에 의하면 목동은 사치스러운 강남과는 달리 편안한 중산층 동네다. 이정씨의 중산층 정체성은 목동과 잘 맞는다. 그는 강남이 주는 사치스럽고 위압적인 분위기가 교양과는 거리가 멀다고 생각한다. 순진한 목동 아이들은 어려운 환경에서 성장한 아이들과 비교했을 때 문제를 일으키거나 윗세대에 괜스레 저항하는 법이 없으며 순응적이다. 이는 사회적으로도 유리하게 평가되는 지점이다. 게다가 목동은 대규모 아파트 단지가 자리잡고 있기 때문에 대부분 계급 격차 없이 유사한 정서를 갖고 있고 서로 안전하다고 느낀다. 강남과의 차이는 또 있다. 이정씨 생각에 대치동 사람들이 외모에 신경을 쓰고 다닌다면 목동 사람들은 무심한 편이다. 이정씨 기준에서 강남과 목동을 유사한 중산층 지역으로 묶는다면 이는 아주 둔감한 처사다. 두 지역 사이에는 수백가지의 차이가 있다고 믿기 때문이다.

S동네 사람들이 훨씬 친절해요. Y동 사람들은 그냥 점잖아요. 예의바르고 서로 거리를 두고 세련되고. 이건 확실해요. 제가 미국에서 만

났던 사람들 같아요. 그래서 익숙하죠. (S동) 사람들이 여기보다 훨씬
더 친절해요. (Y동은) 그냥 점잖으세요. 여기가 더 편한 게, 거기 분들
은 서로 너무 아는 척을 많이 하시고 막 음식을 갖다주세요. 그럼 부담
이 됐어요. 전 음식 하는 걸 좋아하지도 않는데 보답할 수가 없잖아요.
저는 Y동이 딱 좋아요. 서로 주고받는 게 없고. 라이프스타일이 맞는
거죠. 확실히 두 지역 간에 민도民度 차이가 있어요. (정문경, 50대)

정문경씨도 거주지역에 따라 나타나는 사람들의 태도와 매너
차이를 언급한다. 이 매너라는 것은 단순한 친절함이나 싹싹함을
의미하지 않는다. 오히려 그 반대에 가깝다. 서로의 거리를 유지
하면서도 적정선을 침범하지 않는 그 매너가 S동에는 없고 Y동에
는 있다는 것이다. 그리고 그것이야말로 세련됨이나 선진성이다.
  '어떤 동네가 가치 있다'는 말에는 여러 함의가 있다. 그리고
이 말이 함의하는 것들에는 앞서 언급한 것처럼 실제로 우리가
주거 환경에 요구하는 일련의 물리적 환경들, 예컨대 생활 인프
라, 교육 환경, 교통 접근성, 보건, 치안은 물론이고 라이프스타일
도 포함된다. 그 지역에 요새 뜨는 음식점과 노포가 적절하게 조
화되어 있는지, 예술영화관과 아이맥스 영화관은 얼마나 가깝게
있는지, 쇼핑은 얼마나 다양하게 할 수 있는지, 사람들이 지나갈
때 서로를 얼마나 의식하며 몸가짐을 단정히 하는지, 채식인을
위한 마트는 가깝게 있는지, 가까운 요가원은 얼마나 많이 있는
지 등 중산층들이 원하는 라이프스타일을 추구할 수 있는 인프라
접근성이 그것이다. 이런 라이프스타일은 인터뷰에서 언급되었

듯이 모호하고 복잡하면서도 다른 환경보다 희소하며 형성되기까지 더 오랜 시간이 걸린다.

주거 스펙 쌓기

이사는 자본의 양을 늘리고 질을 높일 수 있는 재평가의 기회라는 점에서 객관적으로 중요하다. 사람들이 주거만족도 등 주관적 관점에서 정서적 만족을 느끼고 집에 대한 애착과 안정감을 재평가한다는 점에서도 의미가 있다. 그러나 이사를 의도하고 계획하는 일과 실제로 이사한 후에 남는 것 사이에는 상당한 차이가 있다. 이사를 위해 계획한 일과 이를 실천한 결과 사이에서 아무런 공통점도 찾을 수 없는 경우도 많다. 어떤 지역으로 이사하고 싶다거나 원룸에서 투룸으로, 30평대 아파트로 이사하고 싶다는 막연한 소망을 품으면서 이사 계획은 시작된다. 집을 가져야겠다는 마음을 먹는 것, 부동산 중개업소를 다니며 집을 알아보는 것, 그리고 의도적이거나 우연한 계기로 이사를 실현한 뒤에도 은행에서 대출을 받아 오랜 시간 갚아나가는 것 등의 모든 과정이 주택실천에서는 실제로 집을 갖는 것만큼이나 거의 동등하게 중요하다.

양나은씨는 부친의 사업이 부도가 나면서 급격한 계급 하락을 겪었다. 목동 아파트 단지에서 20년 이상 중산층 키드로 자라면서 어려움 없이 살던 나은씨는 갑자기 집의 빚이 늘어나면서 여의도를 떠나 경기도 수원에 있는 다세대 집으로 이사했다. 평생을 쾌적한 아파트에서 살았기에 오래된 다세대 빌라의 뒤떨어지고 비좁은 환경에 적응하기는 어려웠다. 무엇보다 나은씨의 기억에 인상적으로 남아 있는 것은 유흥업소가 즐비한 주변 환경이었다. 밤만 되면 어두운 골목에서 사람들이 사납게 굴고 욕지거리를 일삼았다. 온 가족이 그 집에서 벗어나고 싶어했다. 나은씨 어머니는 적은 돈으로 평생 관심이 없던 주식을 시작했고 한푼 두푼 다시 저축을 했다. 몇년 지나지 않아 종잣돈을 모았고 주택청약을 시도해볼 최소한의 조건을 갖췄다. 그리고 '대박 사건'이 일어났다. 운 좋게도 서울 도심의 주상복합 아파트 청약에 당첨되어 이주할 수 있게 된 것이다. 당시 나은씨네 이삿짐을 옮겨준 인부들의 반응은 이사라는 기회를 통해 이 가족이 획득한 것이 무엇인지를 잘 보여준다.

우리는 청약 몇개씩 넣을 돈도 없었어요. 그나마 딱 하나 넣었는데 그게 된 거예요. 그래서 계약서 쓰러 갔는데 사람들이 그동안 청약 몇 개 넣었냐고 물어봤어요. 우린 하나 넣었다고 하니까 돈 좀 있는 사람들은 할 수 있는 대로 열몇개씩 넣었다고 하더라고요. 아직도 이사할 때가 기억나요. 다세대주택에서 새 아파트로 이사하는데 이삿짐센터 사람들이 너무 이상해하는 거예요. 이렇게 허름하게 살다가 그 집으로 가니까. 엄마 아빠한테 그 사람들이 물어보더래요. 로또 됐냐고.
(양나은, 40대)

양나은씨 가족은 계급 하락을 일상적으로 체감하던 수원 집과 익숙하지 않은 주변 환경에서 벗어나기 위한 열망을 수년간 쌓아왔다. 그리고 청약 당첨으로 그 열망을 실현할 수 있었다. 나은씨 가족의 이사는 청약 가능한 조건을 만들기 위해 주식으로 종잣돈을 모으고 매달 적금을 붓고 주택청약 뉴스를 찾아 비교하고 의사결정을 해서 계약금과 잔금을 모으는 과정, 그 전부를 포괄한다. 이 이사로 양나은씨 가족은 다시 계급 상승의 계기를 만들 수 있었다. 이사가 명백한 계급 이동의 기회라는 것은 주택실천의 영향력을 암시한다. 이사한 집의 가격은 계속 상승했고, 나은씨 가족은 이를 기반으로 잉여 자원을 확장할 수 있었다. 또한 이 경험을 계기로 나은씨 어머니는 주식에서 부동산으로 투자 범주를 확장했고 계속 높은 수익을 거두고 있다.

집을 옮기고 싶은 소망을 실천으로 옮기기까지 필요한 것은 매우 다양하다. 보통은 연령 및 가족 구성과, 더 주요하게는 소득 수준이, 그리고 교육 정도, 직업과 사회적 관계들까지도 이사라는 사건에 영향을 미친다. 청약 당첨과 같은 결정적인 기회도 포함된다. 많은 구술자들이 생애과정에서 규범적 주거사다리를 중요시하는 경향을 보였다. 사다리는 하나하나 위로 오르는 것을 보여주는 메타포이다. 사람들은 점차 월세에서 전세, 전세에서 자가로 이행하는 주거안정성의 획득을 상승 감각으로 이해했다. 좁은 집에서 넓은 집, 원룸에서 투룸으로 점차 평수를 넓히고 좋은 동네로 진입하는 경험을 모범적 주거실천으로 생각하며 좋은 스펙을 쌓았다고 여기는 경향이 매우 강했다. 가장 가치 있는 스펙은 매입가보다 점차 집값이 상승해 과거에 비해 자산가치가 높아진 경우다. 그러나 모든 이동이 상승이나 하강으로 분별되는 수직이동은 아니다. 비슷한 수준의 주거를 선택하는 수평이동도 적지 않다.

주택실천의 장에서 사람들은 나은씨처럼 이사를 하며 계급 하락을 몸소 경험하기도 하고, 이사를 자본의 양을 확장하는 기회로 삼기도 한다. 집을 옮기는 일은 누군가에게는 드문 사건이지만 누군가는 일생 동안 수십번 경험해 이골이 날 정도라고 말한다. 이사는 그 기획과 구체적 실천이 별개로 이루어지기도 하지만 상당 부분 생애과정에서 벌어지는 사건들과 중첩되고 연속된다. 따라서 생애과정과 주거 변화를 평행한 것으로 놓고 그 상호관계를 유의미하게 관찰하는 주거이력housing career 개념은 이 과정을 탐색하는 데 유효한 분석도구다.

박현명씨는 1998년 결혼 후 지금까지 총 네번의 이사를 했다. 이사를 하면서 자본의 양이 크게 변하지는 않았다. 이사 요인은 주로 출퇴근 거리를 조정해야 하거나 자녀들이 커가면서 자녀 각자의 공간을 확보해줘야 하는 등 가족의 생애과정과 연관 있다. 가장 최근의 이사는 주거 환경의 질을 높여 크게 만족하고 있다. 자녀가 셋인 현명씨는 이전까지는 방이 세개인 집에서만 살았다. 두 아이가 방 하나를 쓰면서 불편함을 호소할 때마다 미안한 마음이 컸다. 하지만 새로 이사한 집은 방이 네개라 자녀들이 각자 방을 쓸 수 있다는 장점이 있다. 활용도가 높은 아파트 단지 시설과 훌륭한 채광도 이전의 집과 비교할 수 없을 만큼 만족스럽다.

그러나 높아진 주거만족도가 주거이력에서 좋은 스펙을 뜻하지는 않는다. 이에 대해 박현명씨는 '감 없는 선택'이라고 설명했다.

주택시장 경기가 안 좋잖아요. 저희 집은 값이 오르지도 떨어지지도 않아요. (…) 사실은 저도 남편도 너무 감이 없는 거예요. 남편은 더더욱이. (박현명, 50대)

부동산가격 폭등이 일상화된 상황에서 주택을 소비할 때 편익을 얻지 않았다는 것은 실제로 손해를 보지 않았어도 큰 손해를 입은 것만 같은 느낌을 준다. 이는 어쩌면 시세차익을 얻는 것이 가능할 수도 있었던 과거에 대한 후회와 반추로 강화된다.

그때 빚을 내는 게 너무 부담이라고 생각했어요. 제가 돈을 벌었다면 장기 저리로는 됐을 텐데. 그때 (수원) 영통에 갔으면 어땠을까. 땅을 치고 후회를 하죠. 그때 결정을 못해서 나중에 애꿎은 돈 3천만원을 P로 더 주고 다른 곳으로 들어갔어요. 항상 결정을 잘못 해서 그렇게 되죠.(한숨) 그때 영통에 갔어야 했는데. (박현명, 50대)

당시 영통에 위치한 아파트를 샀다면 박현명씨는 그 매매와 이사로 좋은 주거 스펙을 쌓았다고 생각했을 것이다. 영통 지역은 이후 집값이 많이 올랐기 때문이다. 본인과 가족의 주거이력에서 그 기회를 놓친 것은 상당한 후회로 남는다. 좋은 주거이력은 주거 환경의 만족도와 상관없이 세속적 기준에서 시세차익 효과가 얼마나 있었는지에 따라 결정된다.

한 가구의 주거이력에서 수평이동과 수직이동은 공존하기도 한다. 정문경씨는 수평이동에서 수직이동을 경험한 후 '로케이션'(위치)의 중요성을 실감한다고 말했다. 문경씨는 1990년대 중반 월세에서 시작해 전세로, 그리고 다시 매매로 차근차근 상승하며 모범생처럼 주거이력을 쌓아온 사례에 속한다. 현재 문경씨는 중산층 지역인 Y동으로 이사해 3년째 살고 있으며, 이전에는 2000년에 2억 5천만원에 사서 15년간 살던 S동 아파트를 15년 뒤 5억원에 팔았다. 2000년 서울 아파트의 평균 가격은 2억원이 채 되지 않았고 2015년 평균 시세는 4억 7천만원이었다. 2000년대 이후 가파르게 상승한 몇몇 지역 아파트 매매가를 생각했을 때 2배 정도의 시세차익은 큰 의미가 없었다.

S동은 집값이 많이 안 올랐어요. 15년을 살았는데도 그렇게 안 오르더라고요. 그런데 이(Y동) 집은 온 지 3년 됐는데 값이 거의 두배가 됐어요. 동네가 너무 중요하더라고요. 처음에 S동 살기 전에도 나는 서초구에 집을 사자고 했었어요. 그런데 남편이 직장에 걸어가겠다고 말도 안 되는 소리를 해서 S동에 집을 샀죠. 남편도 Y동 와서 집값 오르는 걸 보더니 진짜 로케이션이 전부구나, 했어요. (정문경, 50대)

문경씨가 전에 살던 S동 아파트는 44평이었고 현재 살고 있는 Y동 아파트는 30평으로 크기는 그 집보다 더 작다. 그러나 크기의 증감과 상관없이 자본의 증감으로 보자면 주거이력의 명백한 수직 상승이라 할 수 있다. 현재의 시세가 주는 가치 평가뿐만 아니라 이 지역에 터를 잡고 살게 되었다는 사실이 의미하는 바는 안정적인 중산층 정체성이다.

반면 나쁜 주소로의 이동도 있다. 공공임대아파트로 이사한 모경주씨의 사례다. 모경주씨는 6년 전에 공공임대아파트로 이사했다. 이 일은 주변 친구들에게는 비밀로 했다. 계급 하락을 상징한다고 생각했기 때문이다.

작년에 너무 더웠잖아요. 우리 집은 그렇게 안 더웠어요. 살아본 집 중에 통풍이 잘 되고 환경이 제일 좋아요. LH임대아파트인데도 그중에 1등이었다고요. 정원이 잘 돼 있고 탁구장이 우리 동 바로 옆이에요. 매일 탁구 칠 수 있어요. 한시간 반씩 운동하고, 내 힘의 원동력이에요. 집이 좁지만 햇빛도 잘 들어요. (모경주, 70대)

주거비용이 적게 들고 장기 거주할 수 있다는 점은 실제로 가구경제를 상당히 안정시켰다. 그럼에도 경주씨는 공공임대아파트에 찍히는 부정적 낙인을 의식하면서 주택청약저축을 붓고 있다. 작은 규모의 아파트를 분양받아 이사하고 싶다는 희망도 내비쳤다. 현재 베이비시터 일을 하면서 얻은 수익을 모아 적금을 넣고 있고 원가족의 상속분이 남아 있기 때문에 이것들을 기반으로 아파트를 분양받고 싶다고 덧붙였다.

사람들의 주거만족도는 주거이력에 큰 영향을 미치지 않는다. 상승이동, 다시 말해 좋은 주거 스펙은 주거안정성을 높이는 경우, 즉 임대에서 매매로 이동하거나 시세차익으로 큰 이익을 보는 경우, 미래 가치를 높이거나 좋은 주소를 갖게 되는 경우에 해당한다. 반면 나쁜 주소로의 이동은 주거이력에 오점을 남긴다. 다시 희망을 품고 좋은 주소로 주거이력을 고쳐 쓸 수도, 그러지 못할 수도 있다. 주거 안정은 주거이력을 상승시키는 부분적 요인이기는 하다. 그러나 계급 형성과 공고화, 재생산의 기획에도 시세차익이 영향을 주는 만큼, 계속해서 좋은 주소로 이동할 이유는 있다. 이는 앞서 확인했듯이 정주와 정착이 손해와 현상 유지라는 마이너스 요소로 이해되는 까닭이기도 하다.

4장

편법 쓰는 여성,
보수화되는 여성,
팔자 탓하는 여성

1

내면화된 투기

2019년 3월 28일 "김의겸 흑석동 상가건물, '아파트 2채+상가' 배정 가능한 급매물"이라는 헤드라인의 기사가 『조선일보』에 실리면서 당시 청와대 대변인이었던 김의겸은 갑작스럽게 투기 논란에 휩싸였다. 김의겸이 2018년 2월 청와대 대변인을 맡아 청와대 인근 관사에 입주하게 되면서 원래 살고 있던 전셋집 보증금 4억 8천만원을 빼서 서울 동작구 흑석동에 있는 복합건물(주택 및 상가)을 25억 7천만원에 매입했다는 사실이 드러났다. 건물 매입을 위해 김의겸이 은행에서 배우자 명의로 10억 2080만원을 대출받고 사인 간 채무 3억 6천만원과 흑석동 건물 세입자에게 받은 보증금(2억 6500만원)까지 포함해 당시 자산의 두배가 넘는 16억 4580만원의 빚을 졌다는 내용이 기사화되면서 투기 논란은 증폭되었다. 그가 구매한 복합건물이 위치한 '흑석뉴타운 9구역'은 2017년 11월 서울시 재개발 사업시행인가가 나왔고, 2018년

5월 롯데건설이 시공사로 선정되었다. 이 때문에 막대한 이자를 감당하면서까지 무리한 투자를 결정한 것이 재개발에 따른 자본 이익을 노린 투기적 행위였다는 질타를 피하기 어려웠다. 문재인 정부가 출범 이후 2년간 총 17번이나 정책을 내놓으며 부동산 투기와의 '전쟁'을 벌이던 당시, 청와대 대변인의 부동산투기 논란은 심각한 정치적 타격이었다. 논란이 제기된 바로 다음 날인 2019년 3월 29일, 그는 청와대 대변인을 사퇴했다.

더 문제가 된 것은 투기 논란에 대한 그의 설명이었다. 문제가 된 부동산 매입에 대해 그는 "아내가 저와 상의하지 않고 내린 결정"으로, "제가 알았을 때는 이미 되돌릴 수 없는 지경"이었는데 "이 또한 다 제 탓"이라면서, "내 집 마련에 대한 남편의 무능과 게으름, 집을 살 절호의 기회에 매번 반복되는 '결정 장애'에 아내가 질려 있었던 것"이라는 사퇴의 변[1]을 직접 내놓았다.

김의겸의 갑작스러운 사퇴와 그가 내놓은 변명은 한국사회에서 부동산투기와 '내 집 마련'이 마주한 문제들이 무엇인지 보여준다. 사회 지도층도 피해 가지 못하는 '내 집 마련'의 압박이란 어떤 것이며 어엿한 중산층이 되기 위해서는 어떤 경로를 통해야 하는지 등의 질문 속에는 한국의 중산층 가족과 젠더 수행, '내 집 마련' 프로젝트와 공적 영역과 사적 영역의 관계, 발전주의 국가와 토건주의, 그리고 투기를 둘러싼 이중의 도덕률과 같은 문제가 복잡하게 얽혀 있다. 따라서 마치 다른 영역으로 보이는 앞의 주제들이 어떻게 서로 의존해 투기라는 거대한 문화적 현상을 만들어냈는지 살펴볼 필요가 있다.

공공주택을 제외한 모든 주택은 시장에 나와 있는 상품이며, 대부분의 가구에는 소유할 수 있는 가장 비싼 상품이다. 그러면서도 그것 없는 사회적 생존은 불가능하기 때문에 여타 상품과는 다르게 취급된다. 이 점이 주택이라는 상품의 고유한 속성이다. 또한 고가의 내구소비재인 주택은 여타 상품과 달리 쓸수록 가치가 하락하는 것이 아니라 시간이 지남에 따라 더 높아지기도 하고 재화를 창출할 수도 있는 생산재라는 점도 특이하다.[2] 물론 시간이 지날수록 그 가치가 높아지는 것은 대도시 지역의 아파트라는 매우 특수한 조건에서 발생하는 부분적 사실이지만, 많은 사람들은 집이 가진 생산적 효과에 주목한다. 부동산투기 문제 또한 집이라는 자산의 생산성 때문에 발생한다.

주택은 시장에서 거래된다. 그러나 토지가 갖는 공공재로서의 성격과 시민의 생존에 필수 조건이라는 두가지 요인 때문에 국가는 이 상품의 거래에 깊숙이 관여할 수밖에 없다. 주택이 정책적으로 다뤄져야 하는 이유다. 지난 50여년간 한국의 주택정책은 발전주의의 영향을 받아왔고, 최근 20여년 동안에는 신자유주의와 금융화의 영향을 동시에 받았다. 예를 들어 국가는 1970년대 급격한 도시화를 감당하기 위해 주택 재고의 양적 공급에 주력했다. 이를 위해 소수 민간기업에 법적 특혜와 제도적 지원을 제공하면서 자본을 끌어들였다. 1980년대에는 도시 중산층의 자가소유를 유도하면서 자산기반복지가 가능한 토대를 마련했다. 1990년대에는 도시재생을 키워드 삼아 노후화된 도시에 활력을 불어넣고자 여러 사업을 시행했으며, 2000년대 이후부터 현재까지는 주택자산을 금융화하는 데 주력하여 금융자본 운용과 주택 공급 및 수요관리 정책을 동시에 작동시켰다.

국가가 주택시장에 영향력을 행사하기 위해서는 자본과의 안정적인 네트워크가 반드시 필요하다. 예컨대 공급 차원에서는 주택가를 안정시키기 위해 자본을 끌어들여 주택 재고를 늘리고 가격 변동폭이 큰 지역은 규제를 강화해 거래를 축소하거나 가격 안정을 유도한다. 수요 차원에서는 부동산 관련 세제를 강화하여 수요를 억제하거나 부동산금융의 가용성을 축소하는 금융 부문의 정책을 동시에 활용한다. 5년마다 새로운 정부가 들어서고 부동산정책의 성과가 정권에 대한 평가에 지대한 영향을 미치기 때문에, 이에 민감한 감독 당국은 주택금융과 관련한 규제를 정치와 결부해 자주 활용하게 되었다. 부동산금융과 관련한 일련의 대책은 주택담보대출비율, 즉 LTV^{Loan To Value Ratio}의 제한으로부터 시작되었다.[3]

국토교통부에서 실시한 주거실태조사 결과, "내 집을 꼭 마련해야 한다"고 응답한 일반 가구의 비율은 2019년 기준 84.1%로 나타난다. 이렇듯 대다수의 가구가 자가를 선호하며 내 집 마련을 생애과정에서 달성해야 할 필수 과제로 생각한다. 이러한 자가중심성은 주택실천의 장에서 경쟁과 갈등을 유발하는 근본 요인이라고 할 수 있다. 다양한 위치의 행위자들이 각자의 자본을 최대한 활용해 이 장에서 좋은 위치를 전유하고 독점하기 위한 경합에 몰입하기 때문이다.

주택장은 촘촘한 위계로 구성되어 있다. 사회문화적 가치에 따라 '좋은 주소'와 '나쁜 주소'를 위계적으로 변별하는 가장 중요한 기준은 자가인가, 임차인가의 여부다. 자가소유자가 세입자보다 주거의 자율성과 안정성이 월등히 높다는 점은 명백하다. 나아가 그 연속적 효과로서 자가주택을 통해 형성되는 계급 격차는 이 시대의 불평등과 공정성을 가르는 중요한 키워드가 되었다. 다시 말해 자가주택의 사회적 가치는 집을 구하려는 행위자들 사이에서 보편적으로 공유되는 전제다. 자가주택이 최고라는 명제는 사람들이 계산기를 두드려 이익의 출처를 따져보아서 나오는 결과라기보다는 선험적으로 존재하는 믿음이다. '내 집 마련'은 대부분의 사람들에게 생애기획에서 가장 중요한 과제로 자연스럽게 스며들어 있다.

내 집을 소유하고, 그 집에 거주한다는 것은 경제적·사회적·문화적·정서적 차원의 우위를 드러내준다. 좋은 삶을 상상할 때 자기 삶의 주도권을 갖고 안정성을 확보하는 일은 명백히 우선순위에 놓인다. 세입자라는 이유로 집주인의 변덕 때문에 몇년마다 이사를 해야 하거나 터무니없이 인상된 보증금을 계속 감당해야 하고, 집주인의 취향에 따라 오래 함께한 반려동물과 거주할 수 없다면 자기 삶의 주도권과 안정성은 어딘가에 저당 잡혀 있다고 생각할 수밖에 없다. 자가소유로만 주거 안정이 가능하다는 한국 사회의 믿음은 자가중심적 가치관을 지속적으로 강화해나간다. 그러다보니 삶을 안정적으로, 또 주도적으로 이끌어나가고자 하는 이들이 자본주의가 요구하는 태도를 비껴가기는 매우 어렵다. 자가소유에 필요한 소비능력을 높이기 위해서는 우선 많은 자본을 소유해야 하는데, 그러려면 자본주의와 친화적인 관계를 유지해야 하기 때문이다.

결국 부동산 자산의 생산성은 사람들을 시험에 들게 한다. 도시 아파트 값은 끊임없이 상승하는데, 종잣돈을 모아 자가소유자가 될 만한 자격을 갖출 때까지 기다리는 것이 옳은지, 영혼까지 끌어모은다는 '영끌'이라도 해서 어떻게든 먼저 집을 사는 것이 더 나은지 고민하게 되는 것이다. 그러다 소득과 신용이 일정하다는 가정하에 부동산의 생산적 가치를 이해하게 되면 시간이 지날수록 집을 가질 기회는 점점 줄어든다는 결론에 이른다. 최근 들어 무리하게 주택 매매를 하는 젊은 세대를 우려하는 관점에서 이들이 '영끌'로 '패닉바잉' 한다는 기사들이 등장하고 있다.[4] 그러나 지속적으로 상승하는 주택가격을 목도하는 시민의 입장에서 생각해보면 영끌을 해서라도 집을 빨리 사는 것이 이익이라는 생각은 다분히 합리적인 사고의 결과일 수 있다.

결혼하고 나서 집에 관심을 가져보니까 우리나라에서 돈 모으는 사람들은 다 부동산을 굴리는구나 깨닫게 됐죠. 주식은 돈을 벌기도 했다가 까먹기도 했다가 결국은 남는 게 없는 것 같은데, 결국 잘사는 사람들은 다 부동산으로 돈을 벌었더라고요. 특히 강남 같은 데는 더 그래요. 예전에 강남 산다고 하면, 나 대학교 다닐 때까지만 해도 괜찮게 사나보네 했는데, 지금 저곳은 내가 로또가 돼도 가지 못할 곳이 된 거잖아요. (심민아, 40대)

역대 정부가 집값 안정을 정책 목표로 삼았지만 실제로 집값은 꾸준히 상승해왔으며, 이는 집을 갖지 못한 사람들의 불안감을 자극했다. '집을 사두면 가격은 오른다'는 믿음은 도시의 공기에 스며들었고 두가지 효과를 낳았다. 하나는 '패닉바잉'처럼 어떻게든 주택을 매수하고자 하는 집단적 상태이고, 또 하나는 싼값에 주택을 매수하고 비싸게 매도해 자본이익을 남기는 것을 추구해야 마땅한 가치로 여기는 현상이다.

이런 믿음을 내면화한 도시민들은 주택장에서 활기차게 움직이는 주요 행위자다. 이들에게 임차는 자가의 하위 범주일 뿐이다. 언젠가 집을 갖고자 하는 이들은 청약통장을 만들고 뉴스에 오르내리는 부동산 관련 소식에 귀를 기울인다. 머지않아 집을 사려는 이들은 부동산 중개업소를 들락거린다. 급매로 나온 싼 집은 없는지, 청약을 넣을 만한 공급단지는 없는지 정보를 수집하면서 자산과 가능한 대출의 규모를 계산해본다. 집을 막 갖게 된 이들은 혹시라도 집값이 떨어져 손해를 보는 건 아닌지, 비슷한 값의 다른 아파트는 시세 전망이 어떤지 살핀다. 자기 소유의 집에서 오래 거주한 이들은 이 집을 좋은 값에 팔고 더 나은 집으로 이동할 수 있는 유리한 시점을 파악하고자 애쓴다.

자가소유와 부동산의 생산적 가치에 대한 믿음은 이같은 연쇄효과를 야기하고 '집값 방어'라는 자기 논리를 생성한다. 계속해서 오르는 집값이 불안 심리를 자극해 사람들로 하여금 자가를 선택하게 했지만 임차인이 자가소유자가 되면 이제 집은 방어해야 할 경제적 가치를 갖는다. 또한 강남 등 특정 지역을 중심으로 장기간에 걸쳐 끝도 없이 상승하는 집값을 경험한 후 '로또가 돼도 도달하지 못할' 계급적 위계가 이미 확정됐다고 이해하는 심민아씨 같은 행위자들은 주택장에서 유통되는 자가소유 중심주의와 집값 상승의 규범을 수용한다. 그리고 이 수용자들은 주택장에서 이 규범을 추동하는 실천을 계속한다. 가장 모범적인 실천은 집값이 떨어지지 않을 주택이나 미처 호가에 이르지 못한 집을 매수하는 것, 혹은 시세보다 저렴하게 분양되거나 급매로 나온 집을 선택하는 것 등이다. 대중 담론이 '투기'라는 이름으로 비판하는, 주택장에 내재된 어둠의 표상은 결국 집의 생산적 가치에서 비롯된 것이며, 도시민들은 이미 그것을 자연스러운 생존의 논리로 이해하고 있다.

　주택장에서의 아비투스란 이렇게 만들어진다. 이 아비투스를 잘 내면화한 사람일수록, 다시 말해 '집은 자가여야 한다' '좋은 집은 반드시 그 가치가 오른다'는 믿음이 강하고 이런 믿음과 주택장의 규범에 따른 실천을 잘 수행할 수 있는 전략과 정보를 많이 확보한 사람일수록 많은 자본을 갖고 이 장에서 좋은 위치를 확보하는 데 유리하다. 이 행위자들은 아비투스를 내면화한 정도와 소유한 자본의 규모, 종류에 따라 장 내에서 각기 다른 위치를 점한다. 동시에 자가소유 중심주의와 집값 상승에 대한 믿음을 공유한다는 점에서 공모적 이해관계를 맺고 있다. 이 관계는 주택장 속에서의 위계를 공고히 하고 그 안에서 공유되는 규범을 사회적으로 가치 있는 것으로 만들어낸다.

80~90년대 젊은 사람들은 좋았겠다는 생각이 들어요. 조금만 부동산에 관심을 가졌으면 돈 벌었겠다 싶어서. 우리 부모님은 당연히 안 그랬지만. 그때 집을 샀으면 무조건 오르는 거잖아. 사면 오르고 사면 오르고. 그래서 그때 집 사려고 대출받았던 사람들은 지금 다 잘살고. 우리 부장님도 10년 전 강남에 어떤 아파트를 7억 주고 샀는데 지금 15억에 내놓았다고 하더라고요. 그런 식으로 은근히 자기 부를 자랑해요. 제주도랑 시골에 집이 있다고 하고, 수원에도 60평대 아파트가 있대요. (심민아, 40대)

심민아씨는 부동산으로 부자가 된 이들의 성공담을 자신과는 상관없는 일처럼 타자화하는 방식으로 언급한다. 민아씨가 말하는 '80~90년대에 집을 사서 돈 번 사람들'의 이야기는 자신의 이야기도, 어쩌면 기회가 있었을지도 모르는 민아씨 부모가 겪은 일도 아니다. 그녀의 생각에, 이들의 부동산투기는 경제적 불평등을 가속화하고 계급 격차를 확연히 확대해서 개인이 노력해서는 더이상 따라잡을 수 없는 수준으로 심화했다. 그녀는 또한 부동산투기가 당시 투기에 동참하지 않은 이들에게는 상대적 박탈감을 안겼다고 본다. 그런데 부동산투기 성공담은 민아씨가 부동산을 바라보는 방식이나 부에 대한 민아씨의 인식에 온전히 스며들어 있다. 이는 '과거에 부동산으로 부자가 된 이들'과 민아씨가 맺고 있는 공모적 관계를 잘 보여준다. 민아씨는 2018년에 경기도의 작은 신도시 아파트를 분양받아 1년 뒤 입주를 앞두고 있었다. 그전에 "더 뜰 거라는 기대가 있던" 동탄신도시에 여러번 청약을 넣었지만 잘 되지 않았다.

요즘은(2019년 초) 부동산 경기가 안 좋아서 수익이 마이너스라는 얘기도 있지만 동탄동은 더 뜰 거라는 기대가 있어요. 거기는 정말 신도시잖아요. 부도심이 아니라 신도심의 느낌. 오래된 아파트를 사고 싶지 않기도 했고. 오래된 아파트들은 가격이 정체되어 있는 게 보이거든요. (심민아, 40대)

그녀 생각에 "오래된 아파트들은 가격이 정체되어" 있어서 투자가치가 떨어진다. 게다가 신도시는 모든 주거 환경 인프라가 새로 조성되어 쾌적하기까지 하다. 민아씨는 아파트 가격이 천정부지로 올라 그 부가 이익으로 부자가 된 사람들과 자신이 계급적으로 완전히 다른 위치에 있다는 사실을 수용하고 있다. 동시에 그들의 전략이 명백히 효과적이라고 본다. 민아씨가 타자화한 중산층 대표 동네인 강남의 '중산층 만들기'는 부동산투기를 통해 이루어졌다. 한국의 도시 중산층의 형성 과정을 역사사회학의 관점에서 연구해온 양명지는 한국의 중산층 1세대가 다른 어떤 이유보다도 강남에 집을 구입해 간단히 계급 상승을 이루고 부를 축적할 수 있었다고 분석한다.[5] 이런 사회학적 분석은, 당시 얼마간의 종잣돈을 갖고 부동산에 관심을 두던 사람이면 지금쯤 아무나 따라잡을 수 없는 부유층이 되었을 것이라는 민아씨의 분석과 아주 다르지 않다.

이처럼 보유한 자본의 양과 질, 관심을 갖고 실천하는 시기, 그리고 세부 전략의 차이가 있지만 이미 안정적인 중산층이 된 이들의 부동산투기 전략을 다른 사람들이 나름대로 흡수하고 실천하는 것은 오늘날 한국사회에서 매우 상식적이다. 이를 투자자 주체가 되는 과정이라고 이해할 수도 있다. 이 과정에서 목표에 맞는 수준의 리스크 감수는 필수적이며, 재테크 지식[6]은 여기에 합리성을 부여한다. 그리고 이 지식은 주택실천의 장에서 적극적으로 공유된다. 따라서 이미 자본을 갖고 있는 이들은 지배적 위치, 아직 그렇지 않은 이들은 피지배적 위치에서 서로 대립구도를 형성하며 궁극적으로 이 갈등과 긴장은 주택장을 유지하고 재생산하는 공모의 구조를 갖는다. 민아씨처럼 강남의 부동산 부자들을 타자화하면서도 각자가 자기 수준에서 감당할 수 있는 가치 있는 부동산을 찾아 매수하는 실천, 즉 투기의 내면화가 중요해지는데, 이것이 바로 주택장이 만들어낸 범사회적인 공모 효과인 것이다.

투기가 내면화된 이러한 실천은 가급적 많은 자본을 확보하여 자본주의 사회에서 영향력 있는 위치를 점하고자 하는 이들에게만 유효한 것일까? 구술자 정수연씨는 페미니스트로서 자본주의적 삶이 권장하는 경쟁과 독점을 오랫동안 불건전한 것으로 여기고 거부해왔다. 하지만 그녀는 내 집을 소유해야 한다는 확고한 믿음이 있다. 수연씨가 믿고 의지하는 페미니스트 커뮤니티에서 '집 걱정'은 오히려 가진 게 없는 이들, 그리고 사회적 소수자에게 더 절박한 문제였다. "이혼을 했거나 레즈비언이거나 아니면 어떤 이유로든 스스로 생계를 책임져야 하는 사람들은 어느정도 유복하고 안정된 이들과 달리 어떻게든 살길을 찾으려고 난리"를 쳤다. 그녀는 오히려 소수자들에게 "되게 작은 집이라도 자기 집이 있어야 하는" 이유가 더 많다고 생각했다.

그래서 수연씨는 집에 많은 관심을 기울여왔다. IMF 경제위기 때는 과감하게 전세를 끼고 아파트를 매입했다. 모두가 경제적으로 위축되어 있어 적극적 실천을 하기 어려운 시기였는데도 "집값이 떨어지는데 이때 아니면 집을 못 사겠다" 싶어서 살던 집의 보증금을 헐어 집을 사고 반지하로 이사를 감행했다.

사놔야 됐어. 지금 IMF 사태로 집값이 떨어졌기 때문에 이때 아니면 안 되겠다는 거였어. 딱 보면 알잖아. 촉이 왔어요. 돈도 없고, 언제 집을 사겠어. 그래서 전세를 끼고 집을 사놨지. 저기 들어가야겠다고 생각한 거야. (정수연, 50대)

수연씨에게 자가소유 주택의 의미는 분명하다. 경제적 독립과 자율성이다. '자기 (명의로 된) 집'은 그녀의 페미니스트 활동에 추동력을 더해준다. 오랫동안 여성주의 활동을 해온 그녀는 여성이 남편 혹은 원가족에 경제적으로 의존하면 여성주의자로 살기가 거의 불가능하다고 생각한다. 주거 안정은 자기가 원하는 삶을 살기 위한 최소 요건이다. "집은 있어야 돼. 이놈의 혼탁한 세상에서." 수연씨는 주변 여성들에게 자기 명의로 된 집이 있어야 한다고 늘 주장한다. 임차인이라는 불안정한 상황으로 인해 일상적으로 겪어야 하는 자아손상 때문이다. 주거문제로 삶이 흔들리면 혼탁한 한국사회에서 여성으로, 특히 페미니스트로서 살며 맞닥뜨리는 산적한 과제들을 감당해내기가 더 어렵다. 계속 오르는 집값, 그리고 집이 부여하는 정서적 안정감이 자가소유 주택에 대한 수연씨의 강한 믿음을 뒷받침한다. 내면화된 투기 감각이 오로지 경쟁과 독점이라는 배타적 태도 때문에만 형성되지는 않는 것이다.

2

투기 감각의 학습

투기 감각의 전수

주택이 부동산으로 등치되기 시작하면서 이제 주택문제는 도시민이라면 누구나 알아야 하는 중요한 지식이 되었다. 가치 있는 지식은 경제적 관점에서 부동산에 접근해 자본이익을 최대화하는 전략을 의미한다. 학습효과를 보기 위해서는 투기 성향을 학습하는 것이 가장 중요하다. 가치 있는 집은 시간이 지날수록 가격이 오르기 마련이며, 마치 주식시장처럼 매수 및 매도의 최적 타이밍이 존재한다는 강력한 믿음을 갖는 것, 나아가 꾸준한 학습과 실천으로 적절한 타이밍을 스스로 포착할 수 있다는 확신을 갖는 것이 이 학습에서 핵심적인 태도라고 할 수 있다. 이 믿음은 저절로 주어지는 것이 아니다. 주변 사람들에게 들은 부동산 투기 성공담과 실패담, 관련 기사와 정책들을 오랫동안 분석해야 한다. 무엇보다도 부동산투기를 해서 경제적으로 더 나은 삶을 살 수 있다는 확고한 믿음이 있어야 한다.

이 확신을 내면화하고 지속적인 학습을 수행한 이들만이 주택장에서 진지한 게임을 시작할 준비가 된 것이다. 여기에 입장한 이상 자신이 가진 패를 가치 있게 활용하는 방법을 적극적으로 고민하면서 타인들과 경쟁할 수밖에 없다. 가지고 있는 경제 자본, 즉 현금과 끌어들일 수 있는 부채의 양은 이미 정해져 있는 조건이지만 전략과 지식에 따라 결과가 달라지기 때문에 이 게임에 참가한 사람들은 열심히 공부한다. 구술자 양나은씨의 모친은 부동산을 공부해 가족의 경제 상황을 크게 바꾸어놓았다. 그녀는 하루에도 몇 시간씩 부동산 관련 방송 채널을 틀어놓고 도서관에서 신간을 빌려와 진지하게 공부하는 사람이다. 그러면서 항상 딸들에게 부동산을 연구해야 한다고 강조했다.

공부를 엄청 했지. 아직도 우리 엄마는 주식이나 부동산에 되게 관심 많아요. 도서관에서 책을 그렇게 많이 빌리고 라디오로 주식 방송 듣고 TV 보고. 진짜 최근까지도 그랬죠. 내가 퇴근하고 집에 가면 맨날 엄마가 듣는 주식이며 부동산 방송이 틀어져 있어요. (…) 재테크 강연하는 유명한 사람이 있는데 동생이랑 엄마가 둘 다 무료 상담을 받게 된 거예요. 그때 나도 따라갔거든요. 그 부동산 전문가가 이곳저곳 추천하더라고요. (양나은, 40대)

나은씨 어머니는 교사였지만 결혼 후 일을 그만두고 안정적인 중산층 전업주부로 두 딸의 양육에 전념했다. 남편의 사업이 어려워지면서 오랫동안 터 잡고 살던 목동의 중산층 동네를 떠나게 되었고 가계에 보탬이 되고자 적은 돈으로 할 수 있는 주식을 시작했다. 주식으로 조금씩 수익을 올리며 생활비를 만들었고 남은 돈으로는 목돈을 모았다. 그러면서 주식에서 부동산으로 점차 관심을 옮겼고 살던 동네를 어쩔 수 없이 떠났다는 생각에 절치부심하며 부동산 재테크 공부에 매진했다. 그 결과 나은씨 어머니는 분당에 아파트 두채를 소유하게 되었다. 불과 10년 사이에 일어난 일이다. 나은씨는 어머니가 사둔 아파트 한곳에 월세 형식으로 살고 있다. 딸 부부가 내 집을 마련하는 데 시간과 자원이 필요하기 때문에 어머니가 여러 도움을 주고 있는 셈이다. 나은씨 부부는 아이를 낳으면서 자가주택에 대한 필요성이 부쩍 높아졌다. 그러나 대부분의 젊은 부부들이 그렇듯 오르는 집값에 비해 목돈이 부족하다.

나은씨는 30여년을 전업주부로 살다 생계부양자로 성공적 입지를 다진 어머니 덕분에 임시로나마 주거 안정을 누리고 있지만 동시에 압박도 느낀다. 나은씨 어머니는 자신이 그야말로 '맨땅에 헤딩'으로 자산을 축적할 수 있었던 것은 끊임없이 공부하고 발품 팔아 뛰어다닌 덕분이라고 강조한다. 그 과정을 지켜본 딸들이 자신처럼 부동산을 공부하기를 원한다.

나은씨 어머니는 계속해서 더 좋은 투자처를 찾기 위해서는 공부를 해야 한다고 강조한다. 나은씨 동생 역시 어머니의 주장에 동의해 강연과 방송, 책 등을 통해 투자전략을 학습하고 있다. 나은씨는 직장을 다니면서 임신까지 한 상태라 지금은 함께 공부할 여력이 없다. 하지만 언젠가는 자신도 공부에 돌입해야 하지 않을까 막연하게나마 생각한다. 가진 자원이나 직장과의 거리 등을 고려했을 때 정착하기에 적당하다고 생각하는 지역은 있다. 그래도 선뜻 아파트를 매입하지 못하는 이유는 시세차익을 노린 투자자의 관점에서 바라볼 때 좋은 결정이 아니기 때문이다.

> 엄마는 투자나 이런 것도 심혈을 기울여서 해야 한다고 항상 강조하고 지금까지도 공부하고 있어요. 그런데 엄마가 우리한테 떠먹여주진 않아요. 자기는 알고 있어도 "니들이 알아서 해야지. 엄마가 뭘 아니." 그러면서 알아서 공부하도록 유도만 하는 거죠. 너희들이 힘들게 모은 돈인데 투자하면서 엄마 말 믿지 말라고, 스스로 공부해라 이거야. 우리 엄마는 고기 안 주고 고기 잡는 법 가르쳐준답시고 등 떠밀거든요. (양나은, 40대)

부동산투자는 공부만으로 가능한 것이 아니기 때문에 어렵다. 부동산을 보는 감각은 책상머리에 앉아 있다고 해서 쌓이지 않는다. 나은씨 말처럼 '발품팔이'를 해야 한다. 타이밍과 지리적 요건이 좋은지, 시세와 대비해 싼 물건인지는 부동산을 직접 봐야만 알 수 있다. 부동산은 다른 투자 상품과 달리 사람이 그 공간을 직접 '쓰기' 때문이다. 여기서 '쓴다'는 것의 의미는 '소비'라는 단어로는 온전히 표현되지 않는다. 그 부동산이 집이라면 먹고 자는 물리적 행위와 정서가 동시에 생산되기 때문이다. 그 부동산이 상가나 공장이라면 거기에서 일하고 생활할 뿐만 아니라 그 주변의 인프라를 활용하는, 그야말로 인간의 전면적인 활동이 이루어지기 때문이다. 그러므로 단순히 지식을 학습하는 활동만으로 주택실천에 필요한 문화자본을 획득할 수는 없다. 줄기차게 주변을 살피고 그 부동산을 둘러싼 이들이 무엇을 말하고 숨기는지 모든 감각을 동원하여 알아내야 한다. 나은씨는 어머니가 공부에 시간과 노력을 투자한 만큼 얼마나 부지런히 발품을 팔았는지도 잘 알고 있다. 허수지씨의 어머니도 마찬가지다.

> 엄마는 부동산을 사고팔 때 다섯번 넘게 가본대요. 아파트가 아니라 상가일 경우에는 밤에도 가보고 낮에도 가보고 주말에도 가보고 평일에도 가보고. 유동인구가 많은 시간에는 장사가 잘 되는 것처럼 보일 수도 있기 때문에, 부동산 중개업자랑 한번 다녀오고 나서 고민이 되면 혼자 조용히 그 가게에 또 가보기도 하고요. (허수지, 40대)

나은씨 어머니와 수지씨 어머니는 관심 있는 부동산을 찍어두고 매입 여부를 결정하기 위해 밤에도, 낮에도, 주말에도, 평일에도 방문해 조사하는 일을 수십년간 해왔다. 이런 일을 요즘은 '임장'臨場이라고 부른다. '현장에 임한다'는 뜻인 임장은 투자를 위한 부동산 탐사 활동을 일컫는 말로 최근 널리 쓰이고 있다. 부동산이 자본이익을 내는 중요한 수단으로 대중화되면서 부동산 재테크를 주제로 하는 온라인 카페에서는 회원이 삼삼오오 모여 관심 있는 동네를 임장하는 일이 많아졌다. 나은씨와 수지씨 어머니 같은 중산층 여성들이 오랫동안 해온 일상적인 부동산 탐사 활동이 '임장'이라는 용어로 유통되고 재테크를 위한 중요한 실천으로 보도되는 상황은 이 일의 위상 변화를 실감하게 한다.

나현선씨는 부동산투자로 돈을 벌었다는 자부심이 있다. 나은씨, 수지씨의 사례와 달리 현선씨는 40대 초반인 본인이 이 일에 직접 나섰다. 그녀는 온라인 카페에서 주로 정보를 얻었다. 자신이 획득한 부동산투자 감각의 가치를 실감하고 아직 초등학생인 딸에게도 투자 감각을 전수해야 한다고 생각한다. 딸에게 부동산투자를 가르치고 싶은지 묻자 현선씨는 이렇게 답했다

당연하죠! 중고등학생이 되면 가르치지 않을까요? 내가 하는 걸 보여주면 되지 않을까…… 아이가 살아갈 환경이랑 내가 사는 환경은 또다를 테니까 그밖의 다른 것들도 많이 보여주려고요. (나현선, 40대)

투자 감각은 상속이나 증여를 통해 일회적·물리적으로 주어질 수 있는 것이 아니라 문화자본처럼 장기간에 걸쳐 학습되고 전수된다고 여겨진다. 이것은 문화자본의 대표적인 형태인 학력 등과 다르다. 단순히 시간과 비용을 들여 노력하는 것만으로 쌓을 수 있는 것이 아니기 때문이다. 주택장에 진입할 때 필요한 최소한의 경제자본, 즉 종잣돈과 상당한 '운발'이 동반되어야 비로소 투자 감각이 이익을 창출해내는 자본으로서 기능한다. 양나은씨 어머니와 나현선씨가 공통적으로 강조하는 공부와 학습은 이 주택장에 진입하기 위해 필요한 비용이다. 이 학습이 의미있는 이유는

종잣돈으로 쓰일 수 있는 경제자본이 있고, 이를 세심하게 지도할 가족이 있기 때문이다. 누군가에게 앞에서 끌어주고 뒤에서 밀어주는 가족과 '가족은행'에서 당겨쓸 종잣돈이 있다면 이 학습이 가치 있는 경제실천으로 이어질 가능성은 훨씬 더 높아진다.

필자 누구랑 상의하세요? 정보랑 지식을 업데이트할 때 어떻게 하세요?

나현선 인터넷 카페 보고. 저는 공부도 예체능 쪽으로 했고 전혀 세상 돌아가는 걸 모르고 살았잖아요. 그러다기 카페를 보면서 경세 기초 지식 같은 걸 새롭게 알게 되니까 재밌더라고요. (…) 이런 거 읽으면 경제를 주무르는 핵심이 눈에 뜨이잖아요. 자본을 소유하고 있는 계층은 돈 벌기 참 쉽겠다 싶어요. 돈을 확 풀었다가 거둬들이기도 하고, 불경기 때 헐값에 부동산을 사서 또 이익을 가져가고. 그러면서 다른 계층과 신분 격차가 생기고. 저도 모르고 살았는데, 이런 흐름이 주택하고도 연관이 있거든요. 가장 밀접하게 관계해요. 대부분의 사람들은 잘 몰라요. 잘 모르면 그냥 당하겠다 싶더라고요.

필자 그런 흐름을 긴 시간 보셨잖아요. 어떤 생각이 드세요?

나현선 이대로 당하지는 않겠다.

현선씨가 말하는 "경제를 주무르는 핵심" "자본을 소유하고 있는 계층"은 눈에 보이지 않지만 이 시장을 움직이고 있다. 이들과 현선씨처럼 소규모의 자원으로 여기에 진입한 이들 사이에는 보유한 자원의 격차만큼이나 큰 계급 격차가 존재한다. "잘 모르면 그냥 당하겠다"는 말은 언뜻 현선씨 같은 사람들이 큰 자본을 가진 이들과 적대적인 관계를 맺고 있다는 뜻으로 들리기도 한다. 하지만 당하지 않으려면 그들을 타자화해서는 안 된다. 오히려 그녀는 그들처럼 자본가의 관점으로 움직여야 자본을 점유하는 게임에서 패자가 되지 않는다는 점을 강조한다.

이 게임장 안에서 사람들은 각자의 지위와 점유한 위치는 다르지만 투기적 관점에서 부동산을 바라봐야 하며 그것에 그만큼 헌신할 가치가 있다는 것에 대해서는 적극적으로 동의하고 있는 셈이다. 행위자들의 이 강력한 동의가 주택장을 의미있게 만든다. 부르디외는 이런 현상을 두고 장과 아비투스가 서로를 구조화한다고 설명하는데,[7] 이는 양나은씨나 나현선씨 등의 사례를 이해하는 데 도움이 된다. 주택투기의 장에 시간과 노력, 자원을 투자할 만한 가치가 충분히 있다는 믿음을 축적한 행위자들은 이를 내면화한다. 그러면서 자본가의 관점이 무엇인지 살피고, 그들의 폭넓은 지식과 전략을 학습하고 실천하면서 주택투기의 장을 재생산하는 것이다. 이때 내면화는 이 게임장을 활성화하는 핵심 메커니즘이 된다.

현선씨는 자본가가 자본을 극대화하는 관점과 전략을 학습해나가면서 더이상 "당하지는 않겠다"는 결심을 했다. 집을 가치 있는 상품으로 바라보는 것, 은행에서 고액의 대출을 받아서라도 공격적으로 투자하는 것이 '남는 장사'임을 정확히 알면 맥없이 당하지 않을 수 있다는 확신이 있다. 현선씨는 여기서 얻는 이익을 노동시장에서의 '열정페이'와 비교했다. 확실히 알기만 하면 부자가 되는 단순한 부동산투자 구조가 있는데 일한 만큼 돌려받지도 못하는 노동시장에서의 헌신은 비합리적인 행동이라는 것이다. 현선씨는 자신을 '속물' '복부인'이라며 비난하는 이들은 이중적일 뿐 아니라 순진하다고 생각한다. 그들 또한 이 게임에서 벗어날 수 없기 때문이다.

신참에서 베테랑으로

투기적 주택실천이 가치 있다는 데 적극적으로 동의한 이들이 체화한 감각과 태도가 투기 아비투스라면, 동시대를 살아가는 어떤 이들은 이것이 자신과는 상관없는 일이라고 주장할지도 모른다. 투기라는 부정한 일은 이기심의 발로에서 누군가 의도적으로 선택한 결과라고 믿을 수 있다. 집을 사고팔아 자산을 축적한 구술자들의 이야기에서 발견한 공통점은, 이들이 그저 좋은 집을 싸게 구하길 바라는 마음에서 주택장으로 뛰어들기 시작했다는 것이다. 안정된 집에서의 삶. 지극히 평범한 사람들의 소망이다. 이들을 '투기꾼' '복부인'이라고 낙인찍을 수 있을까?

그런데 가족과 안정적으로 살 집을 갖고 싶다는 소박한 마음에서 시작한 이들이 자가소유자가 되기 위해 꾸준한 공부와 발품팔이를 하며 자연스럽게 획득하는 것이 바로 투기 아비투스이기도 하다. 이미 집은 가장 중요한 자산으로 간주된다. 집은 미래 세대를 위한 안전장치이기도 하고, 불평등 효과로 계층화 현상을 일으키기도 한다. 이런 상황에서 좋은 집에 살고 싶은 평범한 욕망이 집을 구하는 일, 집을 사고파는 일, 더 나은 집으로 이동하는 일과 연결되면서 쌓이는 경험치와 지식이 자연스럽게 행위자가 투기 아비투스를 구축하도록 유도한다.

이를 게임이라고 상상해보자. 게임을 막 시작한 이들은 여기서 어떤 전략이 유효한지, 어떤 작전을 짜야 하는지, 누구와 연합을 해야 자신에게 유리할지 감을 잡기 어렵다. 오랜 시간 게임장을 관망하면서 많은 사례를 목격하고 스스로 경제적·사회적·문화적 자원을 직접적으로 최대한 많이 투입했을 때 이 장에서 더 좋은 위치를 점유할 가능성이 높다는 것을 알게 된다. 부르디외는 이 신참자들이 이 게임을 얼마나 즐길 만한 것으로 수용하는지, 이 유희의 과정에 얼마나 투자하는지에 따라 그 장에 입장하는 것이 허용되고 향후 좋은 위치를 선점할 가능성을 내다볼 수 있다고 설명한다.[8] 보통 신참자들은 이미 많은 자원과 전략을 가진 베테랑에 비해 활용할 수 있는 주류 전략이 적다. 따라서 때로는 전복적 전략을 취해 좋은 성과를 내기도 한다. 하지만 극단적으로 새로운 전략은 이미 그 장을 점유하고 있는 베테랑들이 퇴출해버릴 위험이 있기 때문에 이 또한 특정한 한계에 부딪힐 수밖에 없다. 중요한 것은, 신참자들이 아무리 기존에 없던 전략을 쓸지라도 스스로 이 게임이 의미있으며 여기서 많은 자원을 갖는 것이 최종 목적임을 이해한 이상 결과적으로 그들은 주류 전략을 수용할 수밖에 없다는 것이다. 따라서 전복의 전략은 별 효과가 없기 십상이다.

처음에 신참자들은 개인적 신념에 따라 자신의 전략을 추구하기도 하지만, 더욱 많은 자원을 얻기 위해서 이 게임장에서 통용되는 규범을 이해하고 이를 내면화하기 위해 시간과 노력을 투자한다. 집이 단순히 안전하고 애정 어린 공간이 아니라 상품가치가 있는 자산이며 개인의 전략에 따라 그 질이 달라질 수 있다는 점을 완전히 수용하는 자들이 이 게임을 지속할 수 있다.

현선씨는 처음 집을 살 때 그야말로 우연한 충동에 따랐다고 설명했다. 그전까지는 이사가 스트레스가 아니라 매매가보다 싼 전세가로 여러군데 돌아다니며 다양한 집에 살아볼 수 있는 기회라고 생각했다. 안정적 벌이가 있기 때문에 내 집이 없어도 큰 불안을 느끼지 않았다. 그러다 동탄2신도시가 개발되는 걸 보고 모델하우스를 구경 다니다가 첫 입주라면 한번쯤 집을 사보는 것도 좋은 경험이겠다는 생각을 했고 청약을 넣었다. 하지만 현선씨는 원하던 아파트 단지에 당첨되지 않았다. 분양권을 사야만 원하는 집을 매수할 수 있었는데 첫 매매 계약부터 '다운계약서'를 써야 했다. 다운계약서 작성은 양도소득세 회피를 위해 실거래가보다 낮은 거래가격으로 계약서를 작성하는 것인데, 분양권 매도인이 이를 제안한 것이다. 거래를 성사시켜야 했던 현선씨는 이 제안에 합의할 수밖에 없었다.

집 살 때 P(프리미엄)라는 것을 처음 줘봤어요. 분양권을 산 거니까. 원래 분양권 가격보다 6천만원 정도 더 줬나? 그때 부동산에 대한 재산권 개념이 생겼어요. 그전에는 너무 모르고 살다가. 그 사람은 다운계약서 써서 세금도 안 내고 중간에서 돈도 더 가져가는 걸 보고 나니까 화가 나더라고요. 상대방이 다운계약서를 요구하면 무조건 써야 했는데, 안 쓰면 거래를 할 수 없는 분위기였거든요. (나현선, 40대)

현선씨는 다운계약서를 쓰는 관행을 거부하고 싶었다. 무작위 아파트 분양권 추첨에서 떨어졌을 뿐인데, 수천만원의 P, 즉 프리미엄premium을 얹어주는 것도 모자라 그만큼의 웃돈을 가져가고도 양도소득세를 회피하려는 이와 공모하고 싶지 않았던 것이다. 하지만 다운계약서를 쓰지 않았다면 현선씨는 집을 사지 못했을 것이다. 그런 관행이 옳지 않다는 입장이었지만 이를 실천하기는 어려웠다. 결국 현선씨는 주택장이 요구하는 아비투스, 즉 다운계약서를 쓰는 것과 같은 관행에 동참하는 태도를 축적했다. 여전히 다운계약서 작성은 부당하다고 주장하지만, 이 관행을 받아들이는 문턱을 넘어간 것이 스스로에게 중요한 의미가 있었음을 알고 있다. 그녀는 다운계약서를 쓰면서 "부동산에 눈을 떴다"고 말했다.

현선씨는 첫 주택 매입 이후 집값이 오르는 과정을 체감하면서 이 장이 작동하는 원칙과 실천적 지식을 숙지하게 되었다. 다운계약서 작성 같은 투기적 실천에 대해 도덕적 부담이 있었고 이를 거부하는 전복의 전략을 시도한 적도 있었다. 하지만 자기 자본의 양을 증진하기 위한 실천과 경쟁에 참여하면서 이 장에서 요구하는 규범을 익히게 되었다. 부동산가격을 방어하면서 자기 자산가치를 보전하는 데 각별한 이해관계를 가진 행위자가 되어

간 것이다. 그녀는 이후 실행한 수차례의 부동산거래와 이로 인한 시세차익의 획득을 통해 신참 티를 벗었다. 그렇지만 현선씨는 여전히 자신과 같은 행위자들은 이 게임에서 피지배자의 위치에 있을 뿐이며 결국 "나 같은 사람은 정치하는 사람들의 손에 놀아나는 것"이라는 입장이다. 이에 맞서 '당하지만은 않겠다'는 태도로 위기관리를 위한 자기 규범을 획득하고 있다. 그리고 당하지 않기 위해 스스로를 보호하는 차원에서 투기 아비투스를 획득할 수밖에 없었다는 '방어'의 언어 형식을 취하면서 부도덕한 투기라는 사회적 낙인으로부터 자신을 보호하고 위장하기까지 한다. 이렇게 신참은 베테랑이 되어간다.

주택장에서 신참과 베테랑이라는 구분은 나이와는 큰 상관이 없다. 전략과 지식 축적의 차이는 주택열망의 정도와 실천, 경험의 양과 질에 따라 평가된다. 구술자 현진영씨는 쉰이 넘어 처음 자기 손으로 주택 매매 계약을 해보았다. 그전까지 살던 집은 남편이 결혼 전에 장만한 것이었기 때문에 직접 부동산에 들러 집을 찾아보고 가격을 알아보는 등의 매매 과정을 파악할 기회가 없었다. 그녀는 그야말로 신참자의 전복의 전략을 실행했다.

그전까지 한번도 부동산을 매매해본 적이 없는 거예요. 시어머니가 항상 다 해왔고. 마흔 넘은 아들이랑 며느리를 애들로 취급했거든요. (…) 그 와중에 한 부동산에서 조금 문제가 있는 분양권을 사라고 했어요. 대기업에 담보가 잡혀 있었거든요. 그걸 다운계약서를 써서 사라고 하는데, 저나 남편이나 되게 고지식한 편이어서 그런 거를 잘 못하거든요? 부동산 중개인들도 신뢰가 잘 안 가서 아는 변호사한테 물어보기로 했어요. 남편 친구요. 이렇게 계약서 체크하겠다고 부동산에 말했더니 막 화를 내더라고요. 무슨 변호사를 끼고 그러냐면서. 우리는 그럼 안 하겠다고 했죠. 우리는 다운계약서 안 쓴다고. (현진영, 50대)

진영씨는 마흔 넘어서도 '애들 취급'을 받으면서 주택장에 직접적인 행위자로서 참여하기 어려웠던 상황을 설명했다. 남편의 어머니가 아들 가정의 자산관리를 도맡고 며느리에게 자산을 관리할 권한을 주지 않았다. 진영씨는 이렇게 말했다. "시어머니가 뭐든 다 주관하셨어요. 강남, 여의도, 압구정, 이런 데를 선호하셨고요. 그런데 저는 그런 동네가 너무 싫거든요. 복잡하기도 하고, 또 내가 거기에서 너무 힘들게 살기도 했고." 그러면서 그녀는 강남, 여의도 등 소위 부촌을 선호하는 성향을 '거품'이라고 표현했다. 요즘 세대에는 '고지식하다'고 평가받을 성정 탓에 중년이 되어서야 직접적인 주택장의 행위자가 된 진영씨는 자본이익을 최대화할 규범과 관행을 미처 익히지 못했다.

다운계약서를 쓰지 않겠다는 신념을 고수한 댓가로 진영씨는 위험 부담이 있는 부동산 물건에만 접근할 수 있었다. 살고 싶은 아파트 단지는 분명했지만 그 분양권을 사기 위해서는 다운계약서를 써야만 했다. 이를 거부하니 큰 담보가 걸려 있는 '문제 있는 분양권'만 선택지에 남아 있었다. 계약금을 잃을지도 모르는 위험을 감수해야 하는 식이었다. 일종의 핸디캡을 받은 것이다.

이처럼 주택장에서 요구되는 관행을 수용하고 실천하는 것은 자본 증식을 위한 일종의 위기관리 행위이다. 진영씨는 수천만원을 걸고 신참자의 전복적 전략을 수행했지만, 이 비용을 부담할 수 없는 행위자는 배제되거나 자신의 신념과 상관없이 자본의 논리에 응할 수밖에 없다. 이 과정에서 일부는 베테랑이 되어가고 주택투기자의 관점을 자신의 감각으로 수용한다.

3

투기, 여성이 전담하는 '더러운 일'

편법의 일상화

재테크는 '재무 테크놀로지'의 줄임말이다. 본래 기업 경영에 사용되던 용어지만, IMF 외환위기 이후 경제에 대한 관심이 커지면서 자산을 차근히 불려나가려는 일반 가계에서도 널리 쓰게 되었다. 통상 개인 혹은 가구가 실행하는 재테크는 주식이나 펀드 등 금융투자나 시세차익을 위한 부동산투자를 의미한다. 일반 가정의 고전적 재테크 방법은 저축이었다. 하지만 2000년대 들어 연이은 금리인하와 소액 저축 비과세 제도의 축소 및 폐지에 따라 저축이 재테크로서 적절한 역할을 할 수 없게 되자 부동산투자나 고소득층을 중심으로 한 주식, 펀드 투자 등 위험부담이 높은 재테크 방법이 인기를 끌기 시작했다. 부동산 재테크는 펀드나 주식과는 다른 특징이 있다. 우선 좀더 많은 종잣돈이 필요하다. 경제자본을 어느정도 확보해야만 운용의 효과가 있기 때문이다. 또한 부동산은 펀드나 주식과는 달리 삶에서 없어서는 안 되는 상품이다. 따라서 그 자체로 재테크의 목적이 되기도 한다. 2020년 7월 미래에셋은퇴연구소가 발간한 보고서 「밀레니얼 세대, 신新 투자 인류의 출현」에 의하면 전국 25~39세 남녀 7백명이 가장 많이 응답한 최우선 재무 목표는 '주택 구입을 위한 재원 마련'이었다.

좋은 주소의 위계화와 더불어 부동산 재테크는 이미 큰 규모의 지식체계를 갖추고 있다. 재테크는 임노동으로 얻는 소득과는 다른 종류인 불로소득을 위한 지식체계리 할 수 있다. 재테크라는 지식체계가 존재한다는 것은 이미 그것이 현대 자본주의 사회에서 의미와 가치를 갖고 있음을, 다시 말해 세상을 이해하고 사회에 의미를 부여하는 방식이 되었음을 뜻한다. 사람들은 재테크 기술, 다시 말해 좋은 집을 싸게 구하고 소유한 집을 가장 비싼 값에 내놓기 위한 기술을 획득하고자 노력한다. 각자 자본의 양을 늘려 자기 자율성과 안전성을 높이겠다는 목표를 위해서다. 결국 주택장에서 개인이 택하는 재테크 기술은 자율성을 따른 것이지만, 각자 시세차익을 노리는 보편적인 시장 논리를 내면화하면서 투자자 주체성을 만들어낸다.

투기를 정당화하는 전략에는 편법의 일상화가 포함된다. 집을 구해야 하는 상황과 실제로 그 일에 착수했을 때 펼치는 전략은 개별 가구의 조건과 형편에 따라 다르다. 그러나 앞에서 다룬, 다운계약서를 둘러싼 여러 에피소드처럼 행위자들은 암암리에 공유된 투기전략을 이용해 주택 매매를 도모하고 편법과 불법 사이를 일상적으로 오간다.

일반적으로 '더러운 일'dirty work은 오염되고 지저분한 것들을 다루는 일, 물리적인 위험을 다루는 일을 가리킨다. 청소 일이나 공사 현장에서의 노역처럼 오염물을 다루거나 육체노동 중에서도 모두가 꺼리고 불편해하는 일이다. 일에서의 깨끗함과 더러움은 사회적이고 도덕적인 관념과 연결되어 있다. 힘을 쓰고 몸을 더럽히는 육체노동은 지식노동보다 열등하게 여겨진다. 여성들의 가사노동은 많은 부분이 '쓸고 닦는 일'이라는 점에서 노동의 위계에서 저평가된다. 때로 '더러운 일'에 대한 평가는 그 일을 하는 사람들을 낙인찍을 뿐만 아니라 그들이 사회적 비난을 받는 상황에 이르게 한다. 인류학자 메리 더글러스Mary Douglas는 오염을 이렇게 설명한다. 오염은 있어야 할 제자리를 이탈한 것, 다시 말해 순수성이라는 절대적 범주의 반대편에 있으므로 문화적 질서를 어지럽히는 것으로 범주화된다는 것이다.[9] 더글러스의 논의를 넓히면 오염이라는 메타포를 통해 사회적 관계와 계급의 관계, 더 구체적으로는 일반적으로 더러운 일을 낮은 계급이 수행하는 이유를 이해할 수 있다.

대중의 주택실천에서 발생하는 편법과 위법은 다양하다. 명의 위장, 다운계약서 작성과 같은 세금 회피적 행위나 부정의한 방법으로 자본이익을 얻으려는 기회주의적 전략은 모두 부도덕한 일로 여겨진다. 이런 위법적 실천도 '더러운 일'이라는, 부정적 가치판단이 내포된 용어로 재정의해 분석해볼 수 있다. 물리적으로 오염된 것을 다루지는 않지만 정직하지 못하고 정의롭지 못한 방식으로 경제적 이익을 추구하는 오염된 행위이기 때문이다. 주택장의 더러운 일은 기업의 '돈세탁'과 비교해볼 만하다. 우리가 잘 알고 있듯 돈세탁은 기업이 비자금이나 범죄, 탈세, 뇌물 공여 등에 부당하게 사용한 돈을 여러가지 방법으로 정당하게 사용한 돈으로 탈바꿈하여 자금 출처의 추적을 어렵게 하는 일이라 정의된다. 이렇게 정당하지 못한 방식의 자금 축적과 이를 바탕으로 한 권력 지향은 오랫동안 한국사회에서 문제시되었다. 그런데 유독 위법적인 주택실천은 가족주의에 대한 강력한 옹호 속에서 오염된 일로 범주화되지 않았다. 오히려 내 집 마련 담론을 옹호하는 태도가 가족이라는 절대적 관계를 유지하고 재생산하는 데 필수적인 것으로 정당화되었다. 그러면서 이를 재테크라는 자기계발 담론 속에 배치해왔다.

편법과 위법의 몇가지 전략은 탈세와 규제 회피를 불러오고 부동산투기에 악용되기 때문에 법적으로 금지되어 있지만 대중들 사이에서는 꽤 오랫동안 널리 행해진 행위로 간주되었다. 여러 구술자들은 이렇게 말하기도 했다. 어느정도의 심리적 거리낌은 있었으나 남들이 다 하는 일이기 때문에 대단한 수치심은 없었다고. 행위자들 사이에선 이런 전략이 범법행위라기보다는 자산을 방어하는 차원에서 이루어진 행위라는 인식이 강했다.

가장 많이 이루어지는 편법행위는 명의위장과 다운계약서 작성이다. 부동산 등기를 다른 사람(보통은 가족)의 명의로 하는 명의위장과 시세차익에 대한 양도소득세를 회피할 목적의 다운계약서 작성은 분명한 위법행위이지만 오랫동안 굳어진 관행이다.

원래 살던 집을 세주고 S동 쪽으로 이사를 오게 됐죠. (…) 그래서 그 집을 샀죠. 아버지 명의로 샀어요. (…) 나중에 판교 쪽이 좋겠다 싶었거든요. 그런데 나중에 투자하려면 집이 두채면 안 되잖아요. 그래서 아버지 명의로 했죠. (…) 아버지 명의로 사긴 했으나 사실상 집은 제가 산 거고 거기서 잘 살았죠. (정영신, 50대)

정영신씨는 50대 중반의 싱글 여성으로 30년간 꾸준히 일해온 커리어우먼이다. 일을 시작한 지 10년쯤 되었을 때 처음 내 집을 마련했다. 지금까지 보유하고 있는 첫번째 집은 1980년대 후반 제1기 신도시 건설 때 주택청약에 당첨되어 마련할 수 있었다. 그후 직장과의 거리를 고려해 두번째 집을 사게 되었는데, 이번엔 다주택자가 되는 것을 피하기 위해 아버지 명의로 계약했다. 그렇게 한 이유는 또다른 신도시 개발 소식 때문이기도 했다. 당시 판교신도시 개발 계획에 대한 소문이 세간에 떠돌았고, 이미 신도시 주택청약으로 시세차익을 얻은 경험이 있는 영신씨는 판교에 주택청약을 하면 좋겠다고 생각한 것이다.

한동안 위장전입은 평범한 주택실천의 일부이자 일상적인 행위였다. 공직후보자 인사청문회 때마다 후보자들의 위장전입 사례가 빠짐없이 등장할 정도였다. 사실 이전에 명의위장은 명의신탁이라는 이름의 합법적인 행위였다. 부동산 등기를 다른 사람의 명의로 하더라도 소유권을 인정해주었다. 하지만 명의신탁이 탈세 행위의 온상으로 전락하자 정부는 1995년 '부동산 실권리자명의 등기에 관한 법률', 소위 부동산실명법을 제정해 이를 금지했다. 부동산 거래에서 탈세 혹은 불법 투기를 한 명의신탁자는 5년 이하의 징역에 처해지거나 2억원 이하의 벌금을 내야 하고 명의수탁자는 3년 이하의 징역에 처해지거나 1억원 이하의 벌금을 물어야 할 만큼 현재는 심각하게 다루어지는 범법행위다. 명의신탁에서 명의위장으로 더 엄격하게 다뤄지게 되었으나 법이 제정되고 20여년이 지난 지금도 사람들은 여전히 실천적 차원에서 명의위장이 아닌 명의신탁으로 여기는 경향이 있다.

명의위장을 심각하게 여기지 않는 사회적 분위기는 한국사회에서 주택 매매가 가족 단위의 경제실천이기 때문이기도 하다. 여성들의 주거생애사에서도 명의위장은 일상적으로 발생했다. 차미경씨는 현재 아파트 한채만 갖고 있지만 한때 5주택 소유자였다. 남편이 다니던 건설회사에서 미분양 아파트 물량을 직원들에게 떠넘기면서 여러 집을 소유할 수밖에 없는 상황이었다.

그때 힘든 일이 있었어요. 남편 회사가 워크아웃됐는데 직원들이 미분양 아파트를 사도록 떠넘겨서 저희가 소유한 집이 다섯채가 된 거예요. 그런데 제가 법대를 나왔잖아요. 그래서 하나는 시어머니 명의로 하고 하나는 친정엄마 명의로 했어요. 친정엄마는 1가구 2주택이 되기는 했지만 제 동생과 같이 살고 있었기 때문에 그런 조건을 봐서 명의를 다 다르게 했지요. 세금을 내지 않게. 대출이자 같은 경우도 전세 가격이 그만큼 올라서 다주택을 유지하는 데 따로 돈이 들어가진 않았고요. (차미경, 50대)

미경씨는 어쩔 수 없이 집을 사야 하는 상황에서 양가 부모의 이름으로 명의를 위장해 세금을 회피할 수 있었다. 그녀가 말한 것처럼 이러한 명의위장을 통한 세금 회피는 범법행위라기보다 '똑똑한 절세 행위'로 여겨지는 경향이 있다. 그녀가 주택실천을 주도하면서 명의위장을 한 덕분에 당시 다주택을 소유한 가족은 세금 폭탄을 피할 수 있었고 남편과 자녀들은 미경씨의 주도면밀함을 매우 높이 샀다. 편법이나 투기는 일상적으로는 이렇게 가족을 위한 '똑똑한' 행위로 여겨진다. 하지만 이런 실천이 공적 담론에서 재현될 때는 젠더규범과 얽혀 정반대의 양상을 만들어 낸다. 이 장의 서두에 밝힌 사례처럼 정치인, 정부 관료의 투기 문제가 불거질 때마다 당사자인 남성들은 이 문제에 대해 "부인이 한 일이며 나는 몰랐다"고 주장한다.[10] 심지어 대중들은 "남자들은 잘 모른다"며 성역할에 따라 집을 구하고 가정경제를 관리하는 일은 여성의 일이라는 관점에서 이런 주장이 받아들여질 법하다고 믿는다.[11] 부모 명의로 집을 산 영신씨나 미경씨와는 반대의 사례도 있다.

허수지 아빠가 돌아가시고 그다음에 할머니가 또 돌아가셨어요. 그럼 나는 두번에 걸쳐 상속받는 거잖아요. (…) 그럼 상속세를 두번 내야 하니까 엄마가 팔고 합치고 여러가지 경우의 수를 썼어요. 그리고 그 돈을 몰아서 내 명의로 집을 사줬어요. 나는 계약할 때 그냥 가서 앉아 있었어요. 세금은 엄마가 다 냈고. 내가 수입을 관리하지 않는데 어떻게 내가 세금을 냈겠어요.

필자 어머니가 집을 해주신 이유는 뭐였을까요? 나중에 거기 가서 살아라, 이런 의도였나요?

허수지 아뇨. 어떻게 될지 모르는데 어쨌든 갖고 있으면 든든하기도 하고, 나중에 세라도 받으며 살든가, 가서 살든가 여러가지 용도로 쓰라고 그랬대요. (허수지, 40대)

허수지씨 어머니는 애초부터 딸의 부동산 매매를 기획하고 있었기 때문에 수지씨가 취업하자마자 모든 돈을 관리했다. 허수지씨 수입을 모두 모아두어야 나중에 수지씨가 자신의 아파트를 매입할 때 어머니의 증여자금 외에 수지씨 본인의 소득으로 기여한 부분이 있음을 증명할 수 있기 때문이다. 수지씨는 생활비를 어머니가 주는 용돈이나 신용카드로 해결하고 있다. 사실상 수지씨는 소득은 있으나 소비는 전혀 없는 셈이다. 이런 사례가 말해주듯 기사 헤드라인에 자주 등장하는 '월급 한푼 안 쓰고 모아야 내 집 마련'[12]이라는 문구는 정말 그렇게 해서 집을 살 수 있다는 의미가 아니다. 실제로 월급을 한푼도 안 쓰고 살 수는 없기에 역으로 내 집 마련의 불가능성을 뜻한다. 이런 상황의 돌파구로 부모의 자산 증여로 자가주택을 마련할 수 있지만, 수지씨처럼 증여세를 내지 않기 위해 모든 소득을 저축하고 대신 부모의 소득으로 생활하는 방법을 쓸 수도 있다. 탈세가 의심될 때 혹시나 있을 자금 출처 조사 등에 대비한 전략이다. 이 전략은 수지씨 어머니의 탄탄한 기획에서 나온 전략이지만 수지씨 또한 이 전략에 아무런 불만이 없다.

이 전략에 동의하는 것은 특별한 일이 아니다. 집값이 끊임없이 오르면서 노동소득으로 집을 사는 일은 불가능에 가까워졌다. 무엇보다도 가족주의가 강조되는 한국사회에서 집을 사는 일은 모든 가구원이 힘을 합쳐 이뤄내야 하는 것이다. 다시 말해 집을 구하는 것은 개인경제보다 가구경제의 몫으로 간주된다. 가족주의라는 강력한 가치 때문에 다른 신념과 판단이 개입되기도 어렵다. 주택실천이 개인이 아닌 가족의 몫이라는 관념은 한국의 가족주의 문화에서 이미 특별한 도덕적 가치를 획득했다. 예컨대 가족에 의한 명의위장은 가족주의 문화이데올로기 안에서 흡수된다. 명의위장이 다운계약서 작성과는 다른 대중적 동의를 구축하게 된 것도 가족주의 가치 때문이다. 명의위장을 문제삼는 것은 가족주의를 문제삼는 것과 같다. 가족주의 문화는 계급화를 가속화하는 데 중요한 역할을 하기도 한다. 무수한 자본의 대물림이 부의 공정한 분배, 재분배 방법론에 대한 사회적 합의와는 상관없이 가족주의의 일환으로 모두 흡수되기 때문에 증여세나 상속세를 둘러싼 논란이 일어난다고 해도 금세 유야무야되고 만다. 이렇게 명의위장 등의 편법이 가족주의적 가치로 수렴되는 현상은 여기서 발생하는 계급 격차 문제를 상속세나 증여세 등을 통해 부를 사회적으로 재분배하며 해결해나가야 한다는 문제제기를 가로막는다.

다운계약서를 통한 주택 매매도 일상화된 편법이다. 신도시 아파트는 청약 경쟁률이 매우 높기 때문에 분양권을 사려면 당첨자에게 웃돈(P, 프리미엄)을 얹어주어야 한다. 청약 당첨자는 분양권을 팔면 경우에 따라 5년에서 10년간 재당첨이 금지된다. 이 제한 때문에 청약 당첨자들은 보통 정말 피치 못할 사정이 생겨 잔금을 치르기 어려울 때만 분양권을 매도한다. 하지만 신도시 등 인기가 많은 지역은 아파트청약 경쟁률이 매우 높기 때문에 당첨자가 분양권을 매도하면 확실한 웃돈을 받을 수 있다. 따라서 원래 주택을 매수할 자금능력이 없다고 해도 청약에 당첨되어 얻는 분양권을 팔았을 때 받을 수 있는 웃돈만 노리고 청약하는 경우도 있다.

인기 있는 아파트의 분양권을 사려는 입장에서는 다운계약서 작성을 원치 않아도 이를 거부하기 어렵다. 분양권 매도자는 얼마든지 다른 매수자를 찾을 수 있기 때문이다. 그는 자신의 분양권을 팔고 이후 발생할 재당첨 제한이라는 핸디캡에 대한 보상 명목으로 적게는 수천만원, 많게는 억 단위의 웃돈을 챙겨 이익을 얻는다. 이때 발생하는 양도세를 최소화하기 위해 매도 금액을 줄여서 신고하고 그만큼 탈세도 한다. 이러한 편법의 공유와 공모는 주택장이 지닌 투기장으로서의 성격을 강화한다. 행위자들은 이 과정에서 투기 성향을 학습하고, 이 장에서 요청되는 전략을 스스로 정당화하게 된다. 이 내면화가 끝나면 시세차익을 이룬 주택실천으로 인해 양도세가 부과되는 것을 억울한 일로 받아들이게 된다.

투기적 주택실천은 어느새 똑똑한 경제실천, 즉 재테크로 탈바꿈했다. 이 실천이 '더러운 일'로 간주되는 동안에는 주로 여성들이 이를 주도해왔다. 그러면서 여성들이 만들어낸 시세차익 등의 성취는 모호해졌다. 김의겸 전 청와대 대변인의 사례는 여성이 투기적 주택장에서 감당하는 위험과, 그에 대한 암묵적 동조자이자 방관자로서의 남성의 위치를 잘 보여준다. 남성은 주택실천이라는 사적 영역의 담당자가 아니며 공적 노동과 소득으로 가정경제를 이끌어야 한다는 가부장적 가족주의와 성역할 관념은 여전히 투기의 여성화를 지지한다. 발전주의 국가는 여성의 '가정주부화'를 지향해왔으며 계속해서 제도와 문화적 이데올로기를 활용해 주택과 정상가족을 결합했다. 이에 가정관리를 담당하는 여성들은 자가소유를 자신이 해결해야 할 문제로 여기고 주택열망을 발전시켜나간다. 특히 신자유주의의 물결 속에서 개인의 자기계발 능력과 기업가적 자아상이 강조되면서 자산 증식은, 그것을 담당하는 것이 여성의 전통적 역할인 가사노동과 자녀 교육만큼이나, 때로는 그 이상으로 여성이 해야 할 일로 부각된다. 따라서 자가소유를 유도하고 이를 여성이 감당하게 하는 각종 부동산 담론과 성별규범은 가정을 위해 경제적 이익을 창출하려는 여성들로 하여금 자신이 행하는 온갖 더러운 일을 마땅히 해야 할 일로 합리화하게 한다.

투기적 자가소유가 안고 있는 상시적인 논란의 요소, 다시 말해 편법과 도덕성의 논란은 여성에게 전가된다. 문제는 여성이 주체적으로 실행한 자가소유의 성취가 한국 중산층의 성격을 규정하는 요인임에도 성별규범과 가족주의 문화이데올로기 속에 은폐되어 있다는 점이다. 여성들은 물리적·정서적으로 만성적인 위험을 감당하고 남성들은 공적 영역에서 특권적 순수를 가장한다. 투기적 주택실천이 내포한 위험과 그로 인해 사회적 명예가 실추될 수 있다는 가능성, 그리고 '더러운 일'로서의 성격 때문이다. 필연적으로 자가소유의 성취는 긍정적으로 표현되기 어렵다. 이를 주도한 여성의 성취가 모호한 의미로 남는 것도 이 때문이다. '걸리면 투기, 안 걸리면 투자'라는 식의 이중 담론은 그럴수록 더 철저히 이 일을 위생적으로 처리해야 할 의무를 여성에게 지운다. 대중들은 '남자인 나는 몰랐다'는 해명이 한낱 변명에 지나지 않는다는 것을 알면서도, 부동산투기로 공직자인 남편의 도덕성에 흠집을 낸 여성을 공적으로 비난하고 뒤로는 '우리 마누라는 왜 그런 능력이 없냐'며 그 여성의 재테크 능력을 추앙하는 이중성을 보인다.

주택실천에서 이루어지는 관습화된 편법행위와 투기는 이러한 담론에서 이중 수용된다. 편법으로 경제적 이익을 창출하고 가족의 안위에 도움을 주었다면, 이 실천은 가족 안에서 매우 적극적으로 옹호될뿐더러 부러움의 대상이 된다. 그러나 가족이 협력해 이루어지는 일임에도 공적 영역에서 불법과 도덕성 논란이 일면 그 책임은 모두 여성의 몫이다. 이중적 도덕률에 따라 이 일은 별안간 오염되고 위험한 일, 더 나아가 더러운 일로 바뀌는데, 이는 여성을 제외한 가족, 특히 남성들이 '몰랐다'는 무지의 죄를 호소하면서 특권적 순수를 주장[13]할 수 있는 상황과 상반된다. 남성들의 무지는 실제로 무지가 아니기도 하거니와, 남성들이 가부장으로서 사소하고 사적인 주택실천에 무지하다고 주장할 수 있다는 것 자체가 이미 특권적이다. 그들에게는 직장에서의 냉혹한 지위 경쟁에 임하거나 직업적 명예를 추구하는 것이 우선이며, 공적 지위의 달성을 위해서라면 가족의 안위나 복지에는 무심하거나 무지한 것이 용인된다. 오히려 남성들은 '내 집 마련'이라는 과도한 의무와 책임감에 희생된 성실하고 무고한 가장이자 희생양으로 위장된다. 이러한 담론이 확장될 수 있었던 밑바탕에는 여성의 경제활동, 특히 부동산투자를 통한 자산 획득과 이를 위해 강한 추진력과 야망을 품은 여성을 '복부인'이라는 멸칭으로 불러온 한국사회의 분위기와, 가족을 위해서라면 아무런 보상도 바라지 않는 헌신적이며 희생적인 여성상이 있다. 가정관리라는 책임의 일방적 분담은 3장에서 분석한 바와 같이 여성의 젠더화된 노동으로 이어졌고, 이 일의 실패는 곧 모성과 부인성의 실패로 간주되었다.

구술자 대부분은 고학력 여성이다. 이들 중 절반 정도는 직업이 있고, 현재 전업주부인 경우도 결혼 전에는 '괜찮은' 커리어 우먼이었다. 많은 여성들은 결혼한 뒤 임신과 출산을 거치며 자의 반 타의 반 일을 그만두고 경력단절여성이 된다. 이들은 고학력자로서 가지고 있는 사회생활 경력과 문화자본을 활용해 법이나 행정, 금융 관련 지식을 꾸준히 습득하고 갱신하며 주택실천에 적극 이용했다. 이 여성들은 지식을 바탕으로 법의 테두리를 넘나들며 불법과 탈세를 편법과 절세로 위장하기도 했다. 특정 조건에서 발생하는 다주택자에 대한 종합부동산세 감면의 법적 근거를 찾아내 이를 의도적으로 충족시킴으로써 세금을 회피하고 경제자본을 축적했다. 또한 정부 및 지자체에서 주택 관련 정책을 잇달아 발표하고 시행하는 과정에서 발생하는 행정제도의 허점을 파고들어 주택실천에서 유리한 위치를 선점하기도 했다. 특히 2000년대 중반 이후 주택의 금융화가 이뤄지면서 주택 관련 금융제도의 변화와 급변하는 시장 환경은 꾸준한 전문지식 습득을 요구했는데, 고학력 여성들의 문화자본은 그들이 복잡한 제도와 관련 용어를 이해하고 부동산시장의 변화에 발빠르게 대처하도록 했다. 중산층 여성들은 자본주의에서 가장 옹호되는 경제적 성과를 낸 것은 인정받을 만한 일임에도 자신의 유능함이 편법 논란과 도덕성 논란으로 평가절하되는 것을 견디기 어렵다. 여성들이 이 일을 할 수 있던 것은, 가족주의 도덕 아래서 내 가족의 미래와 안위를 위한 일은 이기적인 선택이 아니라 오히려 그 반대라고 믿어왔기 때문이다. 자신의 능력에 강한 확신을 갖고 있던 이들은 이 능력이 공적으로 수용되지 않고 오히려 배척된다는 점을 억울해한다.

정치적 보수화

40대 초반의 현선씨는 벌써 노후자금을 기획하고 있다. 대기업 연구원인 남편의 소득과 직업은 안정적이지만 현선씨는 부동산 투자가 더 큰 이익을 가져다준다고 믿는다.

나현선 이제 대비해야죠. 원래 재테크 개념 자체가 없었는데 이제 부동산을 조금 알았으니까 노후 대비 차원에서 작은 아파트를 하나 마련해놔야겠다 싶어요. 노후 때문에.

필자 지금 알아보고 계세요?

나현선 아직은…… 생각은 하고 있죠. 대기업에 다니는 게 좋은 건, 결국 대기업이 땅장사를 하기 때문인 것 같아요. 기업을 따라 움직이면 아파트 가격도 오르더라고요. 동탄도 처음엔 '운이 좋은가?' 했어요. 그런데 이제 알게 된 거죠. 대기업이 이전하고 인프라가 개발되면 집값이 오른다는 걸. (나현선, 40대)

현선씨는 최근 5년 사이에 세차례의 주택 매매로 시세차익을 많이 얻었다. 두번은 웃돈을 주고 동탄신도시의 분양권을 사서 수억의 시세차익을 얻었다. 그렇게 축적한 자산을 기초로 2018년에는 분당의 강남이라는 판교신도시의 아파트를 구매했다. 판교가 좋다고 판단한 이유는 신도심이면서 강남권과 가깝고, 부족한 신도심의 교육 인프라를 분당에서 보충할 수 있다는 것이었다.

소위 재테크의 성공으로 현선씨는 상당한 성취감을 얻었다. 이 과정에서 얻은 투자 감각은 앞으로도 써먹을 생각이다. 동탄에서 분양권을 두번이나 손 크게 살 수 있었던 까닭은 그곳에 살면서 직간접적으로 많은 사례를 접했기 때문이다. 현선씨는 대기업 직원인 남편의 기업이 인접한 도시에 자리를 잡으면서 대기업이 '땅장사'를 한다는 확신도 생겼다. 그녀는 부동산에 관심을 갖게 된 뒤로는 매일 부동산 관련 카페에 접속하며 정보를 얻는다. 이

곳을 자주 드나들면서 주택거래에 필요한 실질적 정보를 얻기에는 온라인 카페만 한 데가 없고, 결국 정치권의 "장난"이 주택시장을 움직이고 집값을 좌우한다는 것을 알게 되었다고 설명했다. 그렇다고 이 장을 떠날 생각은 없다. 그 '장난'을 알게 되었다는 것은 거기에서 비롯된 이해관계에 자신도 참여하겠다는 선언에 가깝다. 시장을 주무르는 주체인 대기업과 정치권이 합작하는 행보를 관찰하면서 노후 대비용 아파트를 장만하는 것이 현선씨의 미래 계획이다. 인터뷰를 한 다음 날 현선씨는 강남구 대치동에 방문할 계획을 갖고 있었다. 필자가 대치동으로 이사할 생각인지 묻자 그녀는 집을 당장 사지 않더라도 직접 집을 보러 다니고 관심 있는 동네의 공인중개사의 의견을 잘 들어두는 것 또한 앞으로의 매매에 도움이 된다고 설명했다.

현선씨는 당장은 쓸모없는 이런 실천이 투자 감각을 키우는 데 도움이 될 거라 확신한다. 마치 게임에서 당장 필요하지 않은 무기 아이템들을 나중을 위해 주워 담듯이 그녀는 이 실천을 통해 부동산투기에 필요한 자원들을 시나브로 얻고 있다. 5년 전 처음 집을 살 때만 해도 현선씨는 전세로 새집을 돌아다니며 유동적으로 움직이는 것도 좋다고 생각한, 이 장에 막 진입한 신참자에 불과했다. 그러나 집을 사고파는 과정에서 더 많은 경제자본과 투자 감각을 갖게 되면서 그녀는 이 장에서 이익을 내는 특정 패턴과 메커니즘까지 설명할 수 있는 준전문가가 되었다. 이 지식은 현선씨에게 예측 불가능한 시장에 대한 방어 논리를 구축하고 실행할 자원이 된다.

여기서 '방어'란 집값의 방어를 뜻한다. '방어'라는 단어 앞에 '집값'이라는 단어가 놓일 때, 지켜야 할 가치가 '집값'에 존재하며 이를 방어해야 할 정도로 어떤 외부의 움직임이 있음을 상상하게 하는 효과가 발생한다. 중산층의 방어 논리는 정부 방침에 대한 불만과 저항을 생성한다. 국가는 재산세, 양도세, 상속세 등 세금정책을 움직이면서 주택정책을 만들어내고, 이 세금은 다시 주택공급 등에 쓰이는 순환구조가 만들어진다.

고영실씨는 노골적으로 노무현 정부의 종부세 정책에 대한 불만을 표현했다. "난 재산이 많았는데 노무현 때 종부세를 내게 되면서 수억을 세금으로 토해냈다"고 말했다. 세금을 '토한다'는 표현에서 그녀는 원래 자신의 것이었던 재산을 억지로 빼앗겼다는 부정적인 감정을 강하게 드러낸다. 주택실천으로 얻은 시세차익은 개인에 귀속되는 것이 당연한데 부의 재분배라는 명목으로 정부가 이를 멋대로 양도세, 보유세 등으로 환수하는 것은 부당하다는 것이다. 영실씨는 세금을 냄으로써 '돈을 날렸다'고 생각하고 이런 정책을 실시한 정부에 큰 불만을 갖게 되었다.

고영실 돈 빠져나가는 게 하루아침이야. 벌긴 힘들어도 날리는 건 순식간이야. 〔세금 때문에 아파트 팔고〕 있는 돈 까먹고 사는 거야. 48평 아파트, 그거 판 돈으로 세금 내면서…… 알뜰하게 사는 거죠.

필자 국민연금은 없으세요?

고영실 그건 없어. 하나도 없어요. 외부에서 들어오는 돈 하나도 없이 있는 돈 까먹고 사는 거지. 근데 죽을 때까지는 살 수 있을 거 같아

요. (고영실, 70대)

이청희씨는 내 집 마련을 위해 "허리띠를 졸라매고 몇십년을 긴축재정으로 살아왔다"고 설명한다. 현재 좋은 동네에 아파트 두채를 갖고 있어도 마음 편히 옷 한벌 사본 적 없다는 그녀의 말에는 일말의 진실이 담겨 있다. 자가소유자라는 지위를 그만큼 어렵게 얻어냈다는 이 '고생 서사' 자체가 그녀에게는 탈세나 편법을 합리화하는 심적 근거가 되기도 한다. 아주 오랫동안 고생해서 얻은 내 집이고, 먹고살기 위해 자신이 성실하게 노력한 결과이기 때문에 어느정도의 보상과 그것을 위한 방어 전략은 정당하며 또 불가피하다는 논리다. 청희씨는 시세차익을 얻기 위한 자신의 마음고생과 노력이 무엇이었는지 따져본다. 그리고 집권 여당이 어디인지에 따라 매번 달라지는 정책들 때문에 시민들이 계속 시장의 예측 불가능성을 감당해야 한다는 것도 무척 불만스럽다. 따라서 그녀의 생각에 평범한 시민들의 투기적 주택실천은 정책의 예측 불가능성에 대한 방어 전략이기 때문에 합리적이다.

부모님이 물려주신 것도 아니고 은행 이자 다 갚아가면서 스스로 마련한 집인데, 양도세를 1억에 가깝게 내야 한다고 하니까, 이런 것들이 시스템화되지 않고 예측 불가능하니까 막 화가 나는 거예요. 집값 올랐으니 양도세 내고 팔아야지, 1가구 2주택자니까 당연히 부동산 세금을 이만큼 내야 하는 생각이겠지만요. 세금 내기 힘들면 팔아야 한다고 생각하겠죠. 하지만 자본축적의 과정은 숨어 있어요. 나로서는 굉장히 열심히 일하고 아끼고 안 썼어요. 남들이 어떻게 소비 생활을 하는지 모르지만 나로서는 정말 긴축 생활을 하면서 축적한 자본인데 국가가 어떤 방법으로든 회수하려는 거니까, 사실 피할 방법이 있다면 찾고 싶어요. 다른 지역에 비하면 집값이 그렇게 오른 것도 아니거든요? 그런데 과세 정책이 끊임없이 전체적인 흐름 때문에 바뀌고 하니까 보이지 않는 개개인의 자산 형성의 과정에 대해서는 뭐 일일이 항변할 수도 없고…… (…) 그걸 위해서는 너무 많은 걸 희생해야 하는 거예요. (이청희, 50대)

프랑스 철학자 미셸 푸꼬Paul-Michel Foucault는 자본주의 사회정책이 시장의 구축을 지향하도록 만들어졌다고 단정했다.[14] 자본주의는 전통적으로 경제에 속하지 않던 것들이 경제적 틀의 적용을 받는 현상으로, 다시 말하면 사회적인 것과 경제적인 것이 맺는 관계가 역전되어온 과정이라고 할 수 있다. 자본주의적 통치의 임무는 사회를 조직하고 사회정책을 실시해 시장의 취약한 경쟁 메커니즘이 완전히 작동할 수 있도록 하는 것이며, 자유주의는 이 시장 모델이 사회에 적용됐을 때 그것이 자유라는 상징을 통해 도덕적·문화적 가치를 갖도록 돕는 것이다. 그에 따르면 세금 환수 같은 주택정책도 시장의 관점에서 움직여왔고 앞으로도 그러할 것이다. 그러나 복지 차원에서 분배의 공정함이나 평등을 지향하며 정책을 펼치겠다는 표면적 기조는 정권이 바뀔 때마다 계속 등장한다. 평등이라는 기조 또한 자유시장주의 안에서 도덕적 가치를 갖고 있기 때문이다. 청희씨의 주장은 이러한 시장의 예측 불가능성과 불공정함에 대한 개별 가구의 방어 전략으로 편법이라도 동원하고 싶다는 심정의 자기 합리화다. 주택실천이 가족경제의 가장 핵심적인 요소이자 모든 가족이 함께 감당해낸 고된 일이라는 점은 이들로 하여금 그에 대한 어느정도의 보상으로서 주택장의 편법과 투기성을 용인하는 정서적 합리화를 하도록 한다. 이러한 주장의 근거는 역시 가족주의 윤리에 있다. 한국사회에서 가족주의는 모두에게 적용되는 강력한 가치다. 양도세나 종합부동산세 같은 보유세는 특수한 초과이익을 규제하는 국가정책의 결과이다. 한국에서 과도한 불로소득을 차단하고 환수하는 데 활용할 수 있는 세금은 양도소득세와 부동산보유세 두가지다. 종합부동산세는 부동산보유세의 일종으로 2004년 12월에 도입되어 현재까지 존속하고 있다. 자본주의 시장경제에서 소득이나 이익을 얻으려면 그에 상응하는 댓가나 비용을 지불해야 하는 것이 마땅하지만, 이것이 가족주의와 만났을 때는 이중행위자를 만들어낸다. 자본이익의 환수가 공정한 사회가 형성되는 데 도움이 되고 궁극적으로는 평등이라는 가치를 보호하는 정책일지라도, 이들은 과도한 불로소득이 내 가족을 유지하고 재생산하는 데 필요하다면 어떤 수를 써서라도 이를 지켜내야 한다고 정당화할 수 있는 것이다.

기회주의적 주택실천에 대한 책임은 가정경제의 담당자인 여성의 몫이기에 제대로 수익을 얻지 못하거나 내 집 마련에 실패했을 때 여성은 자책하고 우울감에 빠진다. 심지어 남편과 갈등을 일으키기도 한다. 여기에서 비롯된 불만이 일관된 주택정책을 펼치지 못하는 국가에 대한 방어 논리를 생성한다.

지금 봐요. 집이 없으면 아무리 열심히 일하고 저축해도 집값 오르는 걸 따라갈 수가 없어요. 이제까지 미루고 집을 안 샀던 사람들은 진짜 가난해졌어. 확실히, 요 몇년 사이 집이 없는 사람은 아주 가난해졌어. 집값이 1년에 30퍼센트씩 오르는데 임금이 그렇게 올라요? 안 뛰죠. (유희수, 60대)

희수씨는 재테크를 작정하지 않는 이상 적당한 수준의 아파트에 전세로 살아도 괜찮겠다고 생각했다. 하지만 문제는 재테크만이 아니었다. 전셋집에 살기 때문에 집을 마음대로 관리할 수 없어 생활의 질을 유지하기 힘들었다. 더 큰 문제는 계속 오르는 전셋값을 감당하기 어렵다는 점이었다. 시세 추이를 보다가 적절한 타이밍에 집을 사야겠다고 마음먹었지만 집값은 계속 오를 뿐 좀처럼 떨어지지 않았다. 단지 집을 판 돈으로 전세 세입자가 되었을 뿐인데, 희수씨는 주거 불안에 계속 시달린다. 급격한 계급 하락을 멈추고 미래를 낙관적으로 기획하기 위해서는 다시 집을 사는 수밖에 없음을 강하게 체감한다. 그녀의 남편은 이 선택에 개입하지 않는다. 이 책임을 희수씨가 고스란히 감당하게 하면서 그녀가 느끼는 고통에서 한발짝 비껴 있다. 남편은 희수씨가 집을 판 시기에 퇴직금으로 주식 거래를 했다가 큰 손해를 입었다. 그러나 남편은 주식투자가 주거라는 가족의 생존 문제와 직결되지 않으며 손해의 정도가 부동산투자의 결과보다 적다는 이유로 자신의 책임을 면피한다. 희수씨는 손해를 만회할 기회를 노리고 있지만 전망이 그리 긍정적이지 않다고 말한다.

강수희씨는 가족의 생계부양자인 남편이 고소득 전문직이다. 사업가 아버지 덕분에 어려움 없이 자랐고 스스로 중산층 정체성에 위기를 느낀 적은 없다. 그러나 처음 결혼해 살던 마포구에서 아이들 교육 문제로 강남으로 이주하며 원래 자가소유였던 집을 팔고 전세 아파트를 구하면서 남편과의 갈등과 내적 불안감이 심해졌다. 이사할 당시 무리하게 대출을 많이 받으면 아파트를 살 수도 있었지만 강남은 아직 잘 모르는 동네이니 살면서 정착할 자리를 찾자고 결심했다.

> 불안감은 집 때문에 생겼어요. 그게 남편 관계와 얽혔어. 남편이 왜 집을 안 샀느냐고 그렇게 얘기하니까. 내가 집을 안 사서 가족들이 피해를 입고 있다고 생각할 수밖에 없었어. (강수희, 50대)

그녀의 남편은 집에 대한 모든 대소사를 수희씨에게 맡겼다. 그러면서 "왜 집을 사지 않고 자꾸 전세로 옮겨 다니면서 〔집 살〕 타이밍을 놓쳤냐"고 틈만 나면 압박한다. 목돈이 없던 것도 아니고 "모자라는 돈은 대출받아서 집을 샀으면 집값이 올라 돈을 벌고도 남았을 텐데 왜 그 판단을 제대로 못해서 가계에 부정적인 영향을 주느냐"는 식이다. 이 일로 남편과 심각한 갈등을 자주 겪었다. 수희씨는 그런 남편이 못마땅하면서도 집은 나중에 사도 괜찮다는 본인의 판단 때문에 주거가 불안정해졌고 가족들이 피해를 입고 있다는 생각으로 괴롭다. 자신의 판단력과 실행력에 대한 자부심이 강한 편인 수희씨는 이 일로 상처를 받은 상태다.

내가 우리 집 전셋값이면 역모기지론 해서 평생 살 수 있는 정도라고 생각했어요. 그런데 〔그사이 집값이 많이 올라서〕 요즘에는 그게 많이 부족해. 〔거기에〕 의지하고 살면 안 되는 것 같아. 불안감이 살짝 높아졌어요. 사람들이 "집집집" 한다는 얘기도 이해가 되는데 지금은 부정하고 싶어. 누가 그럴 줄 알았겠어. 부동산투자에 성공한 사람들은 자기들이 투자를 되게 잘한 줄 아는데, 사실 그게 아니라 어떻게 하다보니 세상의 그런 흐름에 편승한 거잖아요. 자기들이 한 투자에 대해서 잘난 척하는 게 제일 듣기 싫어요. (강수희, 50대)

수희씨는 잘 알고 있다. 집값으로 이익을 본 사람들은 스스로 투자를 잘해서 그런 것이 아니라 세상의 흐름에 편승해서 그런 것임을. 따라서 집을 사지 않고 지금까지 전세살이를 해온 것이 자신의 판단력 부족 때문만이 아니라는 사실도 이성적으로는 이해하고 있다. 그럼에도 본인이 세상에 편승하지 않은 것이 아니라 못한 것이고, 그 흐름에 앞서갔어야 했다는 자책을 하게 된다. 그랬다면 부도덕한 속물이라는 비난을 받을 수도 있겠지만 자신과 가족의 계급 하락을 막지 못하고 끝내 불안하게 사는 것보다는 훨씬 나은 일이다.

수희씨가 현재 계획할 수 있는 일은 결국 집을 사기로 단단히 마음먹고 이를 과감하게 실행하는 것이다. 지금 같은 상황이 되고 보니 집값이 너무 올라 시세차익을 얻기는커녕 내 집 마련도 쉽지 않을 것 같다. "이제 와서 버스 다 놓치고" 이미 값이 오를 대로 오른 집을 사는 것은 상당한 마음 수련을 필요로 한다. 몇년 안에 집을 사자던 계획을 실행하기는 어려워졌지만 막차라도 빨리 타야 할 텐데 적절한 타이밍을 찾기가 쉽지 않다. 그녀는 무주택자의 관점에서 수년간의 집값 상승을 바라보면서 이미 상당한 손해를 입었다는 확신이 든다. "그때 높은 소득을 올리고 있었는데 무리해서라도 집을 샀다면" "전세를 옮길 때 갭투자라도 했다면" 하고 계속해서 과거를 반추해보면 이미 자신에게 막대한 손해가 난 것 같은 상황이다. 그래도 여전히 저평가된 아파트는 없는지, 언제가 매수에 적기일지 혼자만의 눈치 싸움을 벌인다. 더 괴로운 것은 남편과의 갈등이다. 남편은 자신이 이렇게 아직 내 집이 없는 것을 부인 탓으로 돌린다. 하지만 직접 집을 알아보거나 이 일에서 주도권을 잡으려 하지 않는다. 수희씨는 이런 남편의 압박이 부당하다고 말하면서도 아직 내 집을 마련하지 못한 건 다 자기 탓이라고 여긴다. '여자의 일'을 제대로 수행하지 못했다고 느끼기 때문이다. 투기적 주택장에서 남편 소득만큼의 이윤을 내지 못한 자신을 책망한다. 이렇게 투기적 주택실천이 보편적으로 여겨지는 사회 분위기는 집 없는 여성에게는 불안과 우울을, 그리고 다주택자 여성에게는 모호한 자부심을 불러일으킨다.

팔자 탓하기

한국 근현대의 계급 이동을 자신의 연구 주제로 삼은 미국 인류학자 낸시 에이블만Nancy Abelmann은 한국 근현대사를 여성의 생애사 관점에서 분석한 바 있다.[15] 전쟁 직후에 발생한 대규모의 사회 이동은 타고난 신분과 관계없이 누구나 노력하면 더 나은 삶을 살 수 있다는 평등의식을 고양했지만 이후 벌어진 엄청난 구조적 성장은 계급의 지평에서 거대한 격차를 발생시켰다. 처음에는 미미했던 계급 간 차이가 시간이 지날수록 뛰어넘기 어려운 생활수준의 차이를 발생시켰는데, 에이블만은 바로 이 점이 한국 사회의 계급 형성 과정에 극적이고 복잡한 내러티브와 특이성을 부여한 상황을 '멜로드라마'라는 문학적 언어로 표현한다. 급격한 사회 변화에도 불구하고 생각만큼 사회 이동은 쉽게 일어나지 않았고 기회의 불평등도 나아지지 않았다. 그러나 압축성장과 근대화 과정이라는 거대한 역사의 흐름 속에서 여성들은 매우 복합적이고 양가적이며 보수적인, 마치 멜로드라마와 같은 서사로 자신들의 삶을 반추하며 성찰성을 획득해나갔다는 것이다. 그리고 그 과정에서 특혜와 불법적 행위가 상당한 역할을 했다는 것이 사람들의 인식 속에 널리 퍼졌다고 강조한다.

여성들의 주택실천에도 멜로드라마 같은 상황과 서사가 존재한다. 이는 한국 근현대사에서 계급 격차가 발생한 맥락과 닿아 있다. 주택공급으로 소비경제를 부흥시키고 이를 발전주의의 주요 동력으로 삼은 근현대 주택정책은 '내 집 마련'이라는 구호로

요약된다. 빈곤을 극복하고 삶의 질을 높이는 복지의 실현이 개별 가구의 '내 집 마련'으로 가능하다는 프로파간다였으며, 이는 국가가 주도한 주택 분양과 신도시 개발의 장기 기획을 지탱해왔다.

구술자들의 주거이력은 이러한 과정에서 구조적 효과로 일어난 실천을 잘 보여준다. 공급보다 수요가 많은 주택시장에서 공정성을 보장하기 위해 아파트 분양에서 채택된 무작위 추첨 방식과 서울에 집중된 인구를 분산하기 위해 추진된 신도시 개발 정책이 불러온 '운'의 요소는 한국사회의 계급 이동 기회와 주택실천에서 나타나는 내러티브를 설명하는 중요한 키워드가 된다.

통계청에 따르면 1987년부터 3년간 집값과 땅값은 해마다 20~40%씩 상승했다. 1980년대 중반 조성된 3저(저유가·저환율·저금리) 현상과 88올림픽과 맞물린 경기 호황으로 더 많은 사람들이 집을 사려고 했고 그 결과 주택가격이 급등한 부동산시장은 안정될 기미를 보이지 않았다. 너무 높아진 집값 때문에 서민들의 원성이 높아지자 정부는 평촌과 중동, 산본 신도시 계획을 발표했다. 공급을 늘려 가격을 안정시키겠다는 의도였다. 그러나 이런 조치로도 집값은 안정되지 않았다. 결국 노태우 정부는 1989년 4월, 획기적인 주택공급 확대 정책을 발표한다. 서울의 남쪽과 북쪽에 각각 하나씩 대규모 신도시를 조성한다는 계획을 세우고 1기 신도시 개발에 들어갔다. 분당, 일산, 중동, 산본, 평촌이 대상 지역이 되었고 가장 큰 규모로 분당이, 두번째로 큰 규모로 일산이 개발되었다.

차미경씨와 박기정씨는 1980년대 후반 정부가 1기 신도시를 개발하고 아파트 분양을 시작했을 때 갓 결혼해 자녀를 출산한 뒤였다. 그후 아이들이 점점 커나가자 안정적으로 육아를 하고 아이들을 학교에 보내면서 뿌리 내릴 집과 동네가 절실했다. 당시 신도시 개발은 좋은 기회였다. 두 사람 모두 지인들의 이야기를 듣고 입지가 좋다는 분당에 아파트청약을 여러번 시도했으나 매번 추첨에서 떨어졌다. 형제자매와 친척들이 그 시기에 비슷한 시도를 해 청약에 당첨됐으나 정작 기정씨 본인은 번번이 추첨에서 미끄러졌다. 그녀는 자신이 운이 나빴다고 말한다.

당시 한참 분양을 했던 거예요. 우리는 계속 청약을 다 넣었는데 당첨이 안 되는 거야. 분당에도 청약을 넣고 여기저기 다 넣었는데 오빠는 분당에 당첨이 됐어요. 그리고 엄마가 중동에 당첨된 거예요. 우리 큰외숙모네도 분당에 당첨돼서 이사를 갔고. 우리만 당첨이 안 된 거예요. 운이죠, 운. (박기정, 50대)

미경씨는 우선순위로 두었던 분당에 여러번 청약을 넣었지만 당첨되지 못했다. 대신 분당보다 당첨되기 쉽다는 일산에 청약을 넣었다. 다행히 두번 만에 당첨되었다.

거기(분당) 아파트 가격이 15억, 18억 한다고 하더라고요. (…) 자양동에서 2년을 살다가 분당으로 여러번 청약을 넣었어요. 한 여섯번 정도. 이모랑 주변 사람들이 일산은 쉽게 되더라 해서 청약을 넣었는데 두번 만에 32평이 당첨됐어요. 그래서 일산으로 들어갔어요. (…) 일산은 예전엔 괜찮았는데 요새는 분당과 가격 격차가 너무 많이 나서 상계동, 목동 상황이랑 비슷한 것 같아요. 상계동하고 목동 두군데가 신시가지 개발이 됐잖아요. 그때 상계동을 선택하는 사람도 있고 목동을 선택하는 사람도 있었어요. 저처럼 일산으로 간 사람이 있고 분당으로 간 사람이 있는 것처럼. 목동이 개발되고 나서 집값이 막 올랐는데 상계동은 축축 처졌죠. 지금은 더 격차가 나고요. 일산이랑 분당도 그래요. 예전에는 5천? 아니면 7,8천 정도 차이가 났는데 지금은 10억 차이도 난다고 하죠. (차미경, 50대)

1기 신도시가 개발된 후 30년이 지난 지금 일산과 비교하면 분당은 대표적으로 성공한 신도시로 꼽는다. 분당은 판교, 위례, 광교, 동탄 등 주변 신도시로 생활권을 확장하면서 계속 집값이 오르고 있는 데 반해, 일산은 파주 운정 외에는 다른 지역으로 생활권이 확장될 여력이 많지 않은데다 지리적으로 강남권과 멀어 지역이 가진 상품가치가 떨어진다는 평가가 많다. 미경씨는 아파트 당첨 후 지금까지 잘 살고 있는 일산과, 당첨에서 떨어진 분당의 아파트 가격 격차가 엄청나게 벌어지는 과정을 목격했다. 변동하는 정부정책 등 구조적 변화가 발생할 때마다 어떤 기회를 우연히 얻는가에 따라 가족의 계급 이동 기회가 달라지는 현상을 목격하며 개인들은 어찌할 수 없는 운이 삶 전체를 관통하는 파급력을 갖고 있다는 이해에 도달한다. 청약을 여러번 넣은 기정씨나 미경씨에게도 자산을 늘릴 기회가 여러번 있었던 셈이다. 청약에 당첨만 되었다면 가능했겠지만 이들은 그 행운이 자신에게

닿지 않았을 뿐이라고 생각한다. 이를 경험한 행위자들에게 자신의 상황을 설명할 수 있는 단어는 '운명'뿐이다.

미경씨는 신도시 아파트 당첨으로 부자가 되는 운은 못 누렸지만 돈을 벌 기회는 많이 있었다고 설명한다. 신혼집을 차렸던 잠실의 아파트는 1980년대 중반 전세가가 1450만원이었다. 당시 집주인이 세 관리하기가 귀찮다며 1백만원만 더 내고 1550만원에 그 집을 사라는 제안을 여러번 했다. 하지만 미경씨는 그 단지에 쥐나 바퀴벌레가 돌아다니는 것이 싫어서 거절했다. 그런데 그후 잠실 아파트 단지는 가격이 천정부지로 올랐다. 미경씨는 그런 기회를 잡지 못한 것을 자신의 '팔자' 소관이라 설명한다. 비슷한 상황은 몇년 전에도 있었다.

세를 놓으면 되니까 너도 여기 합정동으로 오라고 선배가 조언을 했어요. 그런데 저는 서울이 싫었어요. 그러고 나서…… 너무나 심하게 후회했어요. 뭐…… 팔자 아닐까요? 하하. (차미경, 50대)

합정동은 몇년 전만 해도 서울에서 집값이 싼 동네였다. 알고 지내던 선배가 자신이 살던 일산 아파트를 팔고 합정동의 다세대 건물을 사서 세를 놓으라고 조언했다. 당시 미경씨 생각에는 그 일에 큰 메리트가 없어 보여 나서지 않았다. 그런데 이후 합정동 지대가 많이 올랐고 그녀는 자신의 결정을 후회했다. 이때 미경씨의 후회는 팔자 문제로 귀결된다. 개인이 통제하기 어려운 구조적 요인, 더 구체적으로 말하면 정책과 정치의 결정이 개인과 가족의 삶에 미치는 영향이 상당할 때 사람들이 이를 어떤 해석의 틀로 수용하는지는 상당히 중요하다. 노력이나 시도로 통제하기 어려운 상수와 변수가 사회를 구성하는 규칙이기도 하지만 사람들은 이미 그 무형의 변수까지도 자신과 타인을 평가하는 잣대로 사용하기 때문이다. 그리고 '운'이라는 변수가 사람들의 수많은 내러티브와 레토릭을 생성하고 사람들이 자신의 삶을 구성하는 이야기의 주된 재료로 사용되기도 한다. '운도 실력'이라는 말은 괜히 있는 것이 아니다.

기회는 평등하게 주어졌으나 '운'이라는 통제 불가능한 조건으로 인해, 또는 적당한 타이밍을 잡지 못했기 때문에, 아니면 판단 오류로 인해 원하는 결과를 획득하지 못한 경험은 선택에 대한 자족으로 연결되기 어렵고 때로는 노력에 대한 후회로 남는다. 또한 이런 경험은 열심히 노력하면 더 나은 삶을 살 수 있다는 소박하고 평범한 소망을 부질없는 것으로 만들어버린다. 부동산투자로 인한 계층 상승의 기회는 구술자들 대부분의 인생에 한두번쯤은 있었던 것으로 파악된다. 그 기회가 크든 작든, 그들에게 당시의 결정은 후회스럽고 생각해보면 '속상한 일'로 남아 있다. 김지연씨도 그랬다.

김지연 인천의 오래된 주공아파트에 전세로 갔죠. 세 식구 살려고. 거길 샀어야 했어요. 중간에 한번 살까 했는데 그땐 거길 살 필요가 없다고 생각했어요.

필자 그땐 아파트 가격이 전세가와 별 차이가 없었나요?

김지연 집값이 오르기 전이었어요. 저렴하다가 막 오르기 직전이었던 거야. 그때 2년 전세 살고 재계약할 때 집을 샀다면······ (김지연, 50대)

지연씨는 전세로 살던 인천의 주공아파트를 매수했다면 돈을 벌고도 남았을 거라고 토로한다. 지연씨는 주식이나 부동산으로 자산을 증식하는 행위에 비판적인 입장을 분명히 한다. 스스로를 진보적 주체로 상정하면서 사회활동가로 살고 있기도 하다. 그러나 주공아파트가 재개발되어 집값이 많이 올랐다는 사실을 알고 난 뒤로, 그 집을 사지 않았던 결정은 후회한다. 그렇게 집을 마련한다고 해서 부도덕하거나 부끄러운 일은 결코 아니기 때문이다. 부동산으로 돈 벌 수 있는 기회나 운이 있었지만 이를 놓친 경험은 자신이 행한 주택실천을 긍정하기 어렵게 하며 뼈아픈 후회로 남는다. 나아가 그 후회의 감정은 기회를 잡아 자본이익을 얻는 이들이 부동산 매매를 통해 자산을 형성하는 것을 비판적으로 바라보기 어렵게 한다. "어쩌면 그들도 운이 좋았을 뿐이었던 것이 아닐까"라는 합리화가 가능하기 때문이다. '운'이라는 레토릭을 수반하는 이런 합리화는 투기를 비판적으로 보기 어렵게 만들뿐더러 자신에게 투기 욕망을 쉽사리 투사하게 만든다.

물론 '운'이라는 레토릭은 노력의 댓가가 아닌 일확천금을 세금으로 환수해야 한다는 논리를 만들기도 한다. 그러면서 사회문제를 구조적으로 바라보기 어렵게 하는 기묘한 역할을 동시에 수행한다. 정부가 추진한 정책의 의도와 그 사회적 효과에 대한 자의적 이해를 만들어내기 때문이다. 그야말로 운에 따라 혜택을 누렸거나 누리지 못했다는 사후적 해석은 문제의 구조를 들여다보게 하기보다 개인적 차원으로 문제를 환원, 수렴하는 결과를 낳는다. 사람들의 '운'이라는 레토릭 속에서 '돈 굴리는 재주가 있는 사람들'은 '부동산이 체질'인 이들이며 '이 사람들의 배짱'은 삶의 기회를 가져온다. '운'의 레토릭은 이런 '체질' '재주' '배짱' '타고난 성격'이라는 식의 합리화를 통해 개인마다 각기 다른 내러티브를 생성한다. 따라서 '운'의 레토릭을 거치면서 주택실천의 장에서 벌어지는 기회주의적인 투기의 맥락은 흐릿해진다. 더 나아가서 '운'의 레토릭은 이를 대부분의 사람들에게 주어지는 '공정한 게임'으로 이해하게 만드는 효과까지 가져온다. '운'이라는 요소 때문에 언제든지 나에게도 기회가 올 것처럼 생각되고, '운'이 개입되는 이상 누구든, 언제든 이 투기적 주택실천의 장에 진입할 수 있는 것처럼 보이기 때문이다.

부동산 매매를 통해 형성된 한국 중산층이 그야말로 '텅 비어 있다'고 이해될 여지를 준 것도 바로 '운'이라는 레토릭이라 할 수 있다. '운'은 사건이 발생한 근본 원인을 알 수 없는 것이다. 따라서 운 좋은 사람들이 결국 승자라는 언설은 자본주의적 축적 방식과 분배의 문제를 개인의 것으로 환원하고, 정당한 노력이나 기회의 분배/재분배에 대한 문제제기를 무력화한다. 결과적으로 '운'의 레토릭은 부동산투기로 얻은 초과 이익이나 손해에 대한 정치적 가치판단을 어렵게 만들고 투기이익 환수를 재분배 정의로 제안할 때 장애가 된다.

5장

투기화된 삶,
그리고 딜레마에 빠진 여성들

1

'손수 준비한 가족의 미래'라는 역설

여성 임파워먼트의 모순

자본주의체제를 살아가는 우리의 사회적 지위를 결정하는 기준은 경제적 자원이다. 경제적 자원이 얼마나 있으며, 앞으로 획득할 자원은 어느 정도인지가 개인이 이 사회에서 차지하는 지위를 결정한다. 여기서 경제적 자원은 소득과 자산이다. 자산을 갖게 되는 과정은 크게 세가지다. 가장 일반적으로는 소득을 모아 목돈을 만드는 방법이 있다. 투자를 통해 자본이익을 만들어 자산을 축적하는 방법이 두번째로, 점점 그 중요성이 높아지고 있다. 마지막으로 혈연에게 증여와 상속을 받는 것도 중요한 자산구축의 경로다. 이 세가지 과정 모두에서 여성은 대체로 남성보다 불리하다. 노동시장 내 젠더불평등은 노동소득의 성차를 전全 생애과정에서 만들어낸다.[1] 증여와 상속이 이루어질 때에도 여성은 아들 중심의 부계제에서 열등한 위치에 있다. 경제적 자원에 대한 여성의 접근 가능성이 상대적으로 낮다는 것이 바로 자본주의 사회의 서열체계에서 여성이 남성에 비해 낮은 지위가 가정되는 이유다.

그런데 두번째 과정, 즉 투자를 통해 자본이익을 만드는 방법은 노동소득을 얻거나 상속 및 증여가 이루어지는 과정에서 열등한 위치에 놓여 있는 여성들에게는 그나마 유리한 기회가 될 수도 있다. 집을 자본이익을 얻을 수 있는 수단으로 상상해볼 수 있기 때문이다. 가사노동을 비롯한 집과 관련된 일은 여성이 담당하는 것이 더 자연스럽다고 여겨졌고, 여성은 '집사람'으로서 집에 관해 더 많은 능력을 발휘할 것을 요구받기도 한다. 하지만 그 가치가 자본주의 사회에서 필수불가결한 돈으로 환산되지 않기 때문에, 여성은 집과 맺는 관계에 대해 복잡한 심정일 수밖에 없다. 집에 관한 여성의 일이 돈이 되지는 않지만 돈으로 환산할 수 없을 만큼 높은 가치를 갖고 있다는 세간의 의미 부여는 허구이자 모순이다.

그런데 집이 곧 부동산으로 여겨지자 여성들의 지위 이동 가능성이 열렸다. 여성에게 각별한 장소인 집은 이제 경제적 자산이나 자본이익을 만들어내는 수단으로서, 가족의 복지까지 책임지게 됐다. 집이 자본이익을 만들어내는 투기적 도시화로의 변화는 집에 대해서만큼은 전문가인 여성들에게 경제활동의 기회를 열어주었다. 부동산이 가족경제에서 차지하는 비중이 늘고 집값 상승으로 그 가치가 높아지자 집으로 돈을 만져본 여성들은 부동산으로 자신의 생산성과 경제적 생존력을 증명할 수 있다는 자신감을 얻었다. 특히 부부관계에서 권력의 변화를 경험하기도 했다.

남편은 바깥일을 중시하는 사람이고 (…) 유일하게 하는 게 직장 일을 1순위로 두고 새벽부터 저녁까지 일하는 거예요. 〔제 입장은〕 "그거 해라. 나머지 내가 다 한다."였죠. (…) 그런데 집을 청약할 때 아이가 생겼고 2년마다 전세금을 올려줘야 하는 게 스트레스가 됐어요. 불안한 게 싫어서 집이 너무 갖고 싶었어요. 그런데 남편은 집에 대한 생각이 달랐어요. 〔단지 집을 갖는 게 아니라〕 제가 집을 사고 〔재산을〕 불리고 하길 바랐어요. 제가 그걸 잘 하니까. (차미경, 50대)

양육과 가사에 대해 남편보다는 자신의 책임이 더 크다고 믿는 여성들은 내 집 마련에 대해서도 마찬가지다. 전세라는 점유형태는 계약을 갱신할 때마다 보증금을 올려줘야 한다는 부담이 있다. 잦은 이사로 양육 환경이 변화하면 아이들의 안정적인 교육에 해가 된다고 여겨지기도 한다. 엄마인 여성들에게 주거 환경은 생존의 조건이자 자녀의 미래를 좌우할 정도의 무게감으로 다가온다. 이 때문에 당장은 손해를 보더라도 주거 환경을 안정화하고 업그레이드하기를 원한다. 따라서 여성들은 강화된 주택열망을 실현하기 위해 자연히 주택시장에 대한 정보와 지식을 습득하려 한다.

차미경씨도 절박했다. 안정된 자녀 교육 환경을 위해 하루빨리 집을 갖고 싶다고 생각했다. 남편은 건축업에 종사했지만 가족의 주거 안정을 위한 부동산 정보에는 미경씨보다 훨씬 둔감했다. 남편의 추천으로 믿고 산 아파트는 당시 그녀가 선택을 고민했던 다른 아파트에 비해 집값이 많이 오르지 않았다. 이후 미경씨는 직접 나서서 이 일을 주도했다. 갖고 있던 목돈으로 자신의 직감을 믿고 도전했다. IMF 구제금융 사태 이후 집값이 급격히 떨어졌을 때 과감하게 넓은 집을 사서 큰 시세차익을 남겼다.

원래 부부는 경제적으로 서로 의존하며 산다. 여성 또한 그들의 가사노동에 의존하는 다른 가족 구성원의 생활부양자다. 하지만 여성의 노동에 비해 남성 생계부양자의 노동소득에 대해서만 특별한 가치를 부여하는 사회 분위기는 남녀의 사회적 지위 격차가 발생하는 요인으로 작동했다. 하지만 부동산 매매는 돈으로 환산되는 자본이익을 얻을 수 있기 때문에 여성들에게 돈으로 환산되지 않는 가사노동과는 다른 의미를 갖게 되었다. 부동산 매매라는 가구경제에서 가장 큰 계약의 주체가 된다는 것은 여성들에게 상당한 성취감을 선사한다. 이 계약이 성공했을 때 여성들은 자신의 이전 지위를 재협상할 기회까지 얻는다. 경제적 능력을 인정받아도 그들이 행하던 가사노동이나 자녀 양육의 부담이 줄어들지는 않지만 소위 솥뚜껑 운전만 하던 전업주부의 지위에서는 벗어날 수 있다. 이는 여성들이 이전에는 지니지 못했던 자율성과 경제권, 나아가 부동산 처분권까지 획득하며 다른 사회적 지위로 이동하는 중요한 계기가 되는 것이다. 특히 주택실천을 통한 여성의 경제적 성취는 공적 영역으로 여겨진 남성들의 임금노동과는 달리 사적 영역, 이차적 영역으로 취급되어온 집이라는 영역에서 일어났으며 엄청난 부가가치를 남긴다는 점에서 주목을 요한다.

　　남편이 남의 말에 혹하고 제 말을 안 들어요. 항상 내가 강남에 상가 하나 있으면 든든할 거 같다고 말하면 남편은 세금 많이 나와서 안 된대요. 원룸을 사두면 나중에 임대료로 생활비가 나올 거 같은데 어떨지 물어보면 나한테 "당신이 뭘 알아?"해요. 돈 관리를 내가 했으면 지금 참 잘살고 있을 텐데…… 그랬다면, 내 소원이 상가 하나 갖는 거니까 아마 무슨 수를 써서라도 상가든 원룸이든 하나 샀을 거예요. 하지만 남편이 장사를 하고 나는 생활비를 타서 썼죠. 그걸 모은 제 사비로 그 사람 모르게 아파트를 샀어요. (고영실, 70대)

　　고영실씨가 남편 몰래 모은 생활비로 계를 해서 산 아파트는 재건축 허가가 나면서 가격이 천정부지로 올랐다. 반대로 2000년대 중반 남편이 주장해서 당시 시세로 강남 아파트 다섯채 값이나 주고 투자한 땅은 가치가 크게 떨어져 본전도 못 건졌다. 결국 영실씨의 결정이 가정경제에 더 보탬이 된 상황이었다. 명의 위장으로 아파트를 산 탓에 나중에 그 아파트가 재건축되면서 새로 분양권을 받을 때는 다시 명의 이전을 해야 했다. 그래서 엄청난 양도세를 감당해야 했지만 그 이익이 남고도 남아 남편은 자신 몰래 단독으로 아파트 매수를 결정한 아내를 비난하기 어려웠다. 이후 영실씨는 부동산투자에 대한 '감'을 인정받았다. 부동산 계약권과 처분권을 비롯하여 가계에서 발생하는 모든 경제행위의 결정권을 자연스럽게 획득했다. 영실씨는 남편이 사업가로서 아무리 유능하다고 해도 부동산시장에서만큼은 자신의 민첩함을 따라오지 못한다면서 그의 고지식함을 한심해했다.

미경씨나 영실씨의 사례처럼, 주택실천으로 얻은 자본이익이 여성들에게 전에 없던 경제적 자유와 풍요로운 삶의 기회를 허용하는 중요한 계기가 되는 현상을 성평등 강화의 징후로 읽어낼 수 있을까. 터키 출신의 영국 정치경제학자 칸디요티 Deniz Kandiyoti 가 사용한 가부장적 교섭 patriarchal bargain 이라는 개념은 낙관적 전망이 이루어지기에는 아직 이르다는 점을 일러준다. 그는 이 개념을 통해 여성들이 가부장제가 짜놓은 전반적인 각본 속에서 나름의 조건과 자원을 최대한으로 활용하며 자기 삶의 기회를 극대화하는 데는 전문가가 되지만, 이는 상황에 따른 일시적인 요령의 체득일 뿐, 그들이 구조적으로 불리한 자신들의 삶을 바꿔내지는 못한다는 사실을 분석한다. 부계제의 억압에 직면한 여성들이 어머니, 부인, 주부로서 벌이는 저항은 여성들에게 일시적으로 해방감을 선사하고 사적 관계에서 권력관계를 재협상하는 그들의 부분적 역량을 강화해줄 수 있지만 사실 거기까지가 한계이며, 그들이 놓인 구조적 억압을 바꾸는 데는 역부족이라는 것이다. 주택문제가 사회불평등을 조장하는 현 시점에서 집을 자신의 전담 공간으로 여겨온 중산층 여성들이 투기적 실천을 통해 경제적 이익, 즉 불로소득을 얻은 현상은 이처럼 여성주의적 관점에서 상당히 비판적으로 해석될 법한 측면도 있기에 복잡하고 신중한 접근을 요할 수밖에 없다.

〔엄마는 계약할 때〕손이 떨린대요. 한번 실패하면 집안 자체가 흔들릴 수 있는 금액이기 때문에 힘들었다고 하시더라고요. (…) 엄마한테는 그게(부동산투자가) 직업이자 가족 빼고 전부였어요. 평범한 강남 아줌마들은 남편 덕으로 사는 경우가 확실히 많잖아요. 그런 사람들은 남편 사업이 힘들면 여자가 목돈도 내놓을 줄 알아야 한다는 생각, "이 돈이 있으니 우리 밥 먹고 살 수 있어. 여기서 사업 접어"라고 남편한테 말할 수 있다는 생각을 거의 안 해요. 그래서 노후가 되게 힘들어지죠. (허수지, 40대)

허수지씨의 어머니는 부동산투자를 자신의 직업처럼 생각한다. 사회적으로 직업은 사회적 노동, 보통은 임금노동에 종사하는 것으로 받아들여지더라도 수지씨 어머니 생각은 그렇다. 한편 집을 통해 사회적·경제적 이익을 얻게 된 여성들은 주택실천에 남다른 애착이 있다. 수지씨 어머니처럼 이 일에 많은 시간과 노력을 투자해 기술과 전략을 확보하고 경쟁력까지 얻는 과정은 직업세계에서의 성장 서사와 다르지 않다. 게다가 잘만 하면 이 일로임금소득에 준하는, 때로는 그보다 더 많은 경제적 이익을 얻는다. 이들은 부동산투기의 성공으로 남편의 소득에 연연하지 않을수 있다. 이는 비슷한 연배의 동료, 친척, 친구들과 같은 참조집단과 비교해 자신의 능력을 스스로 확인하고 가족 내에서도 인정받는 계기가 된다. 이렇게 얻은 여성의 경제적 능력은 곧 소비자의 능력으로 동일시되면서 소비사회에서의 여성의 위상 또한 높아진다. 자기 명의의 자산을 지닌 자산가, 가족경영자라는 타이틀까지 갖게 되면 여성은 이제 경제자본 중심의 한국사회에서 무시할 수 없는 영향력도 갖게 된다. 그러나 여성들이 주택실천에 많은 노력과 시간을 들이고 그로 인해 얻은 자본이익이 상당한 수준에 이른다 해도 이 일은 사적인 차원에 머물 뿐 공적인 영향력을 갖지 못한다. 칸디요티가 지적한 가부장적 교섭의 한계를 정확히 드러내는 사례다.

하지만 가부장 가족, 특히 노동소득을 벌어오는 남성 가부장에 경제적 의존을 하던 여성들이 자기 자산을 기반으로 사적 협상력을 갖게 된 변화는 개개인의 효능감 향상에만 영향을 미친 것이 아니다. 그들의 사적인 실천이 모여 이루어낸 도시자본 형성에 대한 분석이 필요한 이유이다. 여성들이 '내 집 마련'을 위한 성별화된 주택열망을 통해 집을 사고 때로는 자본이익을 만들어내는 투기적 주택실천에까지 뛰어드는 과정은 자가소유가 한국 도시 중산층의 상징이라는 지점과 연결되어야 한다. 한국의 도시 중산층은 급격한 산업화와 교육 그리고 직업기회의 확대 등으로 탄생했다는 기존의 평가[2]와 달리 점차 자가소유 여부와 주거지역을 기준으로 한국의 중산층 1세대가 구성되어왔다는 점에 주목[3]한다면 여성들의 주택실천이 한국의 계급실천의 중요한 축을 담당해왔다는 점은 주지할 만한 사실이다.

사회적·경제적 지위가 안정적인 화이트칼라 인구의 확대와 빠르게 높아진 임금수준 덕에 살림살이가 나아지고 자유민주주의라는 정치적 이데올로기가 정착하면서 한국 도시 중산층의 성격이 형성되었다는 분석이 일반적이라면, 중산층 형성의 과정에서 자가소유와 주거지역 선정에 뛰어든 여성들의 역할은 지금보다 더 풍부하게, 다각도로 해석될 필요가 있다. 이를 위해서는 투기가 한국의 도시 중산층을 형성하는 경로가 되는 과정에서 여성들이 수행한 역할을 규명하는 작업이 실행되어야 할 뿐만 아니라, 여성이 이 일을 담당하게 된 구조적 요인에 대한 확장적 이해가 필요하다. 그리고 가부장 남성과의 협력과 기획은 무엇이었으며 왜 좀처럼 드러나지 않는지에 대한 정치적 분석도 이루어져야 할 것이다.

더 견고해진 성별규범

여성의 경제적 역할과 그 수행 영역은 실로 매우 다양하다. 그러나 공적 영역과 사적 영역의 성별화된 규범은 편견을 만들어왔다. 여성의 일은 대체로 비공식 노동에 치우쳐 있으며 주로 가족과 가정 내 소비를 목표로 한다는 것이다. 다시 말해 여성의 경제 실천은 자신을 위한 것이라기보다 가족과 관련해서만 의미가 있는 것이라는 평가를 받도록 유도되었다. 여성의 노동소득을 '반 찬값이나 버는 일' '아이 학원비 대는 일' 정도의 덜 중요한 것으로 치부하고 주요 소득은 집안의 남성이 벌어와야 한다는 가정은 '남성 가장'과 '여성 집사람'의 성역할을 강화해왔다.

페미니스트 인류학자인 로잘도 Michelle Zimbalist Rosaldo는 이러한 성별규범을 생산 영역인 공적 영역과 소비 영역인 사적 영역으로 나누어진 이분법적 분석의 오류로 설명한다. 생산 영역은 남성의 영역이자 공적인 지대로, 소비 영역은 여성의 영역이자 비공식적 영역, 보편성을 결여한 특수한 가정 영역으로 나누어 설명되지만, 이는 자본주의를 구성하고 유지하는 생산 개념을 협소하게 설명할 뿐이라는 것이다. 이후 깁슨과 그레이엄J. K. Gibson-Graham 등의 페미니스트 학자들은 공적 영역과 사적 영역이 생산과 소비로 구별되는 것이 아니며, 생산을 가능하게 하는 재생산 영역, 즉 사회적 재생산이라는 개념을 적극적으로 사용해야 한다고 주장한다.

대부분의 경제 담론이 자본중심적이라고 이야기할 때, 흔히 다른 형식의 경제는 근본적으로 자본주의와 동일한 것이거나 자본주의를 모델로 하는 것, 혹은 자본주의의 기준에 못 미치거나 결함이 있는 모조품, 자본주의에 반대되는 것, 자본주의를 보완하는 것, 자본주의의 공간 내지 궤도 안에 존재하는 것처럼 부수적이고 이차적인 것으로 이해된다. 페미니스트 정치경제학자인 깁슨과 그레이엄은 여성의 장소인 가정에서 나타나는 비자본주의는 자본주의에 봉사하거나 상보적 관계를 맺는다고 설명한다. 가정경제가 효율성과 합리성이 결여된 자본주의의 여성화된 타자로 이해되는 현상은 이것이 가족 구성원들을 보호하고 돌보는 유순한 행위의 일환으로 재현되기 때문이다. 이는 자본주의의 공격적인 측면이나 대범함과 거리가 있다고 여겨지기도 한다. 나아가 잉여자본을 생산하지 않는다는 가정경제의 특징은 남성경제의 반대편에 있는 여성경제의 성격을 규정해왔다.

주택실천을 통해 이 성별규범을 되짚어보면 여성들의 경제실천이 무엇이며 어떤 평가를 받아왔는지 확인할 수 있다. 주택실천은 생산적 실천과 재생산적 실천의 성격을 모두 수반하는 독특한 경제실천이다. 즉 주택실천은 주택시장에서 주택이라는 상품을 소비하는 매우 큰 규모의 소비행위이면서, 이 실천이 만들어내는 의미와 효과는 생산활동을 유지하는 데 결정적인 영향을 미친다는 점에서 재생산의 성격도 가진다.

여성들은 자신들이 수행한 주택실천에 대해 일종의 모순적 태도를 보인다. 자신이 매우 경제적인 효과를 가져온 동시에 가족의 재생산에 대단한 기여를 했어도 여성인 자신의 '남성성'이 한 일이라는 점을 강조한다. 구술자들은 집을 구할 때 발휘되는 자신들의 과감하고 공격적인 투자 성향, 즉 자본주의적 투기성을 '남성적'이라고 인지한다.

그때는 제가 통이 웬만한 남자 못지않게 컸던 것 같아요. IMF 사태 때 제가 32평에 살고 있었는데 그 옆 단지가 굉장히 부러운 거예요. 30평대에 사는 사람은 50평대 아파트 보면 부럽잖아요. 그때까지 모아둔 돈이 5천만원 정도 있었어요. 제가 과외도 하고, 남편이 사고 안 치고 성실하니까 돈이 모이더라고요. 그래서 IMF 사태 때 50평짜리를 샀어요. (차미경, 50대)

돈이 없어서 자본금은 다 대출받았어요. 저는 통이 커요. 남자야. 친구들이 내가 집 담보로 대출해서 쓰는 거 보면 놀라요. 공모주 할 때도 집 담보로 대출을 2억씩 받아서 들고 다녔어요. 그렇게 해서 잘된 케이스죠. 망했으면 길거리에 나앉았을 거예요. (…) 지갑 같은 건 잃어버리면 그 순간 딱 잊어버려요. 근데 또 크게 투자할 때는 엄청 매달려요. 큰 투자거리가 보인다 싶으면 움직임이 다른 사람보다 엄청 빨라요. (정애숙, 60대)

미경씨와 애숙씨는 자신들의 대범한 투자 성향을 '통이 크다'고 묘사한다. 잘못하면 길거리에 나앉을 수도 있는 위험한 경제 행위를 과감하게 시도했고 그 결과가 만족할 만한 경제적 이익으로 돌아오자 자신이 한 일을 '남성이나 할 법한 일'로 여긴다. 주부이자 엄마인 자신과는 어울리지 않는 일이라는 것이다. 이러한 진술의 저변에는 자녀 교육이나 살림에 필요한 소규모의 소비는 여성적인 일이지만, 같은 소비라도 큰 손해를 일으킬 법해 용기가 필요한 투자나 결단력이 필요한 큰 규모의 자금 운용은 남성적인 것이라는 이해가 깔려 있다. 자금의 규모가 큰 것과 작은 것, 고위험·고수익, 저위험·저수익을 각각 남성성과 여성성으로 재현해 유능한 투자자의 특성과 여성성은 양립할 수 없다는 태도를 보인다.

(남편이 다니던 직장에서 좌천된 일에 대해) 본부로 발령이 나니까 이 사람은 놀러 가자고 하고 나는 부동산 가자고 했어요. 그때 내가 결심을 했죠. 내가 먹여 살려야겠다. (…) 남편은 중간에 퇴직을 하든 명퇴를 하든 아무런 대책을 안 세울 사람인 걸 안 거예요. 그래서 내가 딱 15년

전에 ○ ○ ○ ○ (자기사업)를 시작했죠. (정애숙, 60대)

> (보육교사 자격증 딴 일에 대해) 원래는 남편 회사가 법정관리 들어갔을 때 이제는 남편만 믿을 수 없겠구나 했어요. 평생 남편이 나를 부양하리라 생각했는데 자의든 타의든 불가능할 수도 있다는 걸 알았지요. 남편도 나를 부양할 의무가 사실은 없는 거고요. 그리고 남편이 30년 동안 부양했으면 이제 바통터치도 좀 해야 할 것 같고. "내가 먹여 살릴게"라고 말할 수 있는 사람이 되고 싶었어요. 사실은. (차미경, 50대)

남성 생계부양자·여성 돌봄노동자 모델이 지배해온 정상가족 규범에서 남성은 생물학적 성별만으로도 가장으로 호명되었고 여성은 가장의 보조자, 피부양자로 위치지어졌다. 여성이 경제활동을 한다는 것은 남성의 능력 부족을 의미했고, 여성도 '별 볼 일 없는' 남성과 결혼한 것으로 여겨져 그렇게 잘한 결혼은 아니라는 평가를 받기도 했다. 여성의 경제활동은 가장의 권위를 세워주는 딱 그 정도의 수준에서만 가치 있었다. 차미경씨와 정애숙씨는 가족임금제가 더 유지되기 어려워지자 자신에게도 생계부양의 역할을 할 수 있는 의지와 여력이 있다는 것을 슬며시 드러내 보였다. 그러나 이 시도를 통해 자신이 상징적 가장이 되거나 생계부양자로 위치를 이동하는 데는 실패했다.

> [엄마의 재테크 능력은] 정말 상위 1퍼센트지만 저는 엄마가 그 능력과 아빠를 바꿨다고 생각해요. (…) 49살에 혼자가 되셨거든요. 그

러니까 여자로서는 되게 불행했다고 생각해요. 지금도 우리 엄마는 쇼핑하며 돈 쓰는 것보다는 이렇게 〔부동산〕문서로 있는 게 너무 좋다고 해요. 저는 이제 그만 그러고 살라고, 그런 짓 좀 그만하라고 하죠. (허수지, 40대)

가족임금제와 남성 생계부양자 모델은 여성이 획득한 경제적 권력과 그것이 가족경제에 미치는 효과를 부정적으로 평가하게 하며, 더 나아가 이를 가능하게 한 여성의 능력을 '불길한' 능력으로 폄하하는 효과가 있다. 여성의 경제적 행위에 대한 이해는 가족정치와 남성의 가부장으로서의 권위와 함께 논의되어야 한다고 간주되기 때문이다. 여성이 벌어온 돈은 양육이나 가족의 안위를 위한 소비를 보충하는 수준에서만 의미가 있다. 가정경제에 일부 도움을 주는 수준을 넘어서 가정경제를 장악하거나 지배하고자 하는 여성의 위치는 자본주의 문화에 편입되지 못하는 불운한 것으로 받아들여지거나, 여성 스스로 적극적인 경제 행위를 남성적인 행위로 이해하면서 남성경제의 가면을 씌워 재현하는 상황을 만들어낸다.

자본주의 사회에서 적극적 투자행위는 '대범하고 진취적'이며, 시대정신을 반영하는 바람직한 일이지만, 여성이 위험을 감수하면서 큰 투자를 하는 일은 이렇게 상반된 평가를 동반한다. 집을 구하는 일은 가정경제에 포함된, 가족을 지키는 중요한 일이며 집은 여성의 장소라는 기존의 성별규범에 순응하는 일임에도, 이를 통해 여성이 경제적 권위를 갖거나 남성보다 많은 경제적 이

윤을 얻을 때 여성의 경제행위는 남성성을 경유하여 설명되거나, 가정을 '위협하는 부적절한' 것으로 재현되어 부정적인 평가를 만들어내는 것이다. 이는 가족임금제가 끝났어도 여전히 남아 있는 가족정치의 규범성과 이 가족정치하에서 여성의 온전한 계급적 성취가 불가능함을 보여준다.

2
거리두기 하는 여성들

'엄마이기에 뛰어들었다'

여성들이 '엄마' 역할을 가장 소중하게 생각하는 데에는 여러 이유가 있겠지만, 그중 하나는 자녀와의 관계에서 엄마가 미치는 영향력이 가장 크기 때문일 것이다. 여기에서 영향력이란 권력관계를 의미하기보다는 자녀의 일생 전반에 미치는 정서적·사회적·물리적인 영향이 총체적으로 고려된 것이다. 반대로 자녀들이 엄마인 여성에게 미치는 영향도 그에 못지않게 크다. 구술자 여성들이 자신의 생애사를 풀어나가면서 아이들을 낳고 기르던 일을 회상할 때는 꽤 오래전 일이라도 며칠 전의 일처럼 아주 생생하게 기억하는 듯한 모습을 보였다. 이야기 속에서 여성들은, 자녀에게 갖는 정서적인 애착이 큰 만큼 엄마인 자신의 의사결정으로 자녀가 어떤 영향을 받을지 매순간 신중하게 고심하며 양육 방향을 선택했다는 태도를 보였다. 직장에 다니는 여성은 그 조건 속에서 최선을 다해 아이에게 가장 좋은 것을 제공하려고 노력했다는 이야기를 많이 했고, 전업주부인 여성들은 자녀 양육이 어떤 일보다도 전념해야 하는 일이었다는 태도를 보였다. 여성들은 자녀를 가진 뒤부터 '엄마 정체성'을 자신들이 원하든 원하지 않든 자신들의 가장 중요한 정체성으로 받아들이는 듯했다.

집에 대해서도 마찬가지였다. 구술자 여성의 가족이 이사하는 대부분의 경우 그 이유는 자녀 양육이나 교육 때문이었다. 양육과 관련한 일은 가족 구성원 중 누구보다도 엄마가 책임져야 한다고 간주되므로 여성들은 집을 구할 때 자녀 양육과 연관된 조건을 가장 중요하게 고려할 수밖에 없다. 구술자 여성들은 자신이 살았던, 혹은 현재 사는 동네에 대해 말할 때도 가장 먼저 아이를 기르기에 어떤 점이 좋거나 아쉬웠는지 먼저 떠올리는 경우가 많았다. 더 정확히 말하면 양육과 관련해 집 이야기를 할 때 가장 편안하게 느끼는 것처럼 보였다. 그 집이 가진 경제적 가치나 생활의 편리성 같은 이점도 집을 판단하는 중요한 요건이 되지만, 여성들은 자신이 벌인 주택실천이 자녀 양육에 기여했다고 믿고 실제로 그 서사가 자신의 것임을 설명할 때 가장 큰 자부심과 흡족함을 보였다.

주택은 중요한 물적 자산이며 법적으로 개인이나 공동에 속한다. 여성들은 그런 주택을 정서적 차원에서 가족 구성원들에게 속하게 만드는 일이 본인의 책무라고 여긴다. 그 일은 매일 집에서 행하는 가사노동이기도 하고 각기 다른 생활조건을 가진 가족 구성원들의 필요를 두루 충족할 수 있는 집을 구하는 일이기도 하다. 한국사회에서 가장 강력한 이데올로기로 작동하는 가족주의는 '정상가족'이라는 특정한 형태, 개인의 사회적 생존에 필요한 자원을 가족 안에서 끌어와야 한다는 복지 기능, 애정을 나누는 단위로서 가족이 독점적으로 누리는 정서적 지위를 규정한다. 한국 사회복지의 역동성을 연구해온 문화인류학자 송제숙은 한국의 가족주의가 구축해온 도덕적 성격에 대해 이렇게 분석한다. 한국의 가족주의는 이성애적 결혼을 통한 가족 형성과 직업과 주택 소유, 성별에 따른 노동 분업, 모성애를 중요하게 여기며, 가장인 남성 임금노동자를 자기충족적이며 독립적인 임노동자가 되도록 촉진해온 것도 가족주의의 효과라는 것이다.[4]

특히 한국의 가족주의는 다른 가족관계보다도 자녀중심적이라는 점이 특징인데, 이 점은 계급재생산 과정에서 각별히 잘 드러나곤 한다. '기러기 가족'이라는 현상이 이를 반영한다. 사회학자 조은은 자녀중심적 가족연대가 신자유주의적 세계화가 만들어내는 불안을 가족 단위로 대처하는 방식이자 계급적 차별화의 사례라고 분석하며, 자녀를 중심으로 한 가족주의는 가족이 뿔뿔이 흩어져 사는 이산가족의 삶도 마다하지 않는 특이한 현상을 만들어낸다고 설명한다.[5] 특히 여성들은 이러한 과정에서 자신의 역할을 가족주의를 공고화하는 도구로 이해한다.

현대 한국 가족과 여성에 대한 분석 중에서는 가족주의를 공고화하는 여성들의 역할 탐색이 가장 빈번했다 해도 과언이 아니다. 특히 교육은 여성들의 역량이 총동원될 가치가 있다고 간주되었고 중산층의 계급재생산을 위한 중요한 도구로 활용되었다.

중산층 여성이라는 독특한 조건은 여성이 가진 문화자본을 가족역량 강화, 나아가 자녀세대의 계급재생산 과정에 활용되도록 위치지었다. 자녀 교육은 가족의 가장 중요한 일이기에 이를 담당한 여성이 가족의 계층 상승과 기득권 유지를 도맡은 결과, 여성의 가족 내 권력이 강화되어왔다고 간주되기도 하고,[6] 자녀 교육을 통한 계급구조의 공고화 전략이 보편화되면서 모성이 계급불평등을 재생산하는 효과를 낳았다는 분석[7]도 광범위하게 받아들여졌다.

여기에는 '좋은 부모' 역할이 사회적 가치와 계급적 시민권을 갖는다는 믿음이 자리한다. 공무원 이청희씨는 주거복지의 일환으로 공무원아파트를 싼값에 이용할 수 있었다. 그렇게 주거비용을 아낄 수 있었지만 그녀는 무리해서 다른 집을 매입했다고 설명했다. 그 무리한 선택 자체가 '욕망'이었고 무엇보다도 아이들에게 안락한 환경을 제공해주고 싶었다고 설명했다. 다른 세속적 욕망에 대해서는 절제와 겸양을 강조했던 그녀는 아이들을 위한 일에는 유독 태도가 달랐다. 오히려 충분히 희생할 가치가 있다고 강조했다. 큰 비용을 절약하는 선택을 하지 않은 것은 양육과 자녀 교육 때문이었지만 그녀는 그 선택에 만족한다. 아이들이 부모의 노력과 기대만큼 잘 자라주었기 때문이기도 하고, 경제적으로 그럭저럭 이득을 봤기 때문이다. 청희씨는 "결과적으로는 다행히 나쁜 선택은 아니었던 것 같아요. 샀던 집마다 어쨌든 값이 떨어지지는 않았으니까."라며 엄마 노릇이 이 주택실천의 가장 큰 요인이지만 투자자 관점을 배제하지 않았음을 드러냈다.

그러나 여성들이 강조하는 엄마 노릇은 자녀를 위한 무조건적인 희생과 헌신만을 의미하지는 않는다. 부모자식 관계가 '묻지도 따지지도 않는' 내리사랑의 관계가 아니라 경제적 호혜관계이며 상호부조의 관계라는 것은 이미 어느정도 노골화되었다. 이를 여성들은 엄마의 위치에서 자기 방식대로 수용한다. 그리하여 경제적 호혜성을 제공하는 부모로서 권력관계를 유지할 수 있으며, 심지어 경제적 호혜는 부모자녀 관계를 지속하게 하는 틀이 되기도 한다. 정서적 권력과 경제적 권력이 항상 같이 가는 것은 아니다. 특히 부모자녀 관계는 자녀들이 성장하면서 그 권력관계가 이동한다. 여성들이 자녀들에게 정서적으로 의지하면서 경제적 권력은 더 중요해진다. 자녀들이 의존할 수 있을 정도의 경제력을 가진 부모는 부분적으로나마 이 관계에서 우위를 주장할 수 있다. 차미경씨는 다 큰 자녀들이 부모에게 경제적인 지원을 바라고 의존하면 부모는 도와주는 역할을 즐기게 된다고 설명했다.

애들이 내가 아니라 돈이라도…… 내 돈이라도 필요로 하면. 크고 나서 허전하기도 하고 빈자리가 있잖아요. 부모 입장에서 변호를 하다보면 애들이 내 돈이라도 필요로 하면 그게 좋은 거예요. (차미경, 50대)

어린아이를 키우는 일은 고되지만 보람된 것이며, 여성들이 그 아이를 통해 자신의 능력과 생산성을 증명할 수 있는 가치 있는 일이다. 그것은 사회적으로도 여성의 가치를 승인하고 평가하는 가장 중요한 기준이기도 하다. 가치의 가장 확실한 승인자는 자녀다. 부족함 없이, 최선을 다한 자신의 노력을 자녀에게 인정받는 것은 어머니로서 가장 기쁜 일이라고 여성들은 설명한다. 여성들은 이 인정과 승인을 주택실천의 동력으로 삼고 자신의 행위를 합리화한다.

　　나는 되도록 1가구 2주택을 유지할 거예요. 아이 때문이죠. 집값이 올라주면 좋은 거고 안 오른다고 해도 괜찮아요. 나중에 아이한테 증여하게 될 수도 있으니까. 투자가 잘 안 된다고 해도 나중에 아이가 살 공간을 마련해야 된다고 생각하는 거죠. (유해리, 40대)

유해리씨는 현재 판교와 동탄, 그리고 세종시에 아파트 세채를 갖고 있다. 비용 절감을 위해 임대사업자 신청도 했지만 집을 사고 팔 때 세금을 많이 내야 했다. 하지만 앞으로도 1가구 2주택을 유지할 생각이 있다. 아홉살 딸아이의 미래를 위해서다. 자신은 부모에게 주택을 증여받지 못했지만 사회생활을 해보니 '부모 찬스'가 있는 경우와 없는 경우의 차이가 너무 현격하다는 사실을 깨달았다. 그래서 딸에게만큼은 자신이 할 수 있는 만큼 해주어서 딸이 덜 힘들게 살게 해주고 싶다는 것이다. 이는 아이를 가진 이들이라면 누구나 공감할 수 있는 이야기다. 천정부지로 오르는 집값을 떠올리면 부모로서 더욱 절실한 문제이기도 하다. 또한 성인 자녀가 부모에게 의존하는 것은 현대 한국사회에서 그렇게 이상한 일이 아니다. 가족주의가 강한 한국사회에서는 성인이 된 자녀가 분가와 독립을 할 때도 부모와의 관계가 앞으로의 생애 경로에 지속적인 영향을 미친다. 그리고 이 가족주의적 의존과 상호부조는 규범이 되어 여성들이 성인 자녀를 위한 주택실천을 하도록 유도한다. 정애숙씨는 아들 둘이 결혼을 할 때 번듯한 집을 만들어주지 못한 자신이 "개념이 없다"고 생각한다.

> 흡족하지 못하죠. 대외적으로 말할 건 아니지만, 아들을 둘이나 갖고 있으면서 집 하나를 준비 안 해놓은 내가 너무 개념이 없다는 생각을 했어요. 나는 부동산투자에 좀 빠른 편인데…… (정애숙, 60대)

부모 노릇을 하며 자부심과 만족감을 느끼려면 자녀의 내 집 마련까지 지원해야 한다는 가족주의적 모성 규범은 여성들의 자존감을 구성하는 기준이 된다. 무슨 수를 써서라도 자식에게 집을 마련해줄 수 있는 엄마는 존경받을 만하지만 그렇지 못한 엄마는 스스로 무능하고 개념이 없다는 자기평가를 한다.

> 난 들어오는 돈이 없잖아요. 그런데 친구들은 임대료가 천만원씩 들어와. 상가가 있거든. 얘길 들어보니까 임대료를 자식한테 넘겨주더라고요. 딸이든 아들이든 집 살 때나 큰돈 들어갈 때 보태주더라고요. 그걸 물려주면 자식들이 평생 고생 안 하고 살잖아. 그런데 난 그렇게 못해요. (고영실, 70대)

무릇 부모라면 자식이 독립할 때 살 집을 마련해줘야 한다는 가족주의 도덕은 모성규범이 되고 이는 여성의 계급규범으로 이어진다. 남편의 소득보다 월등한 생산능력을 발휘하며 집을 사고 팔아 자산을 갖춘 고영실씨는 아파트 두채와 평생 살 만큼의 현금 자산을 갖고 있으면서도 자신은 중산층이 아니라고 평가한다. 전략적 주택실천으로 다주택자가 되었지만 자녀들에게 평생 고생하지 않을 만큼 경제적 안정을 담보해주지 못한다는 점은 그녀가 온전한 중산층이 되기 곤란한 지점이다. 모성은 여성들의 계급의식을 재현하는 데 중요하다. 젠더는 여성들이 계급정체성을 형성할 때 그에 앞서서 작동한다.

여성들은 모성을 발휘해 집을 사고 자산을 확보했다고 설명한다. 그러나 이 일이 충분히 완결되기는 쉽지 않다. 성인 자녀가 집 걱정 안하고 살 만큼의 자산을 확보해야 하기 때문이며 더구나 자녀가 둘 이상일 때 더 완수하기 어려운 과업이 된다. 가족주의는 복지의 출처가 오로지 가족이(었다)라는 개인적 체험과 그에 대한 긍정에서 확연해진다. 집은 복지의 최소 조건이다. 주택은 그 자산가치가 폭등하고 주택 금융화가 광역화되면서 현재의 복지를 넘어 미래 복지의 토대가 되었다. 자산기반복지의 강화는 사회복지에 대한 기대를 떨어뜨려 개인의 경제역량에 과도한 권력을 부여한다. 주택실천에 대한 여성들의 적극성과 의미 부여는 이 역량에 대한 자기평가와 직능감에서 기인하지만 충분하다는 감각의 획득은 거의 불가능하다.

경제력이 곧 능력이기에

 여성들이 느끼는 혼란은 여성을 둘러싼 사회적 압력이 점차 가중되면서 발생한다. 전통적인 가족주의는 여성이 가족 안에서 모범적인 어머니 노릇을 수행하는 것을 가장 바람직하게 여기게 하지만 동시에 신자유주의와 능력주의는 경제적 능력을 갖춘 여성을 옹호한다. 여성들이 자신의 주택실천을 '엄마 노릇'의 일환으로 설명할 때는 당당함과 자부심이 드러난다. 그런데 신자유주의가 권유하는 경제적 유능함의 측면에서 같은 행위를 설명할 때 여성들은 목소리의 톤을 낮추고 신중하게 표현한다. 여성들도 신자유주의가 두둔하는 시민적 자질인 경제력이 매우 중요하다고 믿지만 이런 생각을 드러낼 때 더욱 조심스러워지는 이유가 있다. 이전에 부를 추구하는 여성에 대한 상징적 담론으로 작동했던 '복부인' '마담뚜'에 대한 부정적 낙인이 강했기 때문이다.

 현재 '복부인'은 '주부CEO'나 '골드미스'로 얼굴을 바꾸어 등장한다. 이제 여성의 사회적 야망과 노련한 경제적 수완은 긍정적으로 읽히기도 한다. 신자유주의는 국가에도, 사회에도, 나아가 가족에도 의존하지 않는 인간형이야말로 독립적이고 믿을 만하다고 인정한다. 개인이 어떤 사회적 조건에 처했고, 어떤 사회적 제약을 받았든 공정성이라는 기준에 따라 무임승차는 금지된다. 따라서 '세상 물정에 밝은 사람'은 '좋은 사람'이며 나에게 쓸데없는 '민폐'를 끼치지 않을 사람으로 용인된다. '엄마 노릇'과 가족관계에도 이 기준은 적용된다. 이 관계에서는 경제 구도에서 한발 빼지 않고 이해당사자로서 자신을 위치시키는 태도와 기업가적 자아상이 중요하다. 영국의 사회학자 로즈^{Nikolas Rose}는 심리학의 언어가 대중화되면서 이 기업가적 자아상의 형성에 지대한 공헌을 했다고 설명한다. 그는 심리학의 핵심에는 자율적 자아라는 관념이 있다고 파악한다. 자율적 자아는 자아성취를 이루려는 욕망을 갖고 있으며, 이를 실현하기 위해 자신의 삶을 하나의 기업처럼 운영하려는 책임성을 지니고 있다. 주어진 문제나 자신의 욕망을 스스로 성찰해 극복하는 자율적 자아는 신자유주의적 주체의 형성에 적합한 합리적 자아로 작동한다.[8]

신자유주의에 영향을 받은 이들은 재테크 지식을 습득하고 그에 따라 주택실천을 수행한다. 주택실천을 할 때의 태도 또한 자본주의 경제의 이해당사자로 자신을 위치짓는 일에서 출발한다. 주택실천이라는 게임은 시세차익과 주거 안정의 동시 달성이라는 이중 목적이 있기 때문에 수익과 손실은 이 실천의 승패를 좌우하는 중요한 기준이 된다. 이 게임에 참여한 행위자들은 계약에 따른 리스크를 자발적으로 감수하며 그 과정에서 동기를 부여하고 전략을 제공할 재테크 지식을 학습한다. 이 지식은 게임에서 패배한다고 해도 결과를 합리화할 근거를 만들어내고 자기 안전을 꾸리는 기반이기에 매우 중요하다. 가족을 돌보는 행위도 궁극적으로는 돈이 들어가는 일이기 때문에 경제실천은 가족을 유지하기 위해서도 필수적이다. 부동산이 투자가치가 있는 상품으로 부상하면서 집은 더 중요해졌다. 자산 축적의 이상적 대상으로 집이 선호되고 집에 대한 정보는 곧 자산 축적을 위한 정보로 여겨진다. 가족주의에 대한 압력과 기업가적 자아상이 옹호되는 자리에서 중산층 여성들은 젠더규범을 경유하면서 더욱 떳떳한 투기적 주체로 거듭난다.

신자유주의의 영향을 더 많이 받은 젊은 세대에게 부동산 정보는 훨씬 중요한 지식이며 유용한 도구다. 그러나 여전히 여성에게만 남아 있는 '복부인' 낙인, 다시 말해 경제적 욕망을 좇는 것에 대한 부정적 형상화는 여성들로 하여금 이중플레이를 하게 한다. 구술자 나현선씨는 부동산으로 시세차익을 얻고 나서 자녀가 다니는 영어유치원 학부모들에게 좋은 투자 정보를 제공했다가 황당한 경험을 했다. 그녀는 자본주의 사회에서 어떤 인간형이 유능하다는 평가와 존경을 받는지 정확히 알고 있다. 자본을 얻기 위한 정보와 지식도 경쟁적으로 추구됨을 알고 있다. 그런데도 현선씨는 이웃 학부모들과 그야말로 호의를 교환하는 차원에서 나름의 알짜 정보를 공유했다. 그 결과 순식간에 '복부인'으로 몰렸다. 이웃 학부모들은 그녀의 호의를 고지식한 위선으로 돌려준 셈이다. 현선씨는 부동산시장에서 시세차익을 추구하는 것을 부적절하게 보는 그 여성들이 '순진한 사람들'이라고 말했다.

아이를 영어유치원에 보냈는데 학군에 관심 있는 부모들이 모여서 정보를 나누고 그랬어요. 그 엄마들한테 재테크 지식 알게 된 게 너무 좋아서 얘기했는데, 그랬다가 이상한 사람 됐어요. 복부인이라고……(웃음) 아이러니인 게, 자산이 어느정도 있고 정보력이 없는 사람들이 더 순진하더라고요. 사회, 경제적인 면에서요. 돈 많아봤자 자식한테

좋을 것 없다는 얘기를 해요. 학군 소용없다고 얘기하고. 너무 순진한 얘기를 하는데 제가 경제 이야기를 한 거죠. 그 순간 되게 속물이 된 듯한 경험을 했어요. (나현선, 40대)

현선씨는 자신을 속물로 몰아가는 그 상황에 조금도 아랑곳하지 않고 그들의 '순진함'이 어디서 왔는지 질문한다. 그녀는 그들이 이런 정보에 무심할 수 있는 것이 그 부모들이 가진 자산 덕분임을 간파하고 있다. '경제력이 곧 능력'인 시대인데, 이를 쟁취하기 위해 아등바등하지 않아도 되는 특권을 가져서 순수를 가장할 수 있는 그들이 오히려 모순적이라는 입장이다. 이미 재력이 있는 그들은 '경제적 능력'을 요구하는 문화적 압력에 초연할 수 있다는 것이다. 하지만 이렇게 명확한 관점을 지닌 현선씨조차 그들의 '복부인론'을 면전에서 되받아치지는 못했다. 여성의 경제적 욕망에 대한 부정적 낙인을 여전히 의식하고 있었기 때문이다.

한편 젊은 세대에게 '속물'은 더이상 부정적이기만 한 인간형이 아니다. 그들은 오히려 고지식하고 세상 물정 모르는 인간형을 더 못났다고 평가한다. 가족을 위해 헌신해야 한다는 규범에 익숙한 장년층 여성들이 스스로를 '복부인'이 아닌 '유능한 엄마'로 슬쩍 대체해 설명하고자 할 때, 자녀들은 자신의 엄마를 당연히 '똑똑한 사람'으로 평가한다. 구술자 문현주씨는 재테크를 잘 알고 실천하는 사람을 '머리가 좋은 사람'으로 진단한다. 그녀는 스스로 그런 사람이 되려고 할뿐더러, 자신보다 먼저 이를 실행한 엄마는 똑똑한 사람이다.

엄마는 원래 머리가 좋은 사람이에요. 아빠는 회사를 잘 다닌 사람이고. 당시엔 20평대에 살다가 30평대로 옮기고, 40평대로 옮기면서 수익을 내는 '갈아타기'가 굉장히 일반적인 형태였어요. 그런데 아빠는 은행에 절대 빚내면 안 된다면서 굉장히 안주를 했어요. 반대로 엄마는 정말 끝도 없이 시도를 했죠. 나중엔 엄마가 건물을 살 수 있다는 거예요. "할 수 있다"고 했어요. 아빠가 안 된다고 난리를 쳐서 결국 모든 것이 무산됐지만 그런 기획을 했다는 점에서 엄마는 아빠보다 머리가 좋은 사람이었던 거죠. (문현주, 40대)

현주씨는 엄마가 재테크를 실천에 옮기지 못했다는 아쉬움이 크다. 당시로선 보기 드물게 큰 위험을 감수할 배짱과 명석함을 가진 엄마를 아빠가 막았다는 것에 대한 분한 마음이 있다. 결혼 후 줄곧 전업주부로 산 엄마가 집을 넓히고 자산을 획득할 수 있었던 종잣돈은 회사를 잘 다닌 아버지의 소득에서 온 것이 사실이다. 그러나 현주씨가 볼 때 "아빠는 거기까지"였다. 아빠는 일한 만큼만 임금으로 벌어오는 적당한 수준의 인간형이고 엄마는 그보다 더 '윗길'에 있다고 생각했다. 그녀는 엄마가 재테크에 적극적이었기에 자산소득을 만들 수 있었고 덕분에 지금까지 가족이 자율성과 안정감을 누릴 수 있었다고 평가한다.

허수지씨도 부모를 비슷하게 평가한다. 아빠는 '철의 여인'인 할머니가 오냐오냐 키워 "진짜 못 쓰는 아들"로 자라 착하지만 제멋대로인 사람이다. 가족에 대한 책임감도 강하지 않아 "돈을 많이 벌어서 가족을 위한다기보다는 본인이 힘들고 이 길이 아니라는 판단이 들면 접자"고 생각하는 편이었다. 수지씨 어머니는 남편을 보다 못해 속이 터져서 재테크에 더욱 열을 올렸고 그렇게 가족의 미래를 꾸렸다. 자본주의 사회에서 자산을 갖는다는 것은 시장에서 자기 근거로 작동하며 내 능력에 대한 자기증명이기도 하다. 수지씨 어머니의 재테크는 수지씨의 계급지위를 높였다. 그녀는 자신의 지위를 냉정하게 평가한다. "엄마의 재산을 빼면 수도권 평균에 불과하지만, 그것을 포함하면 대한민국 상위 5퍼센트로 상승한다"는 자평이다.

그러나 수지씨는 가족의 계급지위를 높인 어머니의 재테크 능력에 양가적 태도를 보인다. 수지씨 어머니가 아니었다면 현재의 안정은 절대 불가능했겠지만 어머니의 세속성과 자기중심적 태도는 돈에 대한 지나친 집념에서 비롯됐기 때문이다. 수지씨는 인터뷰 내내 자신의 어머니를 비판했고 자식에 대한 그녀의 강한 장악력과 무자비한 비난을 두려워했다. 이 때문에 몇년간 갈등을 겪다가 결국 독립했다. 그녀는 돈에 대한 어머니의 집착이 자신과의 관계를 악화시킨다고 생각한다. 수지씨 어머니는 결혼후 한번도 임금노동을 한 적이 없다. 모든 자본소득은 부동산 재테크에 성공한 결과다. 이런 경제적 유능함 덕분에 엄마는 자녀들을 샅샅이 관리하고 큰소리를 칠 수 있었다. 수지씨가 불만이 컸어도 반발하기 어려웠던 이유도 여기에 있다. 경제력이 곧 능력이라는 자본주의 논리에 수긍한 셈이다. 결국 수지씨는 어머니 덕에 돈 걱정 안 하며 살 수 있는 것을 감사히 생각하면서도 자신은 엄마처럼 돈에 집착하는 삶은 살지 않겠다고 다짐했다. 그러면서도 당시 교제하는 애인이 수도권이 아닌 지방의 중소도시에 정착하고 싶다는 속내를 내비칠 때 이렇게 생각했다.

당시의 애인이 C도시에서 살자고 했을 때 거기에서 계속 살고 싶지 않았어요. 속으로 한마디할까 하다가 참았어요. "야, C에서 집 사면 바보야"라고 말하려다 말았어요. 평생 주거할 거 아니면 투자가치가 없는데 미쳤다고 집을 사요? D지역 밑으로는 집 사면 안 돼요. 투자 대비 집값이 안 올라서 바보 돼요. (허수지, 40대)

신자유주의적 여성 주체가 행하는 투기적 주택실천에서 돈은 가장 결정적인 요소이지만 그만큼 쉽게 논의되지 않는 요소다. 돈은 즉자적이며 시장가치에 따라 정확한 측정이 가능하지만 꽤나 복잡한 상징이기 때문이다. 예컨대 문화인류학자 셰리 오트너Sherry B. Ortner는 에베레스트를 오르는 셰르파에 대한 민족지ethnography에서 셰르파들의 돈에 대한 생각을 설명한다. 셰르파들은 돈을 욕망하지만, 돈 자체를 욕망하는 것은 아니며, 그들의 복잡한 욕망이 돈으로 상징된다는 것이다. 돈은 왜 그들이 산을 오르는지 이해하는 출발점이지 종착점은 아니라는 것이다. 신자유주의적 여성 주체의 투기적 주택실천에서도 마찬가지다. 이들에게 투기는 단순히 돈을 위한 것이 아니다. 이들에게 투기로 얻은 시세차익은 이 방법이 아니면 달성할 수 없을 주거 안정과 가족복지, 가족 내 권력 분배와 조정을 가장 효율적으로 가능케 하는 기제다. 한편 자본주의 사회에서 돈의 위상은 양가적이다. 돈은 문화자본이나 시간자원 등 다른 자본으로의 전환이 가능한 기본값이기도 하며 사람들이 끝없이 추구하게 되는 절대적 가치를 지녔지만, 그저 그 액수만으로 누군가를 평가하는 것은 '후지다' '얄팍하다'는 평가도 동반한다. 따라서 수지씨가 자신의 엄마를 평가하듯, 여성들의 투기에는 늘 긍정과 부정의 언어가 동반된다. 투기적 주택장에서 이들의 실천은 투기로 얻은 이익과 좋은 집에 대한 선망으로 표현되지만, 동시에 그 비싸고 좋은 집에 사는 인간 유형에 대한 정서적 평가는 '복부인론' '속물론'이 보여주듯 비판적으로 이루어진다. 이는 돈에 대한 복잡한 재현과 해석이 만들어내는 효과다.

자산 확보가 자신의 존재근거이자 시장사회에서 살아가기 위한 최적화된 조건이라는 점은 투기적 주체를 키우는 논리다. 시세차익에 기반한 자산 확장은 이 투기적 주체에게 떳떳함과 권력을 부여한다. 소유적 개인주의라는 신자유주의 윤리가 사회적 인격을 형성하는 규범[9]이 되면서 소유욕은 단순한 개인의 욕심이 아닌 생존능력이 되었다. 소유욕과 속물성은 부정적으로 평가되지만 재테크 능력은 찬사를 받는 상황 속에서 좋은 돈과 나쁜 돈의 구분이 모호해지고 이 모순 속에서 투기적 주체는 힘을 얻는다. 수지씨는 재테크 능력에서 비롯된 어머니의 권력을 비판하면서도 본인 또한 투기적 주체가 되는 과정에 이미 참여하고 있다. 'D지역 밑으로 집 사면 바보'라는 그녀의 재테크 상식은 주택실천의 장과 그 적극적 참여자인 어머니에게서 학습된 것이며 유용한 지식이자 아비투스로 통용된다. 이 아비투스는 부도덕하고 지나치게 세속적이며 속물적인 것이다. 그래서 이는 사람들이 기피하고 싶은 것이지만, 부지불식간에 그들에게 흡수되어 유통되는 것이기도 하다. 이미 존재하던 가족주의라는 가치 규범은 사람들로 하여금 투기적 주체의 아비투스를 가족을 위한 것으로 여기게 유도하고 이는 가족복지 시스템과 만나 생존주의로 포섭된다.

'돈에는 관심이 없다'는 자부심

주거 안정으로 자기 복지의 최소 기반을 마련하고 시세차익을 통해 자산을 확장한다는 이중 목적을 달성하기 위해 지녀야 할 최소한의 품성과 태도가 있다면, 그것은 상승지향성과 손익에 대한 민감함이다. 적어도 집을 팔고 사는 일에서 보람을 느끼거나 그 실천으로 경제적 이익을 얻었을 때 성취감이 들어야 이 장에서 작동하는 아비투스의 기본을 갖춘 셈이다. 그런데 정수연씨는 그런 경험을 하고 나니 오히려 허무하다는 감각을 갖게 되었다고 설명한다. 수연씨는 페미니스트이며 원래 여성이 남성보다도 더 생계문제와 자산 구축에 민감해야 한다는 입장이었다. 1980년대 대학 시절에는 운동권에 속해 열심히 학생운동에 참여했고 여성학 공부를 하면서 체득한 것이 삶에 영향을 많이 미쳤다. 그녀는 자립, 무엇보다도 경제적 자립에 대해 특별한 신념이 있다. 무엇보다 경제적으로 자립해야 공적 자리에서의 발언권과 실천의 동력을 갖는다는 것을 체감해왔기 때문이다. 주변의 가까운 여성들에게도 늘 그 점을 강조하곤 했다. 수연씨 생각에 돈에 무지한 경우는 둘 중 하나다. 돈에 관심이 없어도 될 만큼 잘 살거나, 아니면 지나치게 순진하거나.

성인이 된 이후 수연씨는 경제력의 중요성에 눈을 뜨고 스스로 떳떳한 경제적 실천을 해왔다. 자기 명의의 소득이 생긴 뒤 바로 청약저축에 가입해 꼬박꼬박 돈을 부었고 주변에도 가입을 권유했다. 그런데 꾸준히 유지해온 그 청약저축은 지금까지 한번도 활용한 적이 없다. 처음으로 집을 사고 그 집값이 대폭 오르면서 주택장의 논리를 알게 되었고 이후 수연씨의 태도가 변한 것이다. 그녀는 1990년대 중반에 결혼했고 평범한 중산층이었던 아버지가 준 돈으로 전세 아파트에 들어갔다. 그러다 몇년 뒤 처음으로 집을 사게 되었다. 집 하나는 있어야 한다는 생각을 오래전부터 갖고 있었는데 당시 IMF 외환위기로 집값이 심각하게 떨어졌다. 남들이 다들 위험하다고 생각하던 그 시점에 "이때가 아니면 못 사겠다 싶어서" 자신이 전세로 살던 아파트의 보증금을 뚝 떼어 새로운 아파트를 매수했다. 전세 세입자가 이미 들어가 살고 있는 아파트였다. 매매가와 전세가의 차이가 크지 않았기 때문에 가능한 선택이었다. 원래 살고 있던 집의 보증금으로 첫 집을 샀기 때문에 나머지 보증금으로 자신이 살 집을 다시 구해야 했다. 수연씨는 원래도 중산층 부모 아래 괜찮은 환경에서 성장했고 결혼해서도 그럭저럭 나쁘지 않은 주거조건 속에서 살았다. 그런데 내 집을 마련하고 나니 수중에 돈이 줄어들어 처음으로 반지하

연립주택에 거주하게 되었다.

낙후된 주거 환경은 생각보다 견딜 만했다. 그곳에서 2년을 살다보니 7400만원이었던 집값이 두배가 훌쩍 상승해 1억 8천만원이 되었다. 이 경험은 수연씨에게 아직도 생생한 기억으로 남아있다. 집주인의 변덕에 연연해야 하는 셋집살이를 그만두고자 사둔 집이 2000년대 초반에 당시 잘 나가는 전문직의 몇년치 연봉을 뛰어넘는 불로소득을 만들어준 경험은 그녀에게 새로운 깨달음을 주었다. 이전까지 수연씨는 저금에 집착하는 사람이었다. 저축하는 습관이 큰 자부심이었고, 자신을 돌볼 최소한의 자본이 있어야 떳떳하다는 신념하에 일도 많이 하고 최대한 저축을 늘리려고 했다. 그런데 상승한 집값이 저축액의 규모를 훌쩍 뛰어넘었으니, 이 경험은 수연씨에게 그야말로 '쇼크'였다.

〔2년 만에 집값이 대폭 올라서〕 되게 쇼크를 먹었어요. 너무너무 쇼크를 먹었어. 저금을 안 하게 됐어요. 되게 의미 없다고 느꼈어요. 집값이 오른 게 좋으면서 허무했고, 또 허탈했던 것 같아요. 좋긴 한데이게 뭐지, 이런 느낌. 왜냐하면 당시에는 시세차익을 향해서 내가 투자했던 건 아니었거든요. 어떻게든 집 한칸 마련하려고 한 거지. 1,2천정도 올랐다면 물가상승률도 있으니 당연히 올랐겠거니 하겠는데, 그때가 IMF 사태 직후 집값이 엄청나게 오르던 시점이었거든요. 그 상황이 약간 비현실적이었어요. 이게 뭐지, 하면서 충격을 받았어요. (정수연, 50대)

큰돈을 갖고 투자를 했다기보다 그야말로 소박한 내 집 마련 열망에서 처음으로 집을 샀기 때문에 값이 오르기 시작할 때는 "되게 신났다". 친구들에게도 그 아파트를 사두라고 추천을 했다. 딱 그 정도였다. 주변 여성들에게 추천한 이유는 그 집이 서울의 다른 아파트에 비해 상대적으로 저렴했기 때문이었다. "주변의 가난한 여성들이 떼돈 벌 일도 없고 집을 사기 어려운데 되게 저렴하고 괜찮은 아파트가 있으니까 언젠가 나이 들어 이곳에 다 같이 모여 살면 좋지 않겠냐"는 생각이었다. 그런 정보는 최대한 많은 이들과 공유하는 게 좋다는 생각을 했다. 여성주의자 입장에서 그런 판단은 정치적으로도 나쁜 것이 아니었다. 실제로 수연씨의 제안을 따랐던 한 친구는 수연씨보다 더 높은 가격에 그 아파트를 팔았고 지금까지도 그녀를 보면 항상 고맙다는 이야기를 한다. 수연씨는 이 경험을 계기로 다른 투자 기술을 익혀나갔다. 부동산투자를 좀 한다는 이들 사이에서도 공부가 필요하다는 경매에 뛰어들었다. 그렇게 집을 사기도 하면서 돈이 돈을 번다는 것이 어떤 의미인지 직접 경험했다. 그 결과 그녀는 반지하 연립주택에서 2층의 연립빌라로 이사를 하는 '신공'을 보이며 몇년 사이에 주택 두채의 소유자가 되었다.

수연씨는 '집을 가지고 실험을 많이 한 사람'이라고 자신을 설명한다. 대단지 아파트부터 단독주택까지 다양한 형태의 집에서 살아봤고, 동에 번쩍, 서에 번쩍 장거리나 단거리를 가리지 않고 여러 도시로 여러번 이사를 다녀본 '가벼운 몸을 가진 사람'이었다. 그렇게 집을 바꿔가면서 돈을 만져보기도 했다. 자신의 주거이력을 설명할 때 그녀는 일종의 문화자본을 내어놓아 뿌듯한 표정이었다. 그녀는 스스로 남들보다 '투자의 촉'이 있다고 생각한다. 이 자긍심은 '자뻑'이 아니다. 지금까지 그녀는 처음부터 끝까지 주관한 부동산 계약만 해도 열건이 넘고, 이 방면에서 소문난 '빠꼼이'다. 지인들은 집을 구할 때 모두 그녀에게 조언을 구하고, 실제로 그녀가 좋은 집이나 동네를 주변에 적극 추천해 서로 만족할 수 있는 계약이 이루어진 것도 여러번이다. "집 사서 한번도 손해를 본 적이 없다"고 말할 때 수연씨는 강한 자부심을 보였다. 그리고 그 자부심은 전문 투자자의 그것과 다르지 않았다.

그 당시 지방에는 9백만원짜리 집도 있었어요. '와, 9백만원만 있어도 집을 얻을 수 있으니까 집에 연연 안 해도 되겠네?'라는 생각도 들고 재미있더라고요. 그 집을 샀다가 관리하기가 힘들어서 1100만원에 팔았는데 가재도구 장만한 비용과 복비를 다 빼도 손해가 하나도 안 났어요. 관리비 낸 것까지 계산하면 손해가 0이야 0. 난 항상 적어도 손해를 0으로 만들어서 집을 팔았지 밑진 적이 없어요. 그러니까 집도 빨리 나가고. 내 원칙이야. 손해를 보고 싶진 않고 그걸로 이득을 봐서 돈을 더 투자하려는 마음도 없어. 내가 살 집은 있으니까. 부동산으로 부를 증식하는 건 세상을 너무 혼탁하게 만드는 거지. 하지만 집은 있어야 돼. 이놈의 혼탁한 세상에서. (정수연, 50대)

수연씨는 이미 투자 감각을 쌓았고 실무 경험도 풍부하다. 그리고 주택실천의 장에서 유용한 아비투스가 있다. 그녀에겐 두가지 자부심이 있다. 세상에 얼마나 다양한 집이 있는지 몸소 경험했다. 이것이 그녀의 첫번째 자부심이다. 그러나 그 경험 때문에 부동산투기에 대한 가치판단도 할 수 있게 되었다고 설명한다. 그녀는 투기의 세계와 그것이 주는 이익과 재미를 잘 안다. 하지만 적어도 그것이 정치적으로 올바르지 않다는 의식이 있다. 그녀 스스로 '쇼크'로 경험했듯이 자본이익은 과도한 욕심을 부추기고 성실하게 차곡차곡 쌓아가는 삶을 무용하다고 평가하게 만들기 때문이다. 따라서 투기의 세계를 잘 알지만 건강한 삶을 위해 자제한다는 것이 그녀의 두번째 자부심이다.

이 두번째 자부심을 지키기 위해서는 적당한 노동소득과 사회적 관계망, 두가지가 필요하다. 수연씨는 생활수준에 맞는 소득이 있고 가치지향이 비슷한 사회적 관계망 안에서 생활한다. 그럼에도 투자와 투자수익에 대한 선망이 완전히 사라졌다고 하기는 쉽지 않다고 그녀는 고백한다. 지금은 오래전에 사둔 단독주택을 새로 올려 세입자를 들여야 할지, 아니면 자신이 원하는 스타일로 오래 살 수 있는 집을 만들어 직접 들어가 살지를 고민하고 있다고 했다.

그녀에게는 주택실천이 시세차익과 자산 확장을 만들어내는 것에 대한 경계심과 자기 주관이 분명히 있다. 그러나 그 자부심이 이 장을 전복시키는 수준의 전략으로 이어진 것은 아니다. 부르디외는 개별 행위자들이 단순한 소립자가 아니며 자본의 담지자라는 점을 지적하고, 자본 보유(총량과 구조) 덕분에 자신이 장에서 차지하는 위치와 궤적에 따라 현재의 자본 분포를 보존하는 쪽으로든 그것을 전복하는 쪽으로든 능동적으로 방향을 설정하는 기질을 갖고 있다는 점을 강조했다.[10] 수연씨는 경제자본을 축적하려는 욕망의 균형을 문화자본과 사회자본의 협조로 맞추고자 한다. 자신의 계층 수준이 경제적으로는 중간 정도라고 생각하지만 문화자본과 사회자본에 상당히 만족하기 때문에 과도한 욕망의 절제가 가능하다는 의미다.

> 친구들이나 동료들 보면 퇴직한 다음에 귀농한다는 사람들이 천지예요. 다른 사람들은 다가구 고쳐서 월세 받으려고 알아보고 있는데. 투기로 수익 얻으려는 생각 안 해요. (정수연, 50대)

시세차익이나 부동산을 통한 이익을 얻고자 하는 사람들은 수연씨가 보기엔 사회를 혼탁하게 하는 이들이다. 수연씨 주변에는 지나치게 경쟁적인 도시를 떠나 귀농을 원하는 등 자족하는 삶을 원하는 이들이 많고, 그녀 스스로 부동산투자자가 충분히 될 수 있었어도 그 방향으로 나아가기를 멈추고 자신에게 투자했다는 자부심이 있다. 그녀의 자부심은 그녀가 투기에 대한 경계심을 갖고 있고, 자기 시간과 노력을 부동산 대신 문화자본과 사회자본의 함양을 위해 투자했다는 것에서 비롯된다.

구술자 차유리씨도 '부자 아버지' 덕분에 유복하게 자랐다. 사업가였던 그녀의 아버지는 수완이 좋은 사람이었고, 부침 없이 사업을 잘 이어갔다. 그녀는 고등학교 때 다른 동네 아이들과 어울리면서 처음으로 계급 격차라고 할 만한 것을 경험했다. 그녀에게는 자연스러운 것이 친구들에게는 사치라는 사실을 이해하면서 계급의식을 갖게 되었다고 설명했다. 친하고 좋아하는 친구들과 내가 다르다는 것, 그 차이가 다른 것이 아닌 오로지 부모에게서 왔다는 것은 당시의 그녀에게는 불편한 깨달음이었고, 그 불편함을 상쇄하기 위해 일부러 친구들과 그 차이를 유희하며 놀았던 기억이 생생하다.

학창 시절 그녀가 살던 동네는 상계동과 가까웠다. 상계동 노원지구에 대단지 아파트가 들어서면서 판자촌이 생기는 것을 보았다. 아파트 단지가 생기면서 밀려난 기존 거주민들이 임시로 마을을 이루고 사는 판자촌에서 극심하게 열악한 주거 환경을 보았다. 당시 친구 어머니가 그렇게 '밀고 들어간' 아파트를 매수하는 것을 보고 그녀는 그 행동이 나쁘다고 생각했다. 그리고 "집장사 하는 사람들에 대한 반감"을 갖게 되었다. 자본주의 사회에서는 합법적이고 자연스러운 행위였을지 몰라도, 누군가는 터전을 하루아침에 잃었는데 혼자만 잘살겠다고 그 자리에 새로 지어진 집을 사들이는 행동은 나쁜 일이었다. 그녀는 아버지가 집을 더 산다고 했을 때 "우리 아버지를 부르주아라고 생각하면서 별로 안 좋아했다"고 말했다. 이런 발화에는 유리씨 자신의 오래된 계급 정체성을 부수려는 의지가 담겨 있다.

그녀의 이러한 태도는 성인이 되어서도 이어졌다. 강박적일 정도로 줄곧 돈과 거리를 두고 싶었다. 돈에 연연하면 '후진 것'으로 보였다. 특히 그녀가 활동가로 일한 현장들은 "가난이 스웩swag"이었다. 하지만 그녀의 주거가 불안정했던 적은 없다. 부자

아버지가 계속 집을 얻어주었기 때문이다. 한편 그녀는 "안정적인 생활을 하고 있다는 것 자체가 나에겐 매번 거리를 두고 싶은 환경"이라고 설명한다. 그녀는 돈에 무심하고자 했다. 그렇게 자신의 정치적 입장을 간접적으로 실천하고자 했다. 적금을 알뜰히 붓거나 좋은 물건을 사려고 하지 않았다. 돈 관리를 못하기로 주변에서 유명했는데 수표를 받으면 "책갈피에 끼워두고 어디 갔는지 모르는 식"이었다. 아버지가 벌어둔 자산 덕분에 안정적으로 살지만 그것이 온전히 내 것이라는 의식은 하지 않으려 했다. '가난이 스웩'이라는 말은 유리씨가 지향하는 가치와 그녀가 필사적으로 얻고자 노력하는 아비투스가 무엇인지 잘 보여준다. 그것은 자신이 부모에게 물려 받았고 물들어 있는 아비투스와 정반대다.

모순적인 그녀의 위치를 보여주려는 듯 그녀는 자신의 아버지를 언급할 때 '부자'라는 단어를 강조하면서 많이 썼다. 돈에 무심하고자 하는 그녀가 자신의 부모를 의식적으로 '부자'라고 표현하는 것은 자신의 원래 계급과 아비투스에 대한 인식이 흐리멍덩하지 않음을 직관적으로 암시한다. 이러한 반복적 표현은 자신의 원가족 배경이 중산층임을 분명히 하되, 스스로 지향하는 가치가 있고 그것을 실천하고자 다른 문화자본과 사회자본을 쌓기 위해 의식적인 노력을 한다는 것에 대한 강조이다. 유리씨가 쌓고자 하는 문화자본은 자본주의적 실천에 대한 비판적 간파와 불평등에 대한 정치적 의식, 그리고 불평등의 격차를 줄이기 위한 사회적 노력이다.

당연히 정수연씨나 차유리씨 모두 주거 안정의 욕망을 갖고 있다. 어머니 노릇이나 신자유주의적 투자자 정체성으로 자신의 게임을 설명하는 여성들과 이들이 다른 점이 있다면 투기는 나쁜 것이라는 도덕적 판단을 하고 이를 뒷받침하는 비판적 지식과 사회적 네트워크를 갖고 있다는 것이다. 또 그런 문화자본의 축적이 경제자본을 늘리는 것보다 더 좋다는 임의의 가치판단을 하고 있다는 점도 다르다.

자신이 지향하는 가치를 지지하는 집단에 대한 소속감과 그 안에서의 적극적인 교류는 주택실천에서 행위자성을 만들어내는 중요한 요소이다. 구술자 김지연씨는 이삼십대 때 직장에 다니며 열심히 저금을 했다. 저금이 미래에 대한 대책이라고 생각하고 살았다. 프리랜서로 일하는 현재는 그때만큼 소득이 안정적이지 않다. 그러나 "미래를 대비하느라 현재를 쪼들리게 살지 않는 사람들과 인간답게 자기 나름의 삶을 사는 사람들"을 보면서 불안을 접게 되었다고 설명했다. 참조집단의 가치관과 그들과의 일상적 접촉, 집단적 실천이 투기에 경계심을 갖게 하고 과도한 욕망을 조절하게 한다.

또한 국가와 시장의 권력에 비판적인 입장과 그 구조를 꿰뚫고 있다는 지적이고 문화적인 자부심이, 투기실천과 자산 축적을 경계하고 주택실천의 장에서 생성되는 투기적 상승 욕구에 호응하지 않는 자신을 합리화하는 기제로 작동한다. 구술자 박현명씨는 국가가 '내 집 마련'이라는 이름으로 전개하는 자산기반복지정책의 허구성과 나중에 찾아올 필연적 노후 불안을 꿰뚫고 있다는 자신감을 드러냈다.

박현명 노후는 완전 불안하다. 그건 알겠어요. 그나마 나까지는 아파트에 살 수 있지만 자식들은 절대 자력으로 아파트를 갖지 못할 거라는 것도 알겠고. 우리가 물질적으로 뒷받침해줄 수 있는 게 없으니까.

필자 아파트로 역모기지를 하는 것도 가능하지 않을까요?

박현명 아니오. 그때 되면 그 제도가 없어질 거라고 생각해요. 얼마나 아파트가 많은데요. 우리 세대에 돈 없이 아파트만 있는 사람이 한둘도 아니고.

필자 보험은 갖고 계세요?

박현명 건강보험 하나밖에 없어요. 그나마 연금보험은 안 한 게 천만다행이다 생각하죠.(웃음) 돈 까먹는 연금보험 그걸 왜 하나고 생각했죠. 돈도 없었고. (박현명, 50대)

현명씨는 국가가 공들이는 자산기반복지의 대표적 상품인 역모기지론도 불신한다. 정부의 주택물량 공세와 악화되는 노동 환경을 고려할 때 그 기획은 실패할 거라는 확실한 견해를 갖고 있다. 그녀는 모두가 아파트를 사려는 상황과 부동산 자산의 확보가 노후 안정으로 이어질 것이라는 평범한 사람들의 낙관에 찬물을 끼얹는 냉소적 태도를 보였다. 보통 사람들이 미래의 불안을 해소하기 위해 가입하는 연금보험 같은 상품에 대해서도 마찬가지다. 수많은 연금보험 상품 가입자들을 비웃듯 그녀는 자신이 경험하고 공부해온 국가와 자본의 속성은 미래를 준비하려는 사람들의 장기적 전망을 무력화할 텐데, 본인은 그동안 갖춰둔 지적 능력 덕분에 미래의 실패를 피할 것이라며 안도했다. 주택열 망과 계급재생산에 대한 사람들의 욕망은 사회에 악영향을 끼치 는 부도덕한 일이기 때문에 본인은 그에 영합하지 않는다는 강한 긍지는 스스로를 선한 시민의 위치에 놓는 데 도움이 된다. 나아 가 국가와 자본의 속성을 간파하고 있다는 자각은 주택실천과 거 리를 두는 태도를 갖게 한다.

부동산투자에 관심 없어요. 사실 그런 생각은 해요. 처음부터 대출 안고 집을 샀다면 좋았겠다. 주변에 그렇게 재테크한 집이 많더라고 요. 그런데 제가 그걸 할 만한 사람이 아닌 거예요. 그런 데엔 스스로 재주가 없는 사람이라고 생각해요. (…) 2005년인가 2006년에 동네에 대기업 브랜드 아파트가 들어서던 때였어요. 주변에서 천만원만 있으 면 된다고, 청약 넣으라고 하더라고요. 귀가 솔깃해서 남편한테 말했 더니 남편이 "너는 시민단체에서 일한다는 사람이 어떻게…… 설령 네가 이익을 본다고 해도 그만큼 누군가는 손해 보는 거라고."라는 거 예요. 너무 민망해하면서 얘기하다 말았던 기억이 있어요. 저한테 [투 자의] 기회가 안 온다는 건 그만큼 의지가 없기 때문인 거 아닐까요?

(진윤주, 50대)

구술자 진윤주씨도 자신의 경험을 통해 비판적 입장을 내보인 다. '아파트청약 당첨은 로또'라는 이 장에서의 불문율 때문에 서 울권의 아파트청약은 높게는 수백 대 일, 낮게는 수십 대 일의 경 쟁률을 보인다. 분양가가 시세보다 낮게 책정되는데도 신축이라는 장점이 그 아파트의 가치를 높이기 때문이다. 그렇게 해서 상승한 집값은 이후 집을 사고자 하는 사람들에게 다시금 진입장벽이 된다. 결국 집을 갖기 위해서는 아파트청약 당첨이라는 운과 조건에 모든 것을 걸어야 하는 악순환이 형성된다. 진윤주씨는 '나의 이익은 누군가의 손해'라는 부동산투기의 속성을 이해하고 있다. 주택거래로 생기는 재산상의 이득도 따지고 보면 다른 소유자나 세입자와의 거래에서 실현되며 그 소득을 다시 가구의 경제적 안전을 책임지는 기반으로 활용하는 것이다.[11] 그것을 모른 척하고 이익을 보려 했던 자신이 민망했다는 이 경험은 그녀가 지키고자 하는 중요한 가치가 무엇인지를 보여준다.

윤주씨가 부동산투자에 "재주가 없는 사람"이라고 자평할 때 표면적으로는 자신을 낮춘 것처럼 보인다. 하지만 자신 있게 꺼낸 이 말에서는 큰 결핍이 없는 현재와 지금까지 꾸려온 삶에 대한 묘한 만족감도 드러난다. 자신은 부동산투자에 의지가 없는 사람이며 관심도 없다는 선언에는 자부심이 어려 있다. 많은 사람들은 선택한 직업이나 평소의 신념이 자신이 누구인지를 설명한다고 믿는다. 그러나 그것은 잠재적 상태일 뿐, 실제로 본인이 믿는 바가 무엇이며 어떤 욕망에 흔들리는지 시험해볼 수 있는 기회는 많지 않다. 윤주씨는 충분히 가능성이 있었던 신축 아파트의 청약에 가담하지 않았다는 사례로 자신이 누구인지를 설명하고 있다. 하고 있는 일과 평소의 생각으로 자신을 간접 증명하기보다는 자신의 인격이 시험당하는 상황에서 끝내 유혹을 거절하는 용기가 있음을 확인했다는 점에서 그녀는 자신에게 떳떳했다.

한국의 주택시장에 비판적 입장을 가진 이들은 문화적 능력에 대한 평가에 더 민감한 사람들이다. 그 문화적 능력이 자신의 가치를 높인다는 확신과, 시세차익을 노리는 사람들과의 차이를 만들어주는 것이라는 믿음에서다. 그러나 이들 또한 자가주택에 대한 믿음은 절대적이다. 투자에 투자를 거듭해 집으로 돈을 벌지는 않겠다는 태도의 차이가 있을 뿐 자가주택이 자신과 가족의 안정을 마련해준다는 믿음은 동일했다. 주거 안정은 자가소유에서 비롯된다는 믿음, 자가소유가 삶을 풍요롭게 한다는 확신은 존재하지만, 이들은 그 가치판단과 실천의 효과를 우려하는 주체라는 점에서 스스로 다르다고 평가한다. 그들의 우려는 문화적 능력에 대한 자부심에서 나온다. 경제자본보다 문화자본이 더 가치 있다는 평가와 스스로 문화자본의 축적에 투자했다는 만족이다. 가족주의와 자가 선호는 이때도 유효하다. 다만 시세차익의 획득을 통한 자산 축적과 계급재생산 욕망을 경계하고 이에 대한 거리두기를 하며, 비판적 입장에서 자신의 사회적 역할을 상상한다는 점에서 차이가 있다.

부동산 시장에 부는 젊은 세대의 '패닉바잉' 바람이 심상찮다는 뉴스를 자주 보게 된다. 관련해 최근 기사는 2020년 상반기 서울 지역 아파트 구매 건수의 30%를 30대가 차지했다며 30대의 '묻지마 매입'을 문제삼다가 2021년 상반기에는 20대의 '질풍노도'가 두드러진다고 밝혔다. 2021년 상반기 전국 아파트 매매 거래의 전체 건수가 지난해 상반기보다 감소했음에도 유일하게 20대 이하에서만 거래가 늘었다는 것이다.[1] 젊은 세대의 부동산 거래를 설명할 때 유달리 '묻지마' '질풍노도' '패닉바잉'과 같이 부적절하다는 가치판단이 짙게 섞인 용어를 널리 사용하는 것도 다시 살펴봐야 할 문제지만, 중장년층에 비해 현금 동원력이 부족할 것으로 보이는 젊은 세대의 부동산거래에서 어떤 의제를 제기해야 할지가 더 중요해 보인다.

올해 4월 한국부동산원이 발표한 월간 아파트거래 현황에 따르면 증여 규모가 이 조사를 시작한 이래 역대급으로 늘어났으며 특히 대표적으로 부유한 지역인 강남구에서 발생한 아파트거래(1174건) 중 증여가 차지하는 비중은 무려 69.2%에 달한다. 매매(23.3%)나 기타 소유권 이전(7.2%)을 완전히 압도할 만큼 아파트거래에서 증여가 차지하는 비중이 절대적인 수준이다.[2] 또다른 기사는 1666조원까지 불어난 가계대출의 63.2%는 고소득층이 차지한다는 점을 지적했다. 고소득층은 고신용을 활용한 초저금리로 대출금을 이용해 투자를 지속적으로 늘려가고 있는데 특히 많은 비용이 부동산투자로 연결되고 있다.[3] 집값이 계속 오르면 고소득층은 자신의 신용을 이용한 부동산투자로 더 많은 자본이익을 취할 수 있어 사회적으로는 자산 양극화가 심해지는 문제가 발생한다.

불평등의 구조화는 자산 양극화, 자산 격차라는 말로도 설명이 부족하다. 이제 한국사회는 기득권층이 구축한 철옹성 밖의 아웃사이더들은 아무리 노력을 해도 그 장벽 안으로 진입할 기회를 얻기 어렵다는 '장벽사회'가 되어간다는 분석[4]도 청년세대가 겪는 불평등의 특성을 설명한다. 자산을 공유한다는 것은 도덕적 책무와 돌봄의 의무를 동반한다. 증여와 상속은 가족 간에 서로 책임을 공유하고 유대를 쌓으며 오가는 감정과 시간, 헌신을 극대화해 가족주의를 강화한다. '믿을 것은 오로지 내 핏줄'이라는 통념은 정서가 아니라 서로의 애정과 신뢰를 확인시켜주는 돈, 나아가 부동산을 주고받는 것으로 자명해진다. 정상가족 중심의 생애과정은 이러한 방식으로 규범성을 획득한다. 그러나 아쉽지 않을 만큼 줄 것이 있고 받을 것이 있는 이들은 소수다. 아무리 '영끌'을 하여도 원하는 방식의 안정적 주거가 어려운, 혹은 '영끌'조차 할 수 없는 많은 이들에게 주택문제를 정치화한다는 것은 어떤 의미여야 할까.

내가 만난 30대 중반의 싱글 남성 준경씨는 자신에게 집은 곧 캠핑과 같은 것이라고 설명했다. 그에게 주거 안정은 상상하기 어려운 것이었다. 그는 남들처럼 가정을 이루고 '홈'을 만들기 위해서는 자신이 생각하기에 정당하지 않은 방식으로 살아야 한다고 주장했다. 그에게 정당하지 않은 삶이 방식은 "죽도록 열심히 일하고, 옆을 안 보고, 경쟁적이고, 성취지향적인" 삶을 사는 것이다. 그저 자신은 불안을 친구 삼아 홀로 살 수밖에 없다고 했다. 불안의 감각은 우리가 취할 수 있는 라이프스타일이 양쪽으로 나뉘어 있다고 믿게 만들었다. 한쪽은 일상과 노동의 균형 속에서 적당한 속도로 사는 삶이며, 반대쪽은 전력을 다해 질주하며 이기적으로 경쟁하는 삶이다. 그의 기준에 이 둘은 결코 화해할 수 없는 라이프스타일로, 한쪽을 선택하면 다른 하나가 주는 이점은 불가피하게 포기해야만 하는 것이다.

이 화해 불능의 기저에 있는 핵심은 '집'이다. 집은 매우 비싼 상품이기도 하지만 구성원들이 그 안에서 함께 살며 친밀한 관계를 맺고 서로 돌보는 장소라는 점에서 중요하다. 이 때문에 사람들은 주거가 불안정하면 그 삶 또한 불안정해지기 십상이며 누군가와 함께 살면서 나이 들어가는 상상을 하기 어렵다. 준경씨는 파트너십에 대한 욕망도 어느 순간 사라졌음을 느낀다. 가끔씩

안정적으로 살고 싶다고 생각하면서 그가 만지작거리는 카드는 놀랍게도 '비트코인'이다. "주변 사람들이 비트코인으로 좋은 차도 사고" 소위 인생 역전을 꿈꾸는 것을 보면서 비트코인이라면 내 라이프스타일을 지키면서도 안정적인 삶을 살 수 있게 해주지 않을까 상상하게 된다고 했다. 양쪽 끝에 있는 결코 만날 수 없는 라이프스타일을 봉합할 유일한 방법론이 '못 먹어도 고'의 마음으로 하는 금융투자라는 것은 불안을 위험으로 막아내는 요즘 세대의 생존양식이다.[5]

또다른 사례를 보자. 40대 중견급 IT 개발자인 진주씨는 성인이 된 후에는 내 집이 있어야 한다는 생각을 줄곧 해왔고 살고 싶은 집도 18평에서 24평 사이의 단지형 아파트로 명확하다. 대학 졸업 후 쉬지 않고 일을 해온 덕분에 모아둔 돈도 제법 있고 스스로 '강남에서 자란 전형적인 스타일'이라고 설명하듯 중산층의 계급 배경을 갖고 있다. 그러나 그는 자신이 퀴어라는 점이, 원하는 주택 매매를 실현에 옮기고자 할 때 마음에 걸린다고 했다. 돈도 돈이지만 자신이 원하는 대단지 아파트 주민이 되고자 할 때 여성과 파트너십을 맺고 있다는 것이 부담된다는 것이다. 어릴 때부터 어머니가 동네 이웃들과 스스럼없이 교류하고 가깝게 지내온 모습을 보고 살아온 진주씨로서는 '젊은 부부들이 아이와 함께 사는 아파트 단지에 여자 둘이 살면서 생활 터전을 만드는 것이 괜찮을까' 싶기도 하고, 가장 자유로워야 할 주거공간에서 아웃팅의 위험을 감수해야 한다는 점도 고민스럽다. 그에게 살기 편하고 집값도 '방어'할 수 있는 도시 대단지 아파트에 대한 진입장벽은 비싼 집값뿐만이 아니다. 이성애 정상가족의 형태로 살지 않는 것이 오랜 열망을 실천으로 이루려 할 때 걸림돌이 될 수 있는 것이다.

내가 이 책 전체에서 강조한 것은 여성이 계급적 자원을 이용해 투기적 주택실천을 해도 그것이 온전히 자기 역량의 성장이나 개별적 자율성의 획득으로 이어지기는 불가능에 가깝다는 것이었다. 오히려 가족주의와 가부장적 계급구조에 종속되는 부조리한 현실에 놓이는 상황을 설명하고자 했다. 그리고 이 비관적 전망은 지금 젊은 세대에 이루어지는 가족 간 부동산 승여나 '부모찬스' '가족은행'을 경유한 계급 격차의 강화에서 드러난다. 여성들 자신이 원했든, 그렇지 않았든 투기적 주택실천의 효과는 사회적 불평등을 고착시키는 아주 단단한 경로가 되었음을 부정하기 어렵다.

책을 마무리하는 이 시점에, 연구를 시작할 때부터 가졌던 근본적 질문 하나가 다시 떠오른다. 1982년에 초판이 발행된 『반사회적 가족』Anti-social Family에서 배럿Michèle Barrett과 매킨토시가 제기한 것처럼, 가족은 왜 반사회적인가? 특히 집을 소유하려는 가족의 욕망은 왜 반사회적일 수밖에 없는가? 반사회적인 제도를 우리는 언제까지, 누굴 위해 존속시켜야 하는가? 언제나 질문은 주택이 아니라 가족을 향해야 한다.

프롤로그

1 박완서 『박완서의 말: 소박한 개인주의자의 인터뷰』, 호원숙 엮음, 마음산책 2018, 67면.

1장 투기는 어떻게 여성의 일이 되었나

1 「집값 상승 둔화에도 청약 과열 … 2분기 15만 가구 '단비'」, 『이데일리』 2021년 4월 7일.

2 「'규제 시작되기 전에 아파트 마련하자' … 전국에 청약 광풍」, 『연합뉴스』 2020년 6월 4일.

3 최시현 「주택담보 정동경제」, 『문화과학』 2021년 여름호 77면.

4 피에르 부르디외 『사회학의 문제들』, 신미경 옮김, 동문선 2004, 125면.

5 Pierre Bourdieu, *The social structures of the economy*, trans. Chris Turner, Cambridge: Polity 2005.

6 같은 책 195~98면.

7 피에르 부르디외, 앞의 책 125~32면.

8 Pierre Bourdieu, *Le Sens Pratique*, Paris: Minuit 1980.

9 이상길 『아틀라스의 발: 포스트식민 상황에서 부르디외 읽기』, 문학과지성사 2018, 207면.

10 피에르 부르디외, 앞의 책 148면.

11 사회학자 주해연은 이러한 여성화된 투기적 실천이 한국사회에서 계급 이동의 주요한 방식이었기에 중산층, 노동계급의 경계없이 계급 상승을 원하는 모든 이들이 이를 수행해왔다는점을 지적했다. Hae Yeon Choo, "Speculative Homemaking: Women's Labour, Class Mobility and the Affect of Homeownership in South Korea," *Urban Studies* Vol. 58, No. 1, 2021, 148~63면.

12 LG전자 '디오스' 냉장고 광고, 2000. 이외에도 '디오스' 냉장고 광고는 "여자가 여자에게 추천합니다" "여자의 말을 잘 듣겠습니다" "여자만세 프로젝트" 등의 문구를 통해 여성과 고급 가전제품을 적극적으로 연계하여 여성과 집, 가정생활의 가치를 낭만적으로 생산해왔다.

13 Witold Rybczynski, *Home: A short history of an idea*, Penguin Books 1987.

2장 중산층 여성 주체의 등장: 현모양처에서 주부CEO까지

1 국가통계포털.

2 「'근로자 평균임금' 생계 미달」, 『조선일보』 1974년 1월 30일.

3 Maria Mies, *Patriarchy & Accumulation on a World Scale: Women in the International Division of Labour*, London & New York: Zed Books 1999.

4 마포아파트는 한국 최초로 개별 연탄보일러를 사용하는 난방설비와 수세식 변소를 각 호수별로 갖추었고 입식생활을 지향하는 서구식 주생활 개념을 도입하였다. 전남일·손세관·양세화·홍형옥『한국주거의 사회사』, 돌베개 2008,192면.

5 대한주택공사 『주택도시 40년』, 2002.

6 한국주택금융공사『한국의 주택금융 70년』, 2016, 52면.

7 청약통장제도는 국가가 무주택가구 중에서도 유효가구를 국가의 관점에서 선별하고 이를 우선순위로 두는 선별적 통치에도 핵심적 역할을 하는데, 이는 2007년 시행되는 청약 '가점제도'를 통해서 더욱 노골적으로 구현된다.

8 Hyun Mee Kim, "Work, nation and hypermasculinity: the 'woman' question in the

economic miracle and crisis in South Korea," *Inter-Asia Cultural Studies* Vol. 2, No. 1, 2001, 53면.

9 김현미「한국의 근대성과 여성의 노동권」,『한국여성학』 16권 1호, 2000, 40면.

10 Jongwoo Han and L. H. M. Ling, "Authoritarianism in the hypermasculinized state: Hybridity, patriarchy, and capitalism in Korea," *International Studies Quarterly* Vol. 42, No. 1, 1998.

11 Seung-kyung Kim, "Productivity, Militancy, and Femininity: Gendered Images of South Korean Women Factory Workers," *Asian Journal of Women's Studies* Vol. 3, No. 3, 1997.

12 황정미「여성 정책과 젠더 정치(gender politics): 복지 국가 및 후발 국가의 사례를 중심으로」,『페미니즘 연구』 1호, 2001.

13「반강제저축운동 재무부안」,『동아일보』 1967년 7월 19일.

14「숙녀창구에서 주부상을 마련」,『경향신문』 1967년 11월 1일.

15 김현주「1950년대 여성잡지『여원』과 '제도로서의 주부'의 탄생」,『대중서사연구』 18호, 2007; 서연주「여성 소외 계층에 대한 담론 형성 양상 연구:『여원』에 나타난 사회현실 인식을 중심으로」,『여성문학연구』 18호, 2007.

16 김아람「1970년대 주택정책의 성격과 개발의 유산」,『역사문제연구』 29호, 2013, 61면.

17「물가고를 이겨내는 새알뜰 주부상 (1) 부동산투자 金順志 여사」,『매일경제신문』 1975년 11월 3일.

18「알뜰저축모범상 차지한 高龍順씨 "가계부 기록하면 다음달에 도움"」,『조선일보』 1977년 3월 19일.

19「올해 알뜰주부상에 咸德子씨 "시상식에 입을 옷 한벌 없어"」,『조선일보』 1976년 3월 12일.

20「盤浦아파트 평균 2.3 대 1」,『경향신문』 1977년 9월 15일.

21 조은주「인구와 통치: 한국의 가족계획 사업」, 연세대학교 사회학과 박사학위논문, 2012, 144면.

22「실질경제성장률 9.2%로 … 기획원 4차 5개년계획 수정안 확정」,『경향신문』 1976년 12월 7일.

23「산아제한 정책 폐기」,『한겨레신문』 1996년 6월 5일.

24 대한민국 정책브리핑 기사 제공, 2006. 8. 17.

25 김영한 「집값은 저렴하게, 주거비는 가볍게」, 『나라경제』 239호, KDI 경제정보센터 2010, 23면.

26 전강수 『부동산공화국 경제사』, 여문책 2019, 81~85면.

27 윤정중·김은미 「우리나라 신도시의 인구 및 주거특성 변화: 분당, 일산 등 1기 신도시를 중심으로」, 『LHI Journal』 Vol. 5, No. 4, 한국토지주택공사 토지주택연구원 2014.

28 김명수 「한국의 주거정치와 계층화: 자원동원형 사회서비스 공급과 생존주의 주거전략의 탄생, 1970~2015」, 서울대학교 사회학과 박사학위논문, 2018.

29 소개영업법은 소개영업과 그 단속에 관한 사항을 규정하여 국민생활의 편익을 증진하는 것이 목적이었는데, 이 법에서의 소개영업은 일정한 요금을 받고 부동산이나 동산, 기타 재산권에 관한 소개행위를 하는 것이었다. 현행의 중개업과는 달리 동산뿐만 아니라 혼인, 직업 등에 관한 민사중개도 할 수 있었으며, 이 법에 따르면 특정한 자격 없이 신고로써 영업할 수 있었다. 김철수 「부동산중개업의 전망」, 『도시문제』 36권 396호, 2001, 118~19면.

30 같은 글.

31 전봉관 「주거의 투기화, 투기의 여성화: 1970~1980년대 한국 서사에 나타난 복부인의 형상화 양상 연구」, 『대중서사연구』 52호, 2019.

32 김은하 「아파트 공화국과 시기심의 민주주의: 박완서의 개발독재기 소설을 중심으로」, 『여성문학연구』 39호, 2016, 53면.

33 「'알뜰주부상'이 바뀌고 있다」, 『조선일보』 1982년 5월 22일.

34 「가정으로 돌아가자 … 되찾아야 할 '삶의 보금자리'」, 『조선일보』 1985년 1월 1일.

35 Myungji Yang, "The rise of 'Gangnam style': Manufacturing the urban middle class in Seoul, 1976-1996," *Urban Studies* Vol. 55, No. 15, 2018, 3면.

36 함인희 「가족주기의 변화와 주부역할의 딜레마: 여성잡지 광고의 내용분석을 중심으로」, 『가족과 문화』 11집 2호, 1999.

37 「'초심자 복부인' 노린 사기 곡예」, 『동아일보』 1983년 2월 21일.

38 김은하, 앞의 글.

39 김현미 「애도의 수사학에서 기쁨의 정치학으로: 새로운 젠더질서를 향하여」, 『창작과비평』 2007년 봄호.

40 김성진·김종서·장희순 「주택담보대출 규제의 정책적 시사점」, 『주거환경』 14권 4호, 2016, 100면.

41 주디스 버틀러 『젠더 허물기』, 조현준 옮김, 문학과지성사 2015, 165면.

42 국토교통 통계누리(www.stat.molit..go.kr).

43 국토교통부 보도자료 「'2019년도 주거실태조사 결과' 발표」, 2020. 6. 1.

44 배은경 「경제위기와 젠더관계의 재편」, 정운찬·조흥식 엮음 『외환위기 10년, 한국 사회 얼마나 달라졌나』, 서울대학교출판부 2007.

45 박소진 「'자기관리'와 '가족경영'시대의 불안한 삶: 신자유주의와 신자유주의적 주체」, 『경제와사회』 2009년 겨울호.

46 김민주 「'당당한 부자' 부동산 전문가 김혜경」, 『레이디경향』 2008년 2월호.

3장 중산층 모범가족 되기: 내 집 마련에 뛰어든 엄마들

1 Martin Heidegger, *Poetry, Language, Thought*, translated and collected by Albert Hofstadter, New York: Harper & Row 1971; Lorna Fox, "Re-possessing 'home': A re-analysis of gender homeownership and debtor default for feminist legal theory," *William & Mary Journal of Race, Gender, and Social Justice* Vol. 14, No. 3, 2007.

2 Myungji Yang, "The making of the urban middle class in South Korea (1961 – 1979): Nation-building, discipline, and the birth of the ideal national subjects," *Sociological Inquiry* Vol. 82, No. 3, 2012.

3 Pierre Bourdieu, *The social structures of the economy*, trans. Chris Turner, Cambridge: Polity 2005, 19면.

4 신진욱 「국제비교 관점에서 본 한국 주거자본주의 체제의 특성」, 『동향과전망』 2011년 봄호 126면.

5 건설교통부 『2006년도 국토의 계획 및 이용에 관한 연차보고서』, 2006(http://www.molit.go.kr/USR/BORD0201/m_34879/DTL.jsp?mode=view&idx=26352).

6 조르주 페렉 「살다HABITER 동사의 몇가지 용례에 대해서」, 『생각하기/분류하기』, 이충훈 옮김, 문학동네 2015, 22~33행.

7 서울연구원 엮음 『희망의 도시』, 한울아카데미 2017, 417~18면.

1 「'고가건물 매입 논란' 김의겸 청와대 대변인 전격 사퇴」, 『연합뉴스』 2019년 3월 29일.

2 김수현 『주택정책의 원칙과 쟁점: 시장주의를 넘어』, 한울 2008, 34면.

3 고성수·윤여선 「주택금융규제가 소득분위별 주택소비에 미치는 영향」, 『부동산학 연구』 14집 2호, 2008.

4 「패닉바잉·영끌에 … 2030 가계빚 증가세 다른 연령층 압도」, 『이데일리』 2020년 12월 24일.

5 Myungji Yang, "The rise of 'Gangnam style': Manufacturing the urban middle class in Seoul, 1976~1996," *Urban Studies* Vol. 55, No. 15, 2018, 15면.

6 Paul Langley, *The everyday life of global finance: Saving and borrowing in Anglo-America*, NY: Oxford University Press 2008, 50면.

7 피에르 부르디외·로익 바캉 『성찰적 사회학으로의 초대: 부르디외 사유의 지평』, 이상길 옮김, 그린비 2015, 218면.

8 피에르 부르디외 『사회학의 문제들』, 신미경 옮김, 동문선 2004, 128~29면.

9 메리 더글라스 『순수와 위험: 오염과 금기 개념의 분석』, 유제분·이훈상 옮김, 현대미학사 1997.

10 「"정경심, 조국에게 내가 안고 가겠다"」, 『조선일보』 2019년 10월 4일.

11 「靑, 김조원 잠실아파트 고가 매물 논란에 "남자들은 잘 몰라"」, 『세계일보』 2020년 8월 6일.

12 「'그림의 떡' 서울 집 마련, 한푼 안 쓰고 10.8년 모아야」, 『머니투데이』 2019년 9월 15일; 「"돈 안 쓰고 20년 모아야" … 집값 양극화 최악」, MBC뉴스, 2019년 3월 26일; 「월급 한푼도 안 쓰고 8년 7개월 모아야 수도권 내 집 마련」, 『조선일보』 2019년 5월 17일.

13 「김홍걸은 아내 탓 … "10억 아파트 분양권, 난 몰랐다"」, 『조선일보』 2020년 9월 10일.

14 미셸 푸코 『생명관리정치의 탄생』, 오트르망 옮김, 난장 2012, 334면.

15 낸시 에이블먼 『사회이동과 계급, 그 멜로드라마: 미국 인류학자가 만난 한국 여성들의 이야기』, 강신표·박찬희 옮김, 일조각 2014.

1 김창환·오병돈「경력단절 이전 여성은 차별받지 않는가?: 대졸 20대 청년층의 졸업 직후 성별 소득격차 분석」,『한국사회학』 53집 1호, 2019.

2 홍두승『한국의 중산층』, 서울대학교출판부 2005 외.

3 구해근「세계화 시대의 한국 계급 연구를 위한 이론적 모색」,『경제와사회』 2007년 겨울호; 신광영「중산층 살리기는 사회양극화의 해소의 해법인가?」,『한국사회학회 기타간행물』, 2006; 장세훈「주택소유의 관점에 입각한 중산층의 재해석」,『경제와사회』 2007년 여름호; 발레리 줄레조『아파트 공화국: 프랑스 지리학자가 본 한국의 아파트』, 길혜연 옮김, 후마니타스 2007; Myungji Yang, "The rise of 'Gangnam style': Manufacturing the urban middle class in Seoul, 1976-1996," *Urban Studies* Vol. 55, No. 15, 2018 외.

4 송제숙『혼자 살아가기: 비혼여성, 임대주택, 민주화 이후의 정동』, 황성원 옮김, 동녘 2016, 178면.

5 조은「세계화의 최첨단에 선 한국의 가족: 신글로벌 모자녀 가족 사례 연구」,『경제와사회』 2004년 겨울호.

6 조형「도시중산층 전업주부의 권력: 구조적 무권력화와 구성적 권력화」,『한국여성학』 13권 2호, 1997.

7 방하남·김기헌「기회와 불평등: 고등교육 기회에 있어서 사회계층간 불평등의 분석」,『한국사회학』 36집 4호, 2002.

8 Nikolas Rose, "The death of the social? Re-figuring the territory of government," *International Journal of Human Resource Management* Vol. 25, No. 3, 1996, 33면.

9 David Harvey, *Rebel cities: From the right to the city to the urban revolution*, London: Verso Books 2012, 44면.

10 피에르 부르디외·로익 바캉『성찰적 사회학으로의 초대: 부르디외 사유의 지평』, 이상길 옮김, 그린비 2015, 190면.

11 김명수「한국의 주거정치와 계층화: 자원동원형 사회서비스 공급과 생존주의 주거 전략의 탄생, 1970~2015」, 서울대학교 사회학과 박사학위논문, 2018, 136면.

에필로그

1 「부동산 시장에 부는 20대의 질풍 ⋯ '패닉바잉'에 상반기 나홀로 증가」, 『이코노미스트』 2021년 8월 15일.

2 「아파트 증여 역대 최고 수준으로 폭증한 이유」, 『세계일보』 2021년 4월 20일.

3 「가계대출 63.2% 고소득층이 받아 ⋯ 부동산 투자로 '자산 양극화' 우려」, 『한겨레』 2021년 8월 3일.

4 유종일 「격차 사회? 장벽사회!」, 『프레시안』 2018년 6월 11일.

5 최시현 「주택담보 정동경제」, 『문화과학』 2021년 여름호 69~70면.

이미지 출처

찾아보기

부동산은 어떻게 여성의 일이 되었나

초판 1쇄 발행 / 2021년 8월 27일
초판 2쇄 발행 / 2021년 10월 20일

지은이 / 최시현
펴낸이 / 강일우
책임편집 / 김새롬 신채용
조판 / 황숙화
펴낸곳 / (주)창비
등록 / 1986년 8월 5일 제85호
주소 / 10881 경기도 파주시 회동길 184
전화 / 031-955-3333
팩시밀리 / 영업 031-955-3399 편집 031-955-3400
홈페이지 / www.changbi.com
전자우편 / human@changbi.com

ⓒ 최시현 2021
ISBN 978-89-364-7879-7 93300